本书由江苏师范大学哲学社会科学优秀学术著作出版基金资助。

江苏师范大学哲学社会科学文库

违法行政行为
治愈论

张峰振 著

中国社会科学出版社

图书在版编目（CIP）数据

违法行政行为治愈论/张峰振著. —北京：中国社会
科学出版社，2015.10
ISBN 978 - 7 - 5161 - 7051 - 9

Ⅰ.①违…　Ⅱ.①张…　Ⅲ.①行政法—研究—中国
Ⅳ.①D922.104

中国版本图书馆 CIP 数据核字（2015）第 268358 号

出 版 人	赵剑英
责任编辑	卢小生
特约编辑	林　木
责任校对	周晓东
责任印制	王　超
出　　版	中国社会科学出版社
社　　址	北京鼓楼西大街甲 158 号
邮　　编	100720
网　　址	http://www.csspw.cn
发 行 部	010 - 84083685
门 市 部	010 - 84029450
经　　销	新华书店及其他书店
印刷装订	北京君升印刷有限公司
版　　次	2015 年 10 月第 1 版
印　　次	2015 年 10 月第 1 次印刷
开　　本	710 × 1000　1/16
印　　张	16.75
插　　页	2
字　　数	284 千字
定　　价	59.00 元

在创新语境中努力引领先锋学术
（总序）

任　平[＊]

　　2013 年江苏师范大学文库即将问世，校社科处的同志建议以原序为基础略做修改，我欣然同意。文库虽三年，但她作为江苏师大学术的创新之声，已名播于世。任何真正的创新学术都是时代精神的精华、文明的活的灵魂。大学是传承文明、创新思想、引领社会的文化先锋，江苏师大更肩负着培育大批"学高身正"的师德精英的重责，因此，植根于逾两千年悠久历史的两汉文化沃土，在全球化思想撞击、文明对话的语境中，与科学发展的创新时代同行，我们的人文学科应当是高端的，我们的学者应当是优秀的，我们的学术视阈应当是先锋的，我们的研究成果应当是创新的。作为这一切综合结果的文化表达，本书库每年择精品力作数种而成集出版，更应当具有独特的学术风格和高雅的学术品位，有用理论穿透时代、思想表达人生的大境界和大情怀。

　　我真诚地希望本书库能够成为江苏师大底蕴深厚、学养深沉的人文传统的学术象征。江苏师大是苏北大地上第一所本科大学，文理兼容，犹文见长。学校 1956 年创始于江苏无锡，1958 年迁址徐州，1959 年招收本科生，为苏北大地最高学府。60 年代初，全国高校布局调整，敬爱的周恩来总理指示："徐州地区地域辽阔，要有大学。"学校不仅因此得以保留，而且以此为强大的精神动力得到迅速发展。在 50 多年办学历史上，学校人才辈出，群星灿烂，先后涌现出著名的汉语言学家廖序东教授，著名诗

＊　任平，江苏师范大学校长。

人、中国现代文学研究专家吴奔星教授，戏剧家、中国古代文学史家王进珊教授，中国古代文学研究专家吴汝煜教授，教育家刘百川教授，心理学家张焕庭教授，历史学家臧云浦教授等一批国内外知名人文学者。50多年来，全校师生秉承先辈们创立的"崇德厚学、励志敏行"的校训，发扬"厚重笃实，艰苦创业"的校园精神，经过不懈努力，江苏师大成为省重点建设的高水平大学。2012年，经过教育部批准，学校更名并开启了江苏师范大学的新征程。作为全国首批硕士学位授予单位、全国首批有资格接收外国留学生的高校，目前有87个本科专业，覆盖十大学科门类。有26个一级学科硕士点和150多个二级学科硕士点，并具有教育、体育、对外汉语、翻译等5个专业学位授予权和以同等学力申请硕士学位授予权，以优异建设水平通过江苏省博士学位立项建设单位验收。学校拥有一期4个省优势学科和9个重点学科。语言研究所、淮海发展研究院、汉文化研究院等成为省人文社会科学重点研究基地；以文化创意为特色的省级大学科技园通过省级验收并积极申报国家大学科技园；包括国家社科基金重大、重点项目在内的一批国家级项目数量大幅度增长，获得教育部和江苏省哲学社会科学优秀成果一等奖多项。拥有院士、长江学者、千人计划、杰出青年基金获得者等一批高端人才。现有在校研究生近3000人，普通全日制本科生26000余人。学校与美国、英国、日本、韩国、澳大利亚、俄罗斯、白俄罗斯、乌兹别克斯坦等国的20余所高校建立了校际友好合作关系，以举办国际课程实验班和互认学分等方式开展中外合作办学，接收17个国家和地区的留学生来校学习。学校在美国、澳大利亚建立了两个孔子学院。半个世纪以来，学校已向社会输送了十万余名毕业生，一大批做出突出成就的江苏师范大学校友活跃在政治、经济、文化、科技、教育等各个领域。今日江苏师大呈现人文学科、社会学科交相辉映，基础研究、文化产业双向繁荣的良好格局。扎根于这一文化沃土，本着推出理论精品、塑造学术品牌的精神，文库将在多层次、多向度上集中表现和反映学校的人文精神与学术成就，展示师大学者风采。本书库的宗旨之一：既是我校学者研究成果自然表达的平台，更是读者理解我校学科和学术状况的一个重要窗口。

　　努力与时代同行、穿透时代问题、表征时代情感、成为时代精神的精华，是本书库选编的基本努力方向。大学不仅需要文化传承，更需要创新学术，用心灵感悟现实，用思想击中时代。任何思想都应当成为时代的思想，任何学术都应当寻找自己时代的出场语境。我们的时代是全球资本、科技、经济和文化激烈竞争的时代，是我国大力实施科学发展、创新发展、走向中国新现代化的时代，更是中华民族走向伟大复兴、推动更加公正、生态和安全的全球秩序建立和完善的时代。从以工业资本为主导走向以知识资本为主导，新旧全球化时代历史图景的大转换需要我们去深度描述和理论反思；在全球化背景下，中国遭遇时空倒错，前现代、现代和后现代共时出场，因而中国现代性命运既不同于欧美和本土"五四"时期的经典现代性，也不同于后现代，甚至不同于吉登斯、贝克和哈贝马斯所说的西方（反思）的新现代性，而是中国新现代性。在这一阶段，中国模式的新阶段新特征就不同于"华盛顿共识"、"欧洲共识"甚至"圣地亚哥共识"，而是以科学发展、创新发展、生态发展、和谐发展、和平发展为主要特征的新发展道路。深度阐释这一道路、这一模式的世界意义，需要整个世界学界共同努力，当然，需要本土大学的学者的加倍努力。中国正站在历史的大转折点上，向前追溯，五千年中国史、百余年近现代史、六十余年共和国史和三十余年改革开放史的无数经验教训需要再总结、再反思；深析社会，多元利益、差异社会、种种矛盾需要我们去科学把握；未来展望，有众多前景和蓝图需要我们有选择地绘就。历史、当代、未来将多维地展开我们的研究思绪、批判地反思各种问题，建设性地提出若干创新理论和方案，文库无疑应当成为当代人的文化智库、未来人的精神家园。

我也希望：文库在全球文明对话、思想撞击的开放语境中努力成为创新学术的平台。开放的中国不仅让物象的世界走进中国、物象的中国走向世界，而且也以"海纳百川、有容乃大"的宽阔胸襟让文化的世界走进中国，让中国精神走向世界。今天，在新全球化时代，在新科技革命和知识经济强力推动下，全球核心竞争领域已经逐步从物质生产力的角逐渐次转向文化力的比拼。民族的文化精神与核心价值从竞争的边缘走向中心。发现、培育和完善一个民族、一个国家、一个地区的优秀的思想观念、文化精神和价值体系，成为各个民族、国家和地区自立、自强、自为于世界民族之林的重要路径和精神保障。文化力是一种软实力，更是一种持久影响世界的力量或权力（power）。本书库弘扬的中国汉代精神与文化，就是培育、弘扬这种有深厚民族文化底蕴、对世界有巨大穿透力和影响力的本土文化。

　　新全球化具有"全球结构的本土化"（glaocalization）效应。就全球来看，发展模式、道路始终与一种精神文化内在关联。昨天的发展模式必然在今天展现出它的文化价值维度，而今天的文化价值体系必然成为明天的发展模式。因此，发展模式的博弈和比拼，说到底就必然包含着价值取向的对话和思想的撞击。20世纪90年代以来，世界上出现了三种发展模式，分别发生在拉美国家、俄罗斯与中国，具体的道路均不相同，结果也大不一样。以新自由主义为理论基础的"华盛顿共识"是新自由主义价值观支撑下的发展模式，它给拉美和俄罗斯的改革带来了严重后果，替代性发展价值观层出不穷。2008年爆发的全球金融危机更证明了这一模式的破产。1998年4月，在智利首都圣地亚哥举行的美洲国家首脑会议，明确提出了以"圣地亚哥共识"替代"华盛顿共识"的主张。但是，"拉美社会主义"至今依然还没有把南美洲从"拉美陷阱"中完全拔出。从欧洲社会民主主义价值理论出发的"欧洲价值观"，在强调经济增长的同时，倡导人权、环保、社会保障和公平分配；但是，这一价值并没有成为抵御全球金融危机的有效防火墙。改革开放以来，中国是世界上经济增长最快的国家。因此，约瑟夫·斯蒂格利茨指出，中国经济发展形成"中国模式"，堪称很好的经济学教材。① 美国高盛公司高级顾问、清华大学兼职教授乔舒亚·库珀·拉莫（Joshua Cooper Ramo）在2004年5月发表的论文中，把中国改革开放的经验概括为"北京共识"。通过这种发展模式，人们看到了中国崛起的力量源泉②。不管后金融危机时代作为"G2"之一的中国如何，人们不可否认"中国经验"实质上就是中国作为一个发展中国家在新全球化背景下实现现代化的一种战略选择，它必然包含着中华民族自主的社会主义核心价值——和合发展的共同体主义。而它的文化脉络和源泉，就是"中国精神"这一理想境界和精神价值，与努力创造自己风范的汉文化精神有着不解之缘。文库陆续推出的相关著作，将在认真挖掘中华民族文化精神、与世界各种文化对话中努力秉持一种影响全球的文化力，为中国文化走向世界增添一个窗口。

　　文库也是扶持青年学者成长的阶梯。出版专著是一个青年人文学者学术思想出场的主要方式之一，也是他学问人生的主要符码。学者与著作，

---

① 《香港商报》2003年9月18日。
② 《参考消息》2004年6月10日。

不仅是作者与作品、思想与文本的关系，而且是有机互动、相互造就的关系。学者不是天生的，都有一个学术思想成长的过程。而在成长过程中，都得到过来自许许多多资助出版作品机构的支持、鼓励、帮助甚至提携和推崇，"一举成名天下知"。大学培育自己的青年理论团队，打造学术创新平台，需要有这样一种文库。从我的学术人生经历可以体会：每个青年深铭于心、没齿难忘的，肯定是当年那些敢于提携后学、热荐新人，出版作为一个稚嫩学子无名小辈处女作的著作的出版社和文库；慧眼识才，资助出版奠定青年学者一生学术路向的成名作，以及具有前沿学术眼光、发表能够影响甚至引领学界学术发展的创新之作。我相信，文库应当热情地帮助那些读书种子破土发芽，细心地呵护他们茁壮成长，极力地推崇他们长成参天大树。文库不断发力助威，在他们的学问人生中，成为学术成长的人梯，学人贴心的圣坛，学者心中的精神家园。

是为序。

2011 年 2 月 28 日原序
2013 年 11 月 5 日修改

序

如何对待和处理违法行政行为是行政法的重要议题。我国《行政复议法》（1999 年）和《行政诉讼法》（2014 年）规定，对违法行政行为要么撤销，要么确认违法或无效。这种一概否定的规定既反映了人们对于传统人治模式和恣意行政的坚决摒弃，也体现了人们对于行政机关严格依法行政的殷切期望。但这种一概否定的立法，与违法行政行为的情节、危害程度的多样性和复杂性不相适应，不利于维护公共利益，也可能破坏法律的安定性，损害行政效率。对于不需要或不适宜否定的违法行政行为如何处理，成为理论和实践面临的一个重要问题。

峰振的著作《违法行政行为治愈论》就是围绕上述问题展开的。上述问题的最初缘起可以追溯到峰振入学面试时我给他出的一道案例考题。1994 年，陈某因伪造大专毕业证书骗取硕士报考资格，而于硕士研究生毕业多年后（2005 年年底），被中山大学撤销了硕士学位、宣布研究生毕业证书无效，陈遂起诉中山大学。峰振认为，这个案例可以考虑适用行政行为的治愈。由该案引发的违法行政行为治愈问题，引起了他的持续思考。通过大量检索，他发现实践中类似案例并不鲜见。而许多案例都存在着情与法的交织，产生过理论争议。如无管辖权的民政机关颁发结婚证书的行为应否撤销等案。这些案例背后是否隐藏着违法性治愈的可能？这种追问与思索，结合丰富的实践素材，最终成就了一篇博士学位论文。而今天的这本著作正是在峰振的博士学位论文基础上修改而成。峰振这种独特的思考视角和深入钻研、踏实求索的治学态度令我印象深刻。

峰振在武汉大学攻读博士期间，勤奋刻苦。在校期间，积极参加行政诉讼法方向定期举行的学术讨论活动，并多次主讲。本著作中的许多观点也在这个学术讨论活动上经历过反复讨论，接受过强烈质疑和"无情"批判。这也正是我们学术讨论活动的特点，主要是批评而不是表扬。我相信书中的许多观点正是受益于此，完善于此。当然，有些问题可能仍然需要继续探讨、争鸣。

本书的核心命题，或者可以总结为违法行政行为的法律后果是多元的，并非一概否定；在一定条件下，违法行政行为可被治愈；治愈的方式包括追认、补正、转换。这是基于我国一概否定违法行政行为的立法现状而提出的反思性命题。在对该命题展开论证的过程中，全书有许多创新之处，不时迸发出思想的火花，令人耳目一新。

明确地将治愈作为追认、补正、转换上位概念使用的是我与孔繁华教授合作的《论违法行政行为》（载《河南省政法管理干部学院学报》2000年第5期）。但全面阐述并系统论证违法行政行为治愈概念及其理论的，则是本书。本书首先对治愈与治疗、矫治、治理、追认、补正、转换等相关概念的使用习惯、语词含义的区别进行了分析，提出将治愈作为追认、补正、转换上位概念使用的合理性，为相关问题的论说奠定了统一的基础。本书明确指出，治愈贬损形式正义，破坏形式法治，影响依法行政观念树立和原则落实，必须适用法律保留原则予以规范，将其控制在法律的轨道上。书中指出，只有在如下情形下才可适用治愈：违法行政行为体现法律所追求的公共利益，并且该种公益比违法侵害的法益更值得保护。这种利益衡量的方法体现了治愈的价值追求：实质正义、法的安定性、程序经济与效率等。

治愈的三种方式并不新鲜，但把追认、补正、转换的适用条件、范围、案型进行系统归纳、总结和论证的成果难得一见。借鉴民法追认理论，作者将行政法上的追认限定于权限瑕疵行政行为，并且，作者的创新之处在于，明确提出了违法行政行为的追认既包括行政追认，也包括立法追认。前者指行政行为因欠缺管辖权导致违法时，由有管辖权的行政主体对该违法行为进行事后认可的制度；后者指行政行为因法律依据本身违法，导致行政行为违法时，由有权立法主体以新的合法的规范性文件，取代旧的违法的规范性文件，并明确规定新规范溯及既往至旧规范实施之日，以此使依据旧规范作出的违法行政行为变为合法行政行为的制度。这种理论创新具有重要的实践意义。关于补正的适用，笔者也有自己的独到见解。与传统将补正的适用限定于程序轻微违法行政行为的观点不同，作者提出只要行政行为欠缺或违反合法要件对行政行为的结果不产生实质性影响，均可补正。因此，补正不仅可以适用于程序轻微违法的行政行为，也可以适用于非实质性实体要件欠缺的行政行为。这种大胆的创新，为行政法实践提供了一种路径选择。关于转换的适用，国内外很少见到对其适用案型系统归纳的成果，本书作者对此也进行了艰难的尝试，并提出了有待继续深入研究的问题。

在本书的结语部分，作者将思维的空间放大至整个瑕疵行政行为领域，提出了治愈可否适用不当行政行为的现实问题，并通过论证给出了肯定结论。行政法的问题最后都可归结为权利救济和制度完善。笔者也对治愈给行政救济制度提出的挑战，以及行政救济制度的因应措施进行了详细的分析。这种细致入微的思考和分析，体现了笔者思维的严谨和对现实的关切。

本书的很多观点和创新，可能仍有继续探讨的空间，但作者独特的视角和新颖的观点无疑会丰富行政法学理论，即使这些观点是为学界提供批判的对象亦然。

行政法学研究方法不一，路径很多。我一直觉得研究选题上以小见大，深入理论与制度核心，方寸之间揭示问题本质，是一种值得提倡的研究路径。本书就是这样一种成果。作为峰振的博士研究生指导教师，我非常高兴他的著作即将出版，十分乐意向大家推荐这本著作。

是为序。

林莉红

2015 年 4 月 12 日

内容摘要

依法行政原则要求行政必须依法进行。行政所依之"法"不仅包括实体法，也包括程序法；不仅包括形式的法，也包括实质的法。行政行为违反上述之法，构成违法行政行为。根据违法情节、危害程度，违法行政行为的法律后果应是多元的，既包括通过撤销、确认无效等手段否定其效力的后果，也应包括通过追认、补正、转换等手段，消除瑕疵，维持其法律效力的后果。

我国法律对违法行政行为的法律后果基本是否定的，这主要反映在《行政复议法》、《行政诉讼法》及相关单行立法中。对违法行政行为法律后果的立法态度，不仅影响纠纷解决机关的裁决方式及法律所欲保护的利益，也反映一国在程序与实体、形式法治与实质法治、形式正义与实质正义上的价值取向与路径选择。我国法律没有区分不需要、不适宜否定的行政行为与其他违法行政行为，对其法律后果均一概否定，这破坏法律的安定性，不利于保护公共利益，也损害行政经济与效率。因此，在一定条件下，应允许违法行政行为通过治愈手段，消除其瑕疵，继续维持其法律效力。

本书从违法行政行为的法律后果入手，对行政法治愈制度的理论基础、现实状况、治愈方式、适用范围以及治愈对现行法律制度产生的影响等问题进行探讨。

导论主要介绍本论题研究背景、研究价值、研究现状、研究思路与框架。

第一章重点探讨治愈的基本理论问题，包括违法行政行为的表现形态和法律后果、治愈概念的界定、治愈的理论基础等。治愈旨在消除行政行为之瑕疵（违法），使其由违法变为合法，属于违法行政行为法律后果之一种。因此，详细阐释违法行政行为形态，并明确违法行政行为的多元法律后果，是研究治愈制度的逻辑起点。为确定研究对象、限定研究范围，有必要对论题作出大致界定。治愈概念界定部分从治愈的概念、性质（是不是行政法律责任）、对象、内容、主体等方面对治愈进行了概略描述。作为行政法制度，治愈的理论基础是公共利益本位论，即当行政行为存在违法，但其仍然体现法律追求的公共利益，并且该种公益比违法侵害的法益更值得保护时，适用治愈手段符合优先保护公共利益之要求。治愈是以实质正义为价值追求的，它有利于行政经济与效率。但由于它对形式法治的突破、对轻微违法的容忍，必须对其施加严格限制。

第二章重点介绍域内外治愈制度立法及实践状况。行政法的治愈制度起源于民法的相关理论与实践，是典型的大陆法系国家制度。大陆法系许多国家在行政程序法中明确规定了治愈制度，没有明确立法的国家多通过行政判例确认治愈制度。英美法系国家尽管没有关于治愈的成文立法，法院对于行政机关违反程序的行政行为也并非一概撤销，而是在违法行为保护的公益与其侵害的法益之间进行权衡，根据优先保护的利益灵活解释行政行为违反程序规则的重要性，借以达到维持或否定行政行为之目的。我国现行主要立法对治愈持否定态度，但仍有个别法律中部分法条包含了实为治愈制度的规定。由于缺乏明确的制定法依据，司法机关在审理适合治愈的违法行政行为案件时，往往面临困惑和尴尬。基于此，有必要建立我国的行政法治愈制度。

第三章至第五章分别论述违法行政行为治愈的三种方式：追认、补正、转换。追认是指因欠缺管辖权或因法律依据本身违法导致行政行为违法时，由有管辖权的行政主体或有权立法主体对该违法行政行为所作的事后认可。追认具有溯及效力。它包括两种形式：一是行政追认，即有权行政主体对无管辖权主体所作部分行为的追认，并非所有的权限瑕疵行为都可追认。被追认行为的作出主体不因追认而获得持续管辖权。二是立法追认，即立法主体有权以新的合法的规范性文件取代旧的违法的规范性文件，并明确规定新规范溯及既往至旧规范实施之日，以此使依据旧规范作出的违法行政行为变为合法行政行为的制度。立法追认可以使无授权依据、授权内容不明确或依据违法导致的违法行政行为的瑕疵得以治愈。立法追认对行政主体相关行政事务的授权，是一种持久授权。立法追认是通过消除违法行为依据瑕疵来达到治愈违法行为之目的。

补正是通过弥补行政行为所欠缺的程序、形式、方式等非实质性的合法要件，消除行政行为的违法性，使其由违法行政行为变为合法行为，继续维持其效力的制度。补正分为两种：行政主体和行政相对人进行的补正是积极补正，客观条件的变化使行为违法性自然消除的情形是消极补正。

相对人补正和消极补正仅针对授益行政行为的瑕疵。补正必须受严格的条件限制，即行政行为违反或欠缺的合法要件对行政行为结果不产生实质性影响。对轻微程序或形式要件欠缺之瑕疵的补正具有溯及效力，对于非实质性实体要件欠缺之瑕疵的补正，自补正之日起发生效力。

转换是违法行政行为包含另一合法行政行为的要件，且具有相同的目的时，将违法行政行为转变为另一合法行为的制度。撤销重作行政行为虽能达到转换制度之目的，但转换具有撤销重作无可替代之优势。可撤销行政行为与无效行政行为均可适用转换方式。可转换的行政行为瑕疵类型包括程序违法、适用法律错误以及认定事实错误。转换需受到严格的条件限制。追认、补正、转换都是单纯公法上的表示行为，非具体行政行为。

第六章作为本书的结论，首先总结本书基本观点和主要结论。瑕疵行政行为的形态多样，法律后果是多元的。违法行政行为在一定条件下可被治愈。治愈的方式包括追认、补正与转换。治愈可扩张适用于不当行政行为。治愈对行政救济制度产生广泛影响，后者应作出相应调整。如相对人对行政主体的治愈行为不服时，应视为对原行政行为不服，应以原行政行为为对象提起行政诉讼，可以治愈行为本身的违法作为诉讼理由。相对人对补正、转换行为不服时，应以原行政行为的作出主体为被告。相对人对追认行为不服时，如果原行为的作出主体不具备行政主体资格，则以追认主体为被告，如果原行为的作出主体具备行政主体资格，但却不具备所涉事项的管辖权时，可以根据方便相对人的原则，由相对人在原行政主体和追认主体中选择其一作为被告。但相对人一旦选择，即不得变更被告。相对人对治愈行为不服时，计算复议或诉讼期限应以治愈行为发生之日为准，但如果治愈行为发生在原违法行政行为救济期限届满后的，应视为相对人的救济期间届满，不应以治愈行为发生之日起算救济期间。治愈也将对行政诉讼证据制度和法院审判带来影响。为规范违法行政行为的治愈制度，我国应在未来行政程序立法中全面规定违法行政行为法律后果制度，包括治愈制度。在行政程序法出台前，可通过法律解释增加治愈制度，在行政程序法出台后，应删除行政复议法和行政诉讼法中关于违法行政行为法律后果的规定。同时，应对相关法律作相应修改。

关键词：违法行政行为　治愈　追认　补正　转换

Abstract

As a principle, administrative actions should be repealed or affirmed void when they are illegal, and as a exception, some are not suitable to be repealed or affirmed void though they are illegal. Considering public interest, administrative cost and efficiency, under certain conditions, illegal administrative actions can be cured. Curing means are ratification, mend, conversion, which can eliminate defects in administrative actions, turn the illegal actions into legal actions, and so maintain legal effect of the actions. The system of exception is subject of the article. The article starts with legal consequence, discusses the theoretical basis, status in quo, curing means, application scope and impact on current legal system.

The introduction deals with research background, significance, status in quo and the frame.

The first chapter discusses the basic theory of the cure system, including forms and legal consequence of illegal administrative actions, the definition and the theoretical basis of cure, and so on. Aiming at eliminating defects in administrative action, the cure is one of the legal consequence of illegal administrative action. Therefore, it is logic starting point of researching the cure to explain particularly the forms and multiplex legal consequences of illegal administrative actions. In order to limit the object and scope of research, it is necessary to define the thesis. The part of the definition introduces mainly the concept, property (legal liability?), object, content and subject of the cure. The theoretical basis of the cure is the theory of public interest standard. Namely, when illegal administrative action still accords with public interest the statute pursues which prior to the interest the illegal action harms, the measure of the cure should be taken. The cure pursues substantive justice, administrative economy and efficiency. But it should be strictly confined because the cure breaches the formal rule of law and gives loose to slight defects.

The second chapter introduces emphatically status in quo of legislation and practice on the cure at home and abroad. As a typical system of continental law system, the cure in administrative law origins from civil law. Many countries in continental law system regulate the cure system in administrative procedure law. Others confirm the system by administrative prejudication. Even though there are not the statutes concerning the cure, the courts in common law system do not revoke the illegal administrative actions without exception. On the contrary, the courts will weigh between the interest the illegal action embodies and the interest it harms, and explain the importance of the violated procedure regulation in order to maintain or deny the administrative action. The present statutes in China basically take negative attitude towards the cure, but some articles imply the cure. Without explicit statutes, the courts are often at a loss when judging a case concerning the illegal administrative action which can be cured. So it is necessary to establish our country's cure system in administrative law.

The chapters from the third to the fifth discourse respectively upon the means of the cure, ratification, mend, conversion. Ratification is to authorize afterwards the subject without jurisdiction by the lawful subject, which takes retroactive effect. Ratification includes two forms, administrative ratification and legislative ratification. The former is to ratify the subject without jurisdiction by the lawful administrative subject. Not all administrative actions with jurisdiction flaw can be cured. The ratified subject does not hold the authorized jurisdiction except the disputed action. The latter is that lawful legislative subject replaces old unlawful regulatory document with a new lawful one. Legislative ratification can cure the illegal administrative actions without authorization, with ambiguous authorization, or with illegal basis. The jurisdiction from legislative ratification is continuous. Legislative ratification cures the illegal action by eliminating the basis defects in administrative actions. Mend can eliminate the flaws in administrative actions, transform the illegal actions into legal actions, and maintain their effect by supplementing such immaterial conditions as procedure, form, manner that administrative actions lack. Mend includes two forms, the one is the active mend way that administrative subjects and private parties take, and the other is the passive mend way that the changes of objective conditions eliminate the flaws. The mend that private party takes and passive mend only cure the flaws in beneficial administrative actions. The condition of mend is that the lack conditions is non – substantive to the administrative action. The mend aiming at procedure flaws takes retroactive effect. The mend aiming at the lack non – substantive substantiality conditions takes effect from the day the mend is taken. Conversion is to convert the illegal administrative action into other legal administrative action when the former contains the important conditions in the latter and they have the same objective. The system of revoking and making a new administrative action cannot replace the conversion though it can achieve the same objective as the conversion. The conversion can aim at revocable and void administrative actions. The flaws the conversion can cure include procedure defects, improper application of law, inaccurate confirmation of fact. The conversion has strict conditions. Ratification, mend and conversion are not specific administrative action but pure expression in public law.

The sixth chapter is the conclusion of this article. It concludes the basic viewpoints and some proposals. And it discourses the cure of improper administrative actions. Then the section discusses the legislation of the cure and the impact of the cure on the system of administrative remedy system. The future administrative procedure law should stipulate multiplex legal consequences of illegal administrative actions, including the system of cure. The system of cure should be supplemented by legal interpretation before administrative procedure law is enacted. The provisions concerning the legal consequences of illegal administrative actions in administrative reconsideration law and administrative litigation law should be deleted and other laws concerned should be altered after administrative procedure law is enacted. The original illegal action is the target of prosecution when the private party denounces the cure with the reason of the dissatisfied cure. The defendant is the subject who took the original illegal action when the private party denounces mend and conversion. When the private party denounces ratification, the ratifying subject is the defendant if the original subject is not qualified of administrative subject; and the ratifying subject or the original subject is the defendant if the original subject is qualified of administrative subject. However, the defendant cannot be altered once the private party chooses the one of them. The time limit of administrative remedy starts with the time the cure is exercised when the private party denounces the cure. But the time limit of administrative remedy expires when the cure comes after the time limit of remedy to the original action expired. The system of cure impacts the system of administrative litigation evidence and trial.

Key words: Illegal Administrative Action Cure Ratification Mend Conversion

目　录

导　论

一　问题缘起

违法行政行为的法律后果，是行政法的重要议题。依法行政原则要求行政必须依法进行。行政所依之"法"不仅包括实体法，也包括程序法；不仅包括形式的法，也包括实质的法。行政行为违反上述之法，构成违法行政行为。对违法的作为行政行为（以下简称违法行政行为）是通过撤销、确认无效等方式否定其法律效力，还是通过一定方法和手段消除行为的违法性，继续维持其法律效力，这种对违法行政行为法律后果的不同处理方式，不仅影响纠纷解决机关的裁决方式及法律所欲保护的利益，同时，也反映了一国在程序与实体、形式法治与实质法治、形式正义与实质正义上的价值取向与路径选择。行政法学实务和理论界均对这个问题给予高度关注。

我国法律对于违法行政行为法律后果的立场，主要规定于 1989 年的《行政诉讼法》第五十四条第二项。该规定及其后通过的《最高人民法院关于执行〈中华人民共和国行政诉讼法〉若干问题的解释》（以下简称《行政诉讼法司法解释》）（2000 年）对违法行政行为均采取了一概否定其效力的立场：撤销（包括撤销重作）、确认违法或无效。2014 年 11 月 1 日修订的《行政诉讼法》第七十条、第七十四条、第七十五条重复了上述立场。在《行政程序法》缺位，《行政诉讼法》肩负推进依法行政历史使命的时代背景下，《行政诉讼法》对于违法行政行为法律后果的规定成为我国处理违法行政行为的基本依据，反映了立法者的基本态度和价值取向。1999 年通过的《行政复议法》也延续了否定违法行政行为法律效力的处理立场。在单行法律中，1996 年通过的《中华人民共和国行政处罚法》亦不例外。该法第三条第二款规定：没有法定依据或者不遵守法定程序的，行政处罚无效。第四十一条规定：行政机关及其执法人员在作出行政处罚决定之前，不依照本法第三十一条、第三十二条的规定向当事人告知给予行政处罚的事实、理由和依据，或者拒绝听取当事人的陈述、申辩，行政处罚决定不能成立；当事人放弃陈述或者申辩权利的除外。

我国立法一概否定违法行政行为的法律效力，具有特定的社会基础和一定现实意义。一方面，一概否定违法行政行为的法律效力，契合人们对于行政机关行政活动必须依法进行的严格要求和期望，具有广泛的社会基础。我国历来是一个"大政府小社会"结构形态。"民不与官斗"既反映了官民之间的关系，也反映了中国百姓的人生哲学。但当立法者说"官"须依法行政，否则"民"可以告"官"时，民众自然要求行政机关严格依法行政，行政行为稍有违法，就应否定其效力。如果违法的行政行为不被否定，行政机关宣称的依法行政原则，立法者制定"民告官"法律的真正目的，都将无法为民众理解。在这样的社会基础上，我国法律采取了一概否定违法行政行为效力的立场。另一方面，在我国法治建设刚刚起步时期，为了消除人治模式和恣意行政造成的危害，把行政权力控制在制度的"笼子"里，树立行政机关模范守法的良好形象，必须采取严格依法行政的立场和态度，对违法行政行为无论其违法情节和危害程度如何，均不承认其法律效力，不给行政机关侥幸的机会。这样可以迫使行政机关严格依法行政。

显然，我国法律对待违法行政行为后果的立场没有考虑行政行为的违法情节和危害程度，出现了单一化、片面化倾向。行政行为违法的原因既可能违反了实体法，也可能违反了程序法；在违反的程序法中，既可能违反了重要的程序规范，如行政处罚中的听证程序，也可能违反了次要的程序规范，如不影响行政行为内容的说明理由程序；在违反的实体法中，违法情节也有差异。不同的违法情节对行政行为的违法性影响不同，进而法律应该赋予违法行政行为不同的法律后果。除了违法情节影响对待和处理违法行为的方式外，行为的危害程度更是处理违法行政行为时应该重点考量的因素。一个违法行政行为如果不存在违法情节，行政行为的内容可能会发生变化，也可能不受任何影响。从法律追求和保护的法益角度看，违法情节影响行政行为内容的行政行为，比不影响其内容的行政行为的危害程度较重。因为即使行政行为遵守被违反的法律规范，行政行为的内容也不会发生变化，说明行政行为尽管违反了一定的法律规范，但这种违反没有对行政行为所追求和保护的主要法益造成影响，行政行为仍能体现法律的宗旨和目的。如一个证据充分、适用法律正确的行政处罚，仅因违反说明理由程序而违法，如果事后查明，即使行政机关没有违反说明理由程序，行政处罚的内容也不会发生任何变化，则这种程序的违反没有影响到法律设定该类行政处罚的立法目的。因此，如果法律不考虑行政行为违法对行政行为内容的影响，采取一概否定违法行政行为的立场，则可能不利于相关法益的保护；如果采取撤销后重作相同行政行为的处理方式，则可能破坏法律的安定性，损害行政效率，浪费行政成本。我国法律一概否定违法行政行为的处理方式，与违法行政行为的违法情节与危害程度的多样性和复杂性不相适应，无法满足现实需要。

我国法律一概否定违法行政行为处理方式，造成了实践困惑和尴尬，如程序违法行政行为。如果行政机关即使遵守被违反的程序，行政行为的内容也不会有任何变化，面对这种行政行为，法院应如何裁判？根据《行政诉讼法》，违反法定程序的行政行为应被撤销。那么，法院应该撤销该行为。① 由于撤销后相关社会关系不再受行政法律调控，行政机关仍须作出与原行政行为相同的行为。这种处理方法已经为我国立法确认。《行政诉讼法》（2014 年）第七十一条规定：人民法院判决被告重新作出行政行为的，被告不得以同一的事实和理由作出与原行政行为基本相同的行政行为。《行政诉讼法司法解释》第五十四条第二款规定：人民法院以违反法定程序为由，判决撤销被诉具体行政行为的，行政机关重新作出具体行政行为不受行政诉讼法第五十五条（注：新《行政诉讼法》第七十一条）规定的限制。这种撤销重作相同行为的处理方式虽然也能实现法律调整相应社会关系、维护相关法益的目的，但它损害了法律的安定性，降低了行政效率，浪费了行政成本。笔者称这种行政行为是不需要撤销的行政行为。

再如以颁证行为有瑕疵而起诉民政局要求撤销结婚登记案。② 秦某（男）与唐某（女）同居并怀孕，为快速顺利办理结婚证，2001 年 2 月，双方都跨越了各自户籍所在地而找到有"熟人关系"的某乡政府民政办办理结婚证（注：依《中华人民共和国婚姻登记管理条例》第九条，婚姻登记机关应在一方户籍所在地）。在填写登记申请书时，秦某多次作了虚假填写，秦某无婚姻状况证明、双方均无婚前健康检查证明（当时为

---

① 如果该行为已经失去效力无法撤销，或者不具有撤销内容，或者重作已经无实际意义，则应确认违法。

② 杨凯：《状告民政局的行政诉讼能达到离婚目的吗》，中国法院网，http：//www. china-court. org/public/detail. php？id＝130172，2015 年 5 月 3 日访问。

法定登记条件），且为逃避计划生育管理，应秦某、唐某的要求，办证人员将颁证时间提前一年。在唐某分娩不到一年，仍处于哺乳期内情况下，秦某以颁证机关为被告，以唐某为第三人提起行政诉讼。以行政机关颁发结婚证具体行政行为违法为由，请求撤销结婚登记，并宣布婚姻无效。另需说明的是，秦某曾受过高等教育，且担任过民政学校教师，熟知民政机关法律法规及办证程序。

该案婚姻登记行为存在诸多违法之处，如果按照《行政诉讼法》规定，登记行为应该被撤销。但双方当事人登记时是自愿结婚，如果仅因管辖权或其他程序瑕疵撤销登记行为，不利于保护当事人合法权益，也违背公序良俗。如果不予撤销，则又违反《行政诉讼法》。笔者称这种行政行为是不适宜撤销的行政行为。

对上述无须撤销和不适宜撤销的违法行政行为，立法规定撤销（有时需重作）的目的，在于保护相对人的程序权利，凸显程序法治。事实上，单纯的程序法治尽管可以促进依法行政，但对相对人而言，可能徒增负担。单纯程序违法、不影响行政行为内容的违法行政行为，即使被撤销，由于行政机关仍应作出与原行为相同的行政行为，相对人寻求救济目的无法实现，终点又回到了起点，相对人的法律地位和状态没有任何改变。这种让相对人承担推进依法行政代价的制度安排，是值得商榷的。那么，法律规定无须撤销和不适宜撤销的违法行政行为与其他违法行政行为一样，均一概被撤销的原因何在？难道当初的立法者没有考虑到不需要和不适宜撤销的违法行政行为吗？笔者认为，也许当初立法者没有认真考虑这种情形，但更可能的解释，是立法者的自觉选择。这种选择恰恰反映了在我国法治建设初期，立法者在程序与实体、形式法治与实质法治、形式正义与实质正义问题上的价值取向与路径选择，即立法者更偏好程序正义、形式法治、形式正义等价值。

无须撤销或不适宜撤销的违法行政行为引起的实践困惑，令笔者反思一概否定违法行政行为立法，继而反思这种立法所反映的程序正义观、形式法治观等价值取向，这也构成了本书思考的起点。在对该问题初步研究后，笔者认为，我国应借鉴域外制度，建立违法行政行为的治愈制度。所谓违法行政行为的治愈，指对于不需要、不适宜撤销的违法行政行为，在一定条件下，可以通过追加、补充或其他方式，消除行政行为的违法性，使之转变为合法行政行为，从而继续维持其法律效力的制度。

在研究中，笔者发现关于违法行政行为治愈制度，尚有许多有待深入研究的问题：如违法行政行为治愈的价值取向是否具有正当性，其理论基础是什么，如何平衡治愈追求的公益与行政相对人私益之间的冲突；在程序与实体、形式法治与实质法治、形式正义与实质正义之间，应该作何选择，在不同的时期这种选择是否会发生变化；如何确定治愈适用的范围或对象，是完全抄袭或照搬国外关于治愈的范围规定，还是针对现实状况加以扩大或限缩；法院可否治愈违法的行政行为；基于行政诉讼目的考虑，法院应如何对待这类违法的行政行为、如何对待治愈问题；治愈中行政主体在作出最初行政行为后所收集证据的证据能力问题；相对人对治愈行为不服时，起诉的对象选择以及法院如何裁判问题；等等。

违法行政行为法律后果的立法偏颇，由此引发的实践困惑，上述立法及困惑反映的法治观念、价值取向，以及违法行政行为治愈需要进一步研究的问题等，构成本书研究的动因、逻辑起点和主要研究对象。

二 研究价值

法律是生活的写照，是社会现实的反映，法律不能与社会现实脱节。同时，法律又承载着引导人们行为走向、形塑社会价值观念的功能，因此，法律与社会现实亦应保持一定距离。本书的研究正是在反思一概否定违法行政行为的立法与实践之间的紧张关系基础上展开的。这种研究不仅具有重要的理论价值，同时具有重要的实际应用价值。

违法行政行为治愈研究可以完善违法行政行为法律后果理论，为行政立法提供理论资源。我国学者对违法行政行为法律后果的研究，主要集中于违法行政行为的撤销、无效等否定其法律效力方面，学者较少关注违法行政行为的治愈。事实上，与违法行政行为的违法情节、危害程度等相适应，违法行政行为的法律后果是多元的，既包括否定其法律效力的法律后果，也包括一定条件下肯定其法律效力的后果。在肯定违法行政行为法律效力的方式中，治愈是最主要的手段之一。① 追认、补正、转换这三种方式又是治愈的主要手段。对治愈这三种手段展开深入研究，可以为不需要、不适宜撤销的违法行政行为提供解决方法。这样将使违法行政行为的法律后果理论形成较完善的体系。由于理论研究的薄弱或缺失，我国行政

① 肯定违法行政行为效力的方式，除治愈消除瑕疵外，还包括违法性的不予考虑、相对人放弃救济与情况判决、情况决定等。

立法呈现出一概否定违法行政行为的偏颇状况。对违法行政行为治愈的研究可以为纠正行政立法的这种偏颇状况提供理论支撑。我国的行政诉讼法、行政复议法以及行政处罚法等单行法律法规中一概否定违法行政行为的立法可以在治愈理论的指导下修订或完善。未来的行政程序法在规定违法行政行为法律后果时也有了理论支撑。

违法行政行为治愈研究可以纠正一概否定违法行政行为的形式主义法治倾向，为全面推进依法行政、实现形式法治与实质法治的有机结合作出理论贡献。一概否定违法行政行为的立法反映了立法者对形式法治的偏好。在经历了十年"文化大革命"对法治的破坏后，理论界开始建设法治的各种努力。法治建设初期，坚持形式法治理论，树立形式法治观，具有更重要的意义。"首先，当前中国法制建设最为紧迫的任务是确立起形式法治论者所强调的那一套形式性、程序性制度安排，为各种社会问题纳入法治的轨道思考和处理创造制度条件，为法律所追求的那些实体价值目标的实现提供制度保障。"[①] "其次，在一个道德和政治话语泛滥的社会，形式法治理论更容易获得人们的认可和支持，更容易在社会中践行和操作。"[②] 更有学者认为，法治本身就应该"是尊重普遍价值观的形式法治，它既和无政府状态对立，也和专制相对立。""'实质法治'的提法几近'白的黑'、'不发光的火'这样的矛盾句"。[③] 笔者认为，这些认识和观点均具有一定的合理性。但现在单纯重视形式、不问实质价值的形式法治论者已经很少，无论冠以什么名称，一个普遍可接受的观点是，法治既不是与实质价值无涉的单纯形式法治，也不是忽略形式正义的单纯实质法治，现代法治应该是包含着形式法治与实质法治的有机统一。法治应该在追求形式正义与实质正义上达到高度契合。我国立法对于不需要、不适宜撤销的违法行政行为采取了与其他违法行政行为一概否定的立场，显然走入了只强调程序价值，忽略实体价值的误区，过分强调形式正义，忽视了实质正义，是一种片面的形式法治观。违法行政行为治愈研究是在坚持形式正义下，追求个案中的实质正义，在治愈行政行为违法性的同时，也是对片面形式法治观的矫正。该研究对全面推进依法行政，建设现代法治中

---

① 黄文艺：《为形式法治理论辩护——兼评〈法治：理念与制度〉》，《政法论坛》2008 年第 1 期。

② 同上。

③ 陈林林：《法治的三度：形式、实质与程序》，《法学研究》2012 年第 6 期。

国具有重要理论指导意义。

违法行政行为治愈研究可以指导我国的行政立法工作，建构我国的违法行政行为治愈制度，促进违法行政行为法律后果制度的完善。我国法律对违法行政行为法律后果的立场呈现出绝对化、单一化倾向。这种立法疏漏与违法行政行为治愈理论研究的薄弱不无关系。违法行政行为治愈研究可以对不需要、不适宜撤销的违法行政行为提出妥当处理方案，包括追认、补正、转换。这些研究将为完善违法行政行为法律后果立法提供有益的参考。具体说，《行政诉讼法》规定的一概撤销违法行政行为的内容应作出修改，可以在此增加规定追认、补正、转换适用的情形。同时，单行法律中对于程序违法行政行为的否定规定也应予以修改。条件成熟时，可以制定《行政程序法》，对违法行政行为法律后果作出全面规定。

违法行政行为治愈研究可以为行政实践和司法实务提供理论指导，解决实践面临的困惑和尴尬，维护法律的权威和法制统一。行政行为尽管违法，但当其违法程度轻微且可以通过一定手段消除其瑕疵，使其变为合法行为时，即可适用治愈制度。但根据我国现行法律，违法行政行为应一概撤销或无效。如果实务部门依法撤销该类行为，将不利于维护公共利益，或出现法律与生活的背离，或导致削足适履的尴尬。而维持该类行为又于法无据。实践面临的这种困境时常出现。如果有相对成熟的违法行政行为治愈理论，尽管立法存在疏漏，实务部门也可以在理论指引下作出妥善的处理。这样可以解决实践困境，给行政主体和司法机关提供统一的处理尺度，从而可以保障法制的统一。

违法行政行为治愈研究有利于保护公共利益，在形式法治与实质法治有机结合的基础上全面推进依法行政。现代法治是包含了实质正义与形式正义的法治，是整合了实质价值追求的形式法治。单纯强调程序正义价值的片面形式法治观不利于行政所欲维护的公共利益。行政行为既要按照法定的权限、程序、形式等要求作出，更要体现法律所追求的实质目的，即对公共利益或当事人实体权益的保护。程序、形式等价值虽然具有重要的意义，但其毕竟是保障实体权益实现的手段。尽管有些情况下，不遵守法定程序可能无法实现法律追求的实体目的，但情况并非全都如此。有些情况下，对程序或形式的轻微违反并不会影响行政行为内容，如特定条件下的说明理由程序。这时如果为了程序价值或程序权利而全盘否定违法行政行为，则可能不利于行政行为所欲保护的公共利益或当事人实体权益。治愈制度是在坚持依法行政基本原则的前提下，对依法行政原则的机械形式观所作出的修正和完善。在这些特殊情况下，适用治愈制度不仅不会对依法行政原则造成危害，还有利于从根本上准确地把握依法行政原则的丰富内涵，全面推进依法行政。这种意义上的依法行政正确地处理了程序价值与实体价值、形式正义与实质正义的关系，是形式法治与实质法治有机结合的一种法治观，符合现代法治理论和法治实践发展的趋势。

三　研究现状

违法行政行为的治愈（追认、补正、转换）是典型的大陆法系国家的制度。德国、葡萄牙、西班牙、日本、我国台湾及澳门地区等国家和地区的行政程序立法或实践中均存在该种制度。我国学者起草的多个版本的《行政程序法试拟稿》中也都规定了该制度。目前湖南省、山东省等出台的有关行政程序的省级政府规章中也都规定了治愈制度。与实践需要和立法推进不适应的是，我国国内关于该制度的理论研究不尽如人意。国内关于该问题的研究可分为两个层面：一是在部分行政法学教科书中简单涉及该问题；二是专门研究。

目前为止，国内多数行政法学教科书专门涉及违法行政行为治愈理论的较少，基本是介绍行政行为的效力形态、行政行为程序违法的法律后果时附带论及该制度。从违法行政行为法律后果的角度对补正、追认、转换等制度进行专门、详细研究的成果较少。同时，现有介绍也多是以国外相关立法规定为对象，针对我国行政实践需要进行详细论证和研究的也不多。

现状的改变得益于域外行政法学教科书的引进。德国及我国台湾地区行政法学著作的引进，使大陆行政法学者对于违法行政行为的治愈制度有了更多的了解。在此基础上，近年来开始出现针对该问题的专门研究成果。这些成果主要包括以治愈制度为题的硕士学位论文及一般论文研究。这方面，主要有 3 篇关于补正的硕士学位论文、2 篇关于转换的硕士学位论文、1 篇关于追认的硕士学位论文。另有 16 篇补正、1 篇追认、1 篇转换、1 篇治理、1 篇矫治的一般性论文。其中，叶必丰教授与张辅伦合著的《论行政行为的补正》（载《法制与社会发展》1998 年第 1 期）是较早研究补正制度的成果。这篇文章对行政行为的补正进行深入研究，并提出了一些真知灼见。该文指出，"将不影响相对人的利益或合法权益作为补正的适用条件是不科学的"，"补正的适用条件应界定为：程序上违法但不影响意思表示本身合法性、公正性的行政行为。因此，凡是应告知而未告知或错误告知的（但没有把行政行为所设的权利义务告知相对人的，应认定该行为不存在）的行政行为，应补充而未补充的行政行为，应追认而未经追认程序的行政行为，行政主体的内设机构、临时机构、派出机构或行政人员以自己名义实施的行政行为，应说明理由而未说明理由的行政行为，应受领而未经受领的行政行为，应参与程序的当事人而未参与的行政行为等，只要未影响意思表示本身的合法性和公正性都应采用补正方式补救。行政主体自己发现的应自行补正；在行政复议或行政诉讼等行政救济中经审查后发现的，应由有关国家机关依法责令行政主体补正。经补正的行政行为，与合法行政行为一样具有法律效力，即其法律效力不受影响，但是，应补正的行政行为在补正前或者行政主体拒绝补正的，不具有法律效力。"林莉红教授与孔繁华的《论违法行政行为》（载《河南省政法管理干部学院学报》2000 年第 5 期）第一次将追认、补正与转换作为治愈制度下位概念使用，该文指出"违法行政行为除无效和可撤销外，还可通过追认、补正和转换的方式予以治愈"。杨登峰的《程序违法行政行为的补正》（载《法学研究》2011 年）主张，"在设定补正要件和期限时，应比德国更为严格，且应协调好补正与处理程序违法的其他制度之间的关系"，该文指出，我国的补正要件可规定如下："（1）行政决定应依申请作出，申请人事后提出的；（2）行政决定须报上级机关批准，上级机关事后补批的；（3）行政决定以其他行政机关的决定为条件，其他行政机关事后做出该决定的；（4）法律、行政法规规定的其他情形"。杨登峰的《行政越权代理行为的追认》（载《甘肃政法学院学报》2012 年第 4 期）对违法行政行为的追认进行了探讨。该文指出，"行政越权代理行为属于行政法上一种特殊的越权行为。它所超越的是行政委托机关授予的代理权限而非法律授予的行政权限，与行政诉讼法所指的超越职权相似但不同。除了表见代理制度之外，民法上关于无权代理的制度在行政法中可以得到应用，特别是追认制度。不过基于行政职权法定原则和行政秩序安定原则，行使行政追认权应受其行政权限和时间的限制。将来制定行政程序法时应对行政越权代理行为的追认作出规定"。据此，该文提出未来行政程序法中追认条款拟定建议："超越代理权或者代理权终止后实施的代理行为，经被代理行政机关依职权追认的，由追认的行政机关承担相应的法律责任。行政相对人在知道或者应当知道代理行政行为越权之日起三个月内，可以催告被代理的行政机关追认，也可以依法申请撤销。行政相对人催告和申请撤销的，行政机关应当在 10 日内作出追认决定。未作追认决定的，视为拒绝追认"。柳砚涛、刘雪芹的《论行政行为补正制度》对补正的概念、理论依据、域外立法及适用条件也进行了论述。

与国内相比，大陆法系多数国家或地区有关于治愈制度的立法，其实践素材丰富，理论研究较为成熟。但由于语言障碍，除了国内学者翻译的外国行政法学教科书中对治愈问题的介绍外，笔者尚未发现有关追认、补正、转换问题的专门性研究成果。值得一提的是，我国台湾地区学者洪家殷撰写的硕士学位论文"瑕疵行政处分之补正与转换"是系统研究治愈制度的域外成果。① 此外，域外行政程序立法也是反映其理论研究成果的一种形式，也是研究治愈制度的主要资料。

现有研究成果对于正确认识违法行政行为的多元法律后果和治愈制度具有重要意义，尤其是有些成果提出了很多有见地的观点和建议，对于我国相关法律的完善具有指导作用。但现有研究也有值得商榷之处，某些观点值得进一步探讨。总体而言，如下问题需要进一步研究：

从违法行政行为法律后果角度对补正、追认、转换等制度展开的系统研究。这是正确处理违法行政行为法律后果不可或缺的理论资源。对治愈的三种方式进行独立研究的成果逐渐增多，但尚没有将三种治愈方式综合进行研究的成果。甚至追认、补正、转换这三种方式是否均可作为治愈违法行政行为的方式，它们是不是治愈的下位概念也值得研究。这三种方式有没有共同的理论基础和特征，司法机关对待追认、补正与转换的态度与方式是否具有相同点，有哪些相同之处，这些均值得深入研究。

治愈制度的相关理论基础研究。治愈制度存在的时代背景、社会基础、理论依据等需要展开深入研究。尤其是对形式法治与实质法治、形式正义与实质正义的关系，以及其对行政法治的影响，需要进一步探析。

违法行政行为治愈适用的条件和范围研究。如何结合现代行政法治发展及中国行政实践，准确界定适用治愈制度的条件及违法行政行为范围，是需要重点研究的内容。理论研究的落脚点是在条件成熟时，推动制度发

---

① 笔者在研究之初，检索资料时，欣喜地发现中国台湾学者洪家殷的硕士学位论文为《瑕疵行政处分之补正与转换》。于是，笔者通过电子邮件联系了洪教授。洪教授很快就将其硕士学位论文通过邮箱发送过来。在此，非常感谢洪教授慷慨相助。其论文中的很多观点给笔者以极大启发，在此一并致谢。

展，完善相关立法，最终变为行政实践。恰当的条件和范围可以使治愈制度发挥最大的功效。因为如果不能有效控制治愈适用的条件和范围，依法行政原则将被架空，行政法治建设亦将受到严重阻碍。

　　治愈制度与行政救济制度的关系研究。治愈对行政救济制度产生的影响及行政救济制度的因应措施是解决司法适用难题的关键。法院可否实施治愈行为；法院应如何对待治愈问题；治愈对起诉对象、被告确定、证据规则的影响等问题，均有待于理论研究给出答案。

　　四　研究目的及方法

　　本书的研究旨在探讨违法行政行为治愈的理论基础、治愈范围、治愈制度构建以及治愈对我国行政救济制度的影响。目前国外行政法论著在介绍违法行政行为的追认、补正、转换时，多从制度层面加以叙述，对治愈的价值追求及治愈与依法行政之间的关系等理论问题没有作详细的论证或说明。国外行政程序立法中关于补正的范围的规定仅限于几种轻微的程序违法，而从实践中，我们发现有很多形式甚或实体的违法也并非一概没有补正的余地。追认的适用情况，尚没有引起学者的关注。我国行政程序立法时，如何在借鉴国外制度的基础上，实现因应现实需要的超越，是需要学者认真思考的问题。另外，违法行政行为治愈制度的构建可能对我国行政救济制度产生的影响和冲击亦需理论研究给予回应。本书的研究即旨在通过对上述问题进行全面、系统、深入的理论探讨，为我国违法行政行为治愈的理论完善和制度构建作出应有的贡献。

　　本书采取研究方法主要包括：语义分析方法、价值分析方法、实证研究方法。语义分析方法，用于违法行政行为治愈基本概念、范畴的建构。通过对行政行为违法的矫治、治愈、治疗、治理、更正、追认、补正、转换等概念进行语义分析，以期澄清关于行政行为瑕疵消除理论的概念误用和混用。价值分析方法，用于阐明治愈制度的理论基础、证成违法行政行为治愈的必要性，从而奠定治愈制度的理论根基。实证研究方法，用于梳理治愈制度缺失下的实践困境，使违法性治愈的理论阐释和制度建构更具现实针对性和可行性。收集并研读行政执法案卷和司法裁判文书，找出不适宜撤销的违法行为案例，比较各地的处理方法，借以发现治愈制度缺失下的实践困惑，并以此为缘起，在理论和实践互动融合中，探讨违法行为的治愈。

五　思路与框架

本书从行政行为的违法情节、危害程度，以及违法行政行为体现的公益与其侵害的法益比较入手，探讨瑕疵行政行为法律后果的多元性与治愈必要性。在实质法治基础上论述治愈的理论依据、价值追求，治愈追求公共利益最大化并以实质正义、行政经济与效率、法安性等为价值表现形式，包括在实质法治视野下，以我国行政实践的现实需求和域外相关经验为基础，探讨追认、补正、转换等各种治愈形式的具体适用条件与适用情形。最后提出行政救济制度的因应措施与相关立法建议。依此次序，本书分为六章，包括违法行政行为治愈的基本理论研究、违法行政行为治愈的立法与实践现状研究、权限瑕疵行政行为追认研究、非实质性要件欠缺行政行为补正研究、违法行政行为转换研究、结论。下面将对各章的主要内容简单介绍。

违法行政行为治愈的基本理论研究。作为本书开篇，重点探讨治愈的基本理论问题，包括违法行政行为的表现形态和法律后果、治愈概念的界定、治愈的理论基础等。治愈旨在消除行政行为之瑕疵（违法），使其由违法变为合法，它属于违法行政行为法律后果之一种。详细阐释违法行政行为形态，并明确违法行政行为的多元法律后果，是研究治愈制度的逻辑起点。为确定研究对象、限定研究范围，有必要对论题作出大致的界定。治愈概念界定部分从治愈的概念、性质（是不是行政法律责任）、对象、内容、主体等方面对治愈进行了概略描述。作为行政法制度，治愈的理论基础是公共利益本位论，即当行政行为存在违法，但其仍然体现法律追求的公共利益，并且该种公益比违法侵害的法益更值得保护时，适用治愈手段符合优先保护公共利益之要求。治愈是以实质正义为价值追求的，它有利于行政经济与效率。但由于它对形式法治的突破、对轻微违法的容忍，必须对其施加严格限制。

违法行政行为治愈的立法与实践现状研究。重点介绍域内外治愈制度立法及实践状况。行政法的治愈制度起源于民法的相关理论与实践，它是典型的大陆法系国家制度。大陆法系许多国家在行政程序法中明确规定了治愈制度，没有明确立法的国家多通过行政判例确认治愈制度。英美法系国家尽管没有关于治愈的成文立法，法院对于行政机关违反程序的行政行为也并非一概撤销，而是在违法行为保护的公益与其侵害的法益之间进行权衡，根据优先保护的利益灵活解释行政行为违反的程序规则的重要性，借以达到维持或否定行政行为之目的。我国现行主要立法对治愈持否定态度，但仍有个别法律中部分法条包含了实为治愈制度的规定。由于缺乏明确的制定法依据，司法机关在审理适合治愈的违法行政行为案件时，往往面临困惑和尴尬。基于此，有必要建立我国的行政法治愈制度。

权限瑕疵行政行为追认研究。权限瑕疵行政行为是追认的适用对象。追认是指因欠缺管辖权或因法律依据本身违法导致行政行为违法时，由有管辖权的行政主体或有权立法主体对该违法行政行为所作的事后认可。追认具有溯及效力。它包括两种形式：一是行政追认，即有权行政主体对无管辖权主体所作部分行为的追认，并非所有的权限瑕疵行为都可追认。被追认行为的作出主体不因追认而获得持续管辖权。二是立法追认，即有权立法主体以新的合法的规范性文件取代旧的违法的规范性文件，并明确规定新规范溯及既往至旧规范实施之日，以此使依据旧规范作出的违法行政行为变为合法行政行为的制度。立法追认可以使无授权依据、授权内容不明确或依据违法导致的违法行政行为的瑕疵得以治愈。立法追认对行政主体相关行政事务的授权，是一种持久授权。立法追认是通过消除违法行为依据瑕疵来达到治愈违法行为之目的。

非实质性要件欠缺行政行为补正研究。非实质性要件的欠缺，尤其是程序违法行政行为是补正的主要适用对象。补正是通过弥补行政行为欠缺的程序、形式、方式等非实质性的合法要件，消除行政行为的违法性，使其由违法行政行为变为合法行为，继续维持其效力的制度。补正分为两种：行政主体和行政相对人进行的补正是积极补正，客观条件的变化使行为违法性自然消除的情形是消极补正。相对人补正和消极补正仅针对授益行政行为的瑕疵。补正必须受严格的条件限制，即行政行为违反或欠缺的合法要件对行政行为结果不产生实质性影响。对轻微程序或形式要件欠缺之瑕疵的补正具有溯及效力，对于非实质性实体要件欠缺之瑕疵的补正，自补正之日起发生效力。

违法行政行为转换研究。转换是违法行政行为包含另一合法行政行为的要件，且具有相同的目的时，将违法行政行为转变为另一合法行为的制度。撤销重作行政行为虽能达到转换制度之目的，但转换具有撤销重作无可替代之优势。可撤销行政行为与无效行政行为均可适用转换方式。可转换的行政行为瑕疵类型包括程序违法、适用法律错误以及认定事实错误。转换需受到严格的条件限制。追认、补正、转换都是单纯公法上表示行为，非具体行政行为。

结论。总结本书基本观点与结论，探讨治愈适用范围扩张的可能性。如治愈可否适用于不当行政行为。作为本书的结论，本研究的最终落脚点仍然是服务于司法实践，并使治愈制度化、法律化。违法行政行为的治愈必然会影响行政救济制度。主要表现为：相对人对行政主体的治愈行为不服时，应视为对原行政行为不服，应以原行政行为为对象提起行政诉讼，可以治愈行为本身的违法作为诉讼理由。相对人对补正、转换行为不服时，应以原行政行为的作出主体为被告。相对人对追认行为不服时，如果原行为的作出主体不具备行政主体资格，则以追认主体为被告，如果原行为的作出主体具备行政主体资格，但却不具备所涉事项的管辖权时，可以根据方便相对人的原则，由相对人在原行政主体和追认主体中选择其一作为被告。但相对人一旦选择，即不得变更被告。相对人对治愈行为不服时，计算复议或诉讼期限应以治愈行为发生之日为准，但如果治愈行为发生在原违法行政行为救济期限届满后的，应视为相对人的救济期间届满，不应以治愈行为发生之日起算救济期间。治愈也将对行政诉讼证据制度和法院审判带来影响。在制度建构上，我国应在未来的行政程序立法中全面规定违法行政行为法律后果制度，包括治愈制度。在行政程序法出台前，可通过法律解释增加治愈制度，在行政程序法出台后，应删除行政复议法和行政诉讼法中关于违法行政行为法律后果的规定。同时，应对相关法律作相应修改。

第一章　基础追问：违法行政行为治愈基本理论

作为依法行政原则的例外制度，违法行政行为治愈既有其产生的现实需要，更有其存在的理论基础。现实需要催生制度实践，而制度实践必须依靠科学理论指导。因此，要想准确认识和全面把握行政法上的治愈制度，必须从认识治愈的基本理论入手。本章将重点探讨治愈制度的基本理论。

第一节　违法行政行为的形态与法律后果

在目前学科林立、划分细致的学科门类中，研究者要想进行有效的研究，必须清楚研究对象所属的学科领域；然后找出研究对象在该学科中属于哪个分支、哪个次级领域。或者说，研究者首先要找出研究对象在某学科中的坐标位置。这样研究者就可以在已有的研究成果基础上继续自己的探索，且能起到事半功倍之效。

由于治愈的基本作用是消除行政行为的违法性，使其转变为合法行政行为，使违法行政行为法律效力得以维持。而与此相反，违法行政行为还有被撤销或无效的情形，这时行政行为的效力被否定或无效力。因此，治愈与撤销、无效等均属违法行政行为的法律后果。

既然治愈针对的是违法行政行为的各种违法情形，那么，详细阐述违法行政行为的各种形态，对于研究治愈制度是不可或缺的；既然治愈属于违法行政行为法律后果之一种，那么，全面了解违法行政行为的法律后果有助于准确把握治愈制度及其理论。

一　违法行政行为的形态

按照我国行政法学通说，行政行为以行政相对人是否特定为标准，可以分为抽象行政行为和具体行政行为。① 由于二者存在诸多区别，治愈理论的适用也不一样。

在域外，法律规定的治愈制度只适用于具体行政行为，不适用于抽象行政行为。但从我国行政实践的现状看，抽象行政行为违法的现象大量存在，违法的情形复杂多样，有些抽象行政行为虽然违法，但不适宜否定其效力的情况也是屡见不鲜。这时是否可参照具体行政行为治愈一样，对抽象行为的违法予以治愈，是有待研究的问题。囿于研究范围和主旨，本书主要探讨具体行政行为违法的治愈，不包括抽象行政行为违法的情形。为行文便利，本书在无特别说明时，以行政行为指代具体行政行为。但在与抽象行政行为比较时，仍将使用具体行政行为之称谓。

违法行政行为是与合法行政行为对应的概念。② 凡行政行为欠缺合法要件，就会构成违法行政行为。行政行为合法的要件主要包括两个方面：程序合法和实体合法。程序（广义的程序）合法的内容包括：作出行政行为的主体具有管辖权、遵守法定程序（狭义的程序）规则、形式合法。

管辖是行政机关行使行政权的范围，或者说，不同的行政任务分别由哪个行政机关负责执行的问题。管辖可分为三类：事务管辖、地域管辖、级别管辖。所谓事务管辖，即法律按照行政事务的不同性质或不同专业确定由不同的行政机关主管，如环保、教育、治安、外交等分类。所谓地域管辖，即事务管辖确定后，负责某行政事务的行政机关行使行政权的空间范围。多数行政机关的地域管辖范围是按行政区划划分的。如甲市教育局的管辖权限于甲市、乙区工商局的管辖权限于该区。行政机关的管辖权属于行政组织法的范畴，应由行政组织法规定。在依组织法不能确定地域管辖的情况下，为了行政管理的需要，法律常作特别的补充规定。如"台湾行政程序法"第 12 条规定：

不动产事件，由不动产所在地行政机关管辖；关于企业经营或其他继续性事业之事件，由经营企业或从事事业所在地行政机关管辖，或应经营或应从事之处所行政机关管辖；其他事件，关于自然人者，依其住所地，

---

① 叶必丰：《行政行为概述》，载姜明安主编《行政法与行政诉讼法》，北京大学出版社、高等教育出版社 2005 年版，第 178 页。叶必丰：《行政行为的分类：概念重构抑或正本清源》，《政法论坛》2005 年第 5 期。

② 亦有观点将瑕疵与违法通用，本书将瑕疵作为违法之上位概念。即瑕疵行政行为包括违法行政行为、错误行政行为、不当行政行为。

无住所或住所不明者，依其居所地，无居所或居所不明者，依其最后所在地；不能依上述规定确定管辖权或有急迫情形者，依事件发生之原因定之。

所谓级别管辖，是指多等级的行政机关中，上下级行政机关对于某一行政事务的管辖范围。行政机关作出行政行为时，违反事务管辖的，称为事务越权；违反地域管辖的，称为地域越权或横向越权；违反级别管辖的称为层级越权或纵向越权。

程序是交涉过程的制度化。① 遵守法定程序是行政机关作出行政行为的必然要求。作为亘古不变的经验，任何权力都有被滥用的危险。为了约束公权力，设定一定的程序规则，将权力的行使纳入程序轨道，至少能在一定程度上减少权力违法现象的发生。对于以裁量权为核心的行政权来说，程序的意义更是不言而喻。行政行为遵守的法定程序规则主要包括：行政回避制度、行政告知制度、说明理由制度、行政听证制度、行政证据制度等。此外，还有表明身份、受理、立案等程序规则。

形式合法是指行政行为作出时必须具备法律所要求使用的形式。行政行为可以书面、口头或法律允许的其他方式作出。但如果法律明确规定了行政行为的形式，行政主体必须采用该种形式，否则将构成行政行为违法。一般而言，书面方式是原则，这是法的明确性、减轻证明负担以及行政机关按照规程制作案卷等理由的客观要求。② 单纯的沉默只有在法律有规定时，才可以成为行政行为的合法形式。

实体合法内容包括：法律依据合法、意思表示真实、事实认定正确、没有裁量瑕疵、符合比例原则、内容明确、所要求的事项在法律及事实上必须可能。

法律依据合法是指行政机关的行为必须有法律依据，并且该法律依据必须合法。违反这一要件的违法行政行为形态主要有：行政主体的行为没有法律依据，即违反法律保留原则。主要表现为行政主体的行政行为作为没有法律依据、行政不作为行为。行政行为所依据的法律规范（广义）违反上位法，即违反法律优先原则。既然行政行为依据的法律规范违反上位法，那么，行政行为也当然构成违法。行政主体在适用法律时，对法律

---

① 季卫东：《法律程序的意义》，中国法制出版社 2004 年版，第 33 页。

② ［德］哈特穆特·毛雷尔：《行政法学总论》，高家伟译，法律出版社 2000 年版，第 236 页。

规范的内容解释错误，构成法律适用错误。

意思表示真实。行政主体作出行政行为时必须出于真实的意思表示。行政主体受欺诈、胁迫作出的行政行为，属于意思表示有瑕疵的行为，构成违法行政行为。

事实认定合法。对事实认定过程主要是正确运用证据法则的问题，基本上是程序问题，如认定事实违反经验法则、错误分配举证责任、错误适用证明标准等。但对事实的判断结果则并非单纯是程序问题。事实问题实质是行政行为作出的法律原因。如果行政主体对事实的判断与真相不符，则会导致行政行为违法，如将没有参与赌博的人认定为参与赌博。

没有裁量瑕疵。行政主体在作出行政行为时，有一定的裁量余地。对于是否作出某种行政行为（决定裁量），以及作出何种行政行为（选择裁量），行政主体有裁量权。但行政主体必须遵守裁量界限，否则构成违法。典型的裁量瑕疵有：裁量逾越、裁量滥用、裁量怠惰三种。

符合比例原则。行政主体作出行政行为时必须在方法与目的之间进行权衡，其所采取的方法或手段必须能够达到目的，该行政手段是必要的，且其追求的利益和侵害的利益之比例合理。即行政行为必须符合妥当性、必要性及相称性原则。违反比例原则的行政行为，则构成违法行政行为。

内容明确。行政行为的内容必须明确具体。行政行为旨在将概括、抽象的法律规定具体化，以适用于个别事件，因此，其设定的义务、赋予的权利必须明确具体，以达到为相对人理解、进而获得有效执行的目的。行政行为内容不明确、不完整或相互矛盾达到十分严重的程度时，构成违法行为。

行政行为所要求的事项必须具备法律上的可能和事实上的可能。如果行政行为内容的执行将导致违法或犯罪，即属法律上不能，这种行政行为属违法行为；如果行政行为内容的执行在客观上不可能，如吊销本已注销过的营业执照，这种行为亦属违法行为。

二 违法行政行为的法律后果

违法行政行为的法律后果是指法律对于违法行政行为如何对待和处理的问题。"在瑕疵理论的范围之内，合法—违法这一对概念构成的是事实要件，而具有法律效果——没有法律效果这一对概念指的是法律后果。"①法律效果，又称法律意义，是指主体通过意志所设定、变更或消灭的某种

---

① ［德］哈特穆特·毛雷尔：《行政法学总论》，高家伟译，法律出版社2000年版，第240页。

权利义务关系及所期望取得的法律保护。①

依法行政原则要求行政行为必须依法作出，违法行为应被否定，违法行政行为法律效力应被消除。但由于行政行为违法的形态多样，其对权利的侵害程度各异，法律不宜一概否定违法行政行为，而应根据不同情况作不同处理。根据法律所追求的目的，以及行为的违法程度，法律对违法行政行为采取了不同的处理方式，即赋予了不同的法律后果。通过赋予不同的法律后果，违法行政行为的法律效力要么被否定，要么被肯定。从行政法理论和实践来看，违法行政行为的法律后果有如下两类：

（一）否定违法行政行为的法律效力

否定违法行政行为的法律效力，是指否定行政主体实施行政行为的预期法律效力，即行政行为没有法律效果。对行政主体来讲，是一种不利的法律后果。否定违法行政行为法律效力有两种手段：一是确认某些违法行政行为无效，使其自始不生预期的法律效力；二是撤销违法行政行为，使其法律效力自撤销时起溯及既往失去效力，也可以根据需要另定失效日期。

1. 无效

违法行政行为构成无效的判断标准，通说采取重大且明显说，即无效的行政行为，是指具备了行政行为所内在的瑕疵而违反了重要的法规，瑕疵的存在是这两个要件明显的情形。②《联邦德国行政程序法》第四十四条第一款规定，行政行为具有严重瑕疵，该瑕疵按所考虑的一切情况明智判断属明显者，行政行为无效。行政行为的违法程度是否达到重大且明显的判断标准，"既不是相对人的主观想象，也不是受过训练的法学家的认识能力，而是一个典型的、理智的公民的认识。尽管如此，明显瑕疵并不总是'明显'。在具体案件中，关于行政行为是否明显并且严重违法，完全可能发生争议"。③因此，对无效行政行为的判断和确认，除了立法尽可能详尽细致外，司法判例作用不容忽视。立法上，"台湾行政程序法"的规定值得借鉴。该法采取列举加概括的立法方式，规定如下：

① 叶必丰：《具体行政行为》，载姜明安主编《行政法与行政诉讼法》，北京大学出版社、高等教育出版社2005年版，第226页。
② ［日］盐野宏：《行政法》，杨建顺译，法律出版社1999年版，第114页。
③ ［德］哈特穆特·毛雷尔：《行政法学总论》，高家伟译，法律出版社2000年版，第251页。

行政处分有下列各款情形之一者，无效：

不能由书面处分中得知处分机关者；

应以证书方式作成而未给予证书者；

内容对任何人均属不能实现者；

所要求或许可之行为构成犯罪者；

内容违背公共秩序、善良风俗者；

未经授权而违背法规有关专属管辖规定或缺乏事务权限者；

其他具有重大明显之瑕疵者。

无效行政行为的法律效力是自始不生预期的法律效力。行政主体有权依职权确认其无效。任何人任何时候都可以主张其无效。

2. 撤销

不构成无效的一般违法行政行为通常可以撤销。撤销可以由行政主体作出，也可以由相对人诉请法院撤销。作出行为的行政主体及其上级机关可以随时撤销违法行为，而相对人诉请法院撤销时则应在法定救济期间内行使撤销请求权。违法行政行为的撤销应当受到如下限制：撤销行政行为对公共利益有重大危害时，不宜撤销；撤销授益行政行为时，如果受益人的信赖利益大于追求的公共利益时，则不宜撤销。一般违法行政行为被撤销后，其效力溯及既往地失去。但为保护公共利益或受益人的利益，撤销机关可以另定失效日期。

（二）维持违法行政行为的法律效力

维持违法行政行为的法律效力，是指维持行政主体实施行政行为的预期法律效力，即行政行为具有法律效果。这是对行政主体有利的一种法律后果。维持方式主要有轻微违法的不予考虑、相对人放弃救济、情况判决、治愈。

1. 违法性的不予考虑

当行政行为存在轻微程序瑕疵或其他轻微违法，不影响相对人合法权益，且该瑕疵也没有治愈的必要时，在判断行政行为合法性时可以忽略这种瑕疵或违法，不予考虑。从而使该行政行为的效力继续存在。

2. 相对人放弃救济与情况判决

这两种情况均是放任行政行为的违法性，维持其法律效力。第一，一般违法行政行为的相对人或利害关系人未在法定救济期间内行使权利，或者放弃了救济权，这时违法行政行为及其法律效力将继续存在。德国亦有学者将相对人放弃救济从而使违法行政行为效力得以维持的情况视为治愈。① 笔者认为，相对人放弃救济可以使违法的行政行为效力得以维持，但行政行为的违法性并未消除，而治愈是以消除行政行为的违法性为基本特点的，二者有着本质区别。第二，相对人诉请撤销违法行政行为，法院经审理后发现，被诉行政行为构成违法，但如撤销将会对公共利益造成重大损害时，法院将会在宣示被诉行为违法的同时，驳回相对人的撤销请求，此即情况判决制度。这时违法行政行为及其法律效力均将继续存在。

3. 治愈

消除行政行为的违法性，使其转变为合法行政行为，维持其法律效力。消除行政行为违法性的方式有追认、补正、转换，本书将三者合称为治愈。即通过一定方式消除行政行为的违法性，使其转变为合法行政行为，使违法行政行为的法律效力得以维持的法律制度。

综上所述，治愈是违法行政行为的一种法律后果，是通过消除行政行为的违法性，使其法律效力得以维持的一种措施。

第二节　违法行政行为治愈界说

在我国行政法学中，治愈是一个陌生的词汇。在德国、日本、我国台湾地区等行政法较发达的国家或地区，治愈概念也并未获得完全一致的认识。因此，要想对治愈进行研究，必须对治愈进行明确的界定。因为"在借助语言描述事实或问题的时候，明确的定义是科学研究成功的前提。只有语言表达方式统一才能使科学交流成为可能。""没有确定的定义就不能清晰地思考、科学地认识。"②

一　治愈概念

违法行政行为的治愈，是指在一定条件下，通过追加、补充或其他方式，消除行政行为的违法性，使之转变为合法行政行为，从而使法律效力得以维持的制度。治愈的方式包括追认、补正、转换。所谓追认，指因欠缺管辖权或因法律依据本身违法导致行政行为违法时，由有管辖权的行政

① 参见［德］汉斯·J. 沃尔夫等《行政法》第二卷，高家伟译，商务印书馆2002年版，第94页。

② ［德］魏德士：《法理学》，丁晓春、吴越译，法律出版社2005年版，第9页。

主体或有权立法主体对该违法行政行为所作的事后认可。所谓补正，指通过弥补违法行政行为所欠缺的合法要件，消除其违法性，使其变为合法行政行为，继续维持其效力的制度。所谓转换，是指违法行政行为包含了另一合法行政行为的要件，且具有相同的目的时，将违法行政行为转变为另一合法行为的制度。

治愈是大陆法系国家行政法学中的概念。不过，在大陆法系国家或地区的行政法学中，治愈概念的使用和指称的内容却并不一致。有的学者使用治愈，有的学者使用治疗。在概念指称的内容上，有的学者将瑕疵的补正称为治愈，有的学者将瑕疵补正的结果，即瑕疵消除的结果称为治愈，有的学者将关系人放弃救济使违法行为效力维持情况也称为治愈，有的学者将补正与转换统称为治疗。如有德国学者称补正的结果是程序违法的治愈，将治愈看作是经补正消除违法的结果①，也有学者将法律追溯消除授权缺陷的情形也称之为补正，将行政程序法规定的补正和关系人通过放弃救济使违法行政行为效力维持的情形一起称之为治愈。② 日本有学者称补正为瑕疵的治愈。③ 我国台湾学者有称补正的结果是瑕疵治愈的④，有称补正为治疗的⑤，有将补正与转换统称为治疗的。⑥ 我国大陆学者对补正、转换等问题多是在介绍行政行为或行政决定的效力形态时附带提及瑕疵的补正与转换，即便有所探讨也是以介绍国外行政程序立法规定为主，很少进行专门的研究和论述。

从学者使用概念可以看出，对于同一事物或问题的研究只要不影响受众对研究对象的认知，概念的选择并不十分重要。但为了研究和交流的便利，尽量使用内涵和外延相对一致的概念，也是值得提倡的。并且，当将行政行为瑕疵消除制度引入中国后，对其名称的选择和使用还要考虑汉语语言习惯、与中国现行法律制度相关理论和概念的衔接等因素。

---

① ［德］哈特穆特·毛雷尔：《行政法学总论》，高家伟译，法律出版社2000年版，第255页。

② 参见［德］汉斯·J. 沃尔夫等《行政法》第二卷，高家伟译，商务印书馆2002年版，第94—95页。

③ ［日］盐野宏：《行政法》，杨建顺译，法律出版社1999年版，第116页。［日］室井力：《日本现代行政法》，吴微译，中国政法大学出版社1995年版，第110页。

④ 参见许宗力《行政处分》，载翁岳生《行政法》，中国法制出版社2002年版，第711页。

⑤ 参见吴庚《行政法之理论与实用》增订八版，中国人民大学出版社2005年版，第261页。

⑥ 参见李惠宗《行政法要义》增订二版，（台北）五南图书出版公司2005年版，第395页。蔡志方：《行政法三十六讲》（普及版），（香港）三民书局1997年版，第244页。

首先，治愈与治疗的名称使用问题。在现代汉语中，治愈，指经治疗而痊愈。治疗，是指用药物、手术等消除疾病。① 治愈侧重于结果（痊愈），治疗强调过程。这两个词语主要用于医学上。在英语中，治愈与治疗都是由 cure 来表示的。在《布莱克法律词典》第八版中，cure 指消除法律瑕疵或纠正法律错误。② 可见，就消除行政行为的违法性，使其转变为合法行为这一目的来说，治愈与治疗并无本质区别。因此，有学者使用治愈概念，如我国学者翻译德国、日本行政法学著作时，多使用治愈概念，③ 也有学者使用治疗概念，如我国台湾地区部分学者。④ 但为强调行政行为违法性消除的结果，治愈概念更为妥帖。因治疗重在过程而无对结果的关注。治愈则更强调痊愈的结果。当然，这并非意味着治愈不重视违法性消除的过程；相反，治愈强调对行政行为的违法性要经过一定手段的治疗，而后得出痊愈的结果。治愈的结果是通过违法性消除的方式和过程（治愈方式）来展现的。如果没有治疗过程而仅有与痊愈结果相同效果的情况，也不能称之为治愈。如程序违法比较轻微，不值得作为撤销理由而作出撤销判决的情况不是治愈。日本行政法上将"不具法律评价意义"的轻微违法视作违法性治愈之观点，如"所谓瑕疵的治愈，是指行政行为有违法的地方，但其违法程度比较轻微，不值得作为撤销理由来考虑时，或者……作为瑕疵已经被治愈的行政行为，视其为合法的行政行为"⑤，亦有商榷余地。日本学者盐野宏亦不认为这是治愈，如"严格地说，这不是治愈，而应该视为不属于应予撤销的瑕疵的瑕疵"。⑥ 德国学者所称的关系人通过放弃法律救济使违法行政行为效力得以维持的情形也是治愈的观点⑦，也难谓妥当。因为关系人放弃救济并不能使违法行政行为的瑕疵消除，仅产生行政行为的形式存续力，即不可诉请撤销性，这与

---

① 中国社会科学院语言研究所词典编辑室：《现代汉语词典》，商务印书馆 2005 年版，第1758 页。

② Bryan A. Garner, *Black's Law Dictionary, Eighth Edition*, West Publishing Co. , p. 410.

③ ［德］哈特穆特·毛雷尔：《行政法学总论》，高家伟译，法律出版社 2000 年版，第 255页；［日］盐野宏：《行政法》，杨建顺译，法律出版社 1999 年版，第 116 页。

④ 李惠宗：《行政法要义》增订二版，（台北）五南图书出版公司 2005 年版，第 395 页；吴庚：《行政法之理论与实用》增订八版，中国人民大学出版社 2005 年版，第 261 页。

⑤ 杨建顺：《日本行政法通论》，中国法制出版社 1998 年版，第 401 页。

⑥ ［日］盐野宏：《行政法》，杨建顺译，法律出版社 1999 年版，第 117 页。

⑦ 参见［德］汉斯·J. 沃尔夫等《行政法》第二卷，高家伟译，商务印书馆 2002 年版，第 94 页。

治愈消除行政行为违法性的功能大异其趣。

其次,治愈与补救选择使用问题。在现代汉语中,补救的意思是弥补、挽回。而治愈也有弥补、挽回之义,它是指通过一定的方式消除行政行为的违法性,使其变为合法行为,从而使行政行为的效力从被撤销而归于无效的危险之中挽回过来。在此意义上,治愈与补救具有相同的含义。

但是,在法学中,补救更多是指法律责任的承担方式。法律责任的实现方式主要是惩罚、补偿和强制。① 这里的补偿,即指补救。在行政法律责任的实现方式上,惩罚性责任是通过限制或剥夺责任主体行政法上的权利及利益,借以消除违法者的人身危险性和其行为的社会危害性,其显著特点是给行政违法者施加额外的负担,如行政处罚。补救性行政法律责任主要是对行政违法所造成的后果予以弥补和恢复,使被违法行为破坏的法律关系或行政秩序恢复到原有状态。补救性行政法律责任的形式主要有撤销、确认无效、责令当事人改正或限期改正违法行为、责令当事人赔偿损失或返还财产、行政赔偿等。亦有学者认为,补救性责任形式有广义与狭义之分。广义的补救性责任形式指的是,一切行政法律责任形式都以填补行政损害为目标,包括恢复性责任形式和金钱赔偿。狭义的补救性责任形式仅指金钱赔偿。② 在此意义上,补救与治愈的区别显而易见:治愈旨在将违法行政行为的违法性消除,使其转变为合法行政行为,它不是法律责任的承担方式;而补救意在将被违法行为破坏的法律关系恢复到原有状态,它是法律责任的承担方式。

另外,在域外行政法学上,治愈概念已被广泛使用,并已约定俗成。认识尚不一致的,仅是治愈方式问题,即治愈是仅指补正,还是也包括追认与转换。因此,为了与域外行政法学的对接、交流,考虑到我国现有法学概念的使用和本书的论题,笔者认为选择治愈比使用补救更恰当。

将治愈概念作为追认、补正、转换的上位概念,可能会有学者质疑其必要性和妥当性。因为在德国,通说认为治愈的方式仅为补正,在台湾地区也仅将补正与转换统称为治疗,因此以治愈作为追认、补正、转换的上位概念的妥当性不无疑问。另外,追认、补正和转换三个概念已经较为成熟,是否有必要创造出一个上位概念,亦待斟酌。对该问题,笔者解释

① 张文显主编:《法理学》,高等教育出版社 2003 年版,第 149 页。
② 朱新力:《行政法律责任研究》,法律出版社 2004 年版,第 219 页。

如下：

首先，从国外有些国家立法和实践中可以看出，追认与补正有时是合二为一的①，而将补正与转换统称为治疗的观点亦不鲜见，所以将追认、补正、转换统称为治愈的观点有理论和实践基础。

其次，也是最主要的，追认、补正和转换三者有共同目的和理论基础。三者都旨在消除行政行为的违法性，使其法律效力得以维持。其理论基础都是在坚持公共利益本位论的基础上，要求违法行政行为必须体现公共利益。共同的目的和理论基础，决定了共同研究的必要性。

再次，既然三者有共同目的和理论基础，在共同研究时，有必要抽象出共同特点，使用一个恰当的词语加以概括。这样既可以准确地表述研究的主题，又照顾了行文便利。当然，概念的选用还要考虑到与国外行政法学的衔接和对话。基于这些考虑，笔者认为，以治愈概念作为追认、补正、转换的上位概念较为合适。

最后，尤其需要强调的是，除了上述考虑外，选用治愈概念也有笔者的偏好，是否还有更为合适的概念，与本书所要探讨的论题，即违法行政行为不宜一概否定，在一定条件下可以补正、追认、转换的论题没有直接关系。故，作者认为对治愈概念的妥当与否无须过多纠缠，因为"关于'称谓'（定义内容）的真实性和正确性的争论对亟待解决的问题毫无意义。这样的争论将使人误入歧途，迷失方向"。②

二 治愈本质特点

违法行政行为治愈本质特点有两个：消除行政行为的瑕疵；继续维持原行政行为的法律效力。不符合这两个本质特点的行为不属于治愈。

依据治愈概念的两个本质特点可以看出，违法行政行为的追认、补正均是瑕疵治愈的方式。违法行政行为的转换是不是矫治，需要认真分析。转换指违法行政行为包含了另一合法行政行为的要件，且具有相同的目的时，将违法行政行为转变为另一合法行为的制度。可见，转换是将违法行政行为转变成另一合法的行政行为，转换后的行为与原行为并不相同，原行为的法律效力也随之灭失。从表面上看，转换不符合矫治的第二个特点，不是矫治。但从转换制度的设立本意看，这个新行政行为是行政主体

---

① 这一点将在后文详述。
② ［德］魏德士：《法理学》，丁晓春、吴越译，法律出版社2005年版，第9页。

在当初如果知道原行政行为违法或无效，就本意应作出的行为，或者说，原行为是一种意思表示的不真实，真实的意思表示，仍然是新行政行为。从这个意义上说，转换类似于错误行政行为的更正，而错误行政行为的法律效力并不因是否更正受影响。转换前的原行为效力也不应受影响。另外，转换后的行政行为是包含在原行政行为之中，原行政行为与新行政行为具有相同目的，并且，转换多是针对程序瑕疵、法律依据瑕疵、事实认定方面的瑕疵等，对于结果瑕疵的行政行为一般不适用转换。转换后的行政行为虽与原行政行为不同，但新行为的法律效力基本就是原行为的法律效力。因此，转换也可视为违法行政行为治愈的方式。

撤销重作与变更均不属于治愈。撤销重作，虽然可以消除行政行为瑕疵，但原行政行为被撤销，其法律效力也随之灭失，这就不符合矫治的第二个本质特点，因此，撤销重作不属于矫治。变更是将原行政行为变为另一个新的行政行为，原行政行为的违法性没有消除，因此，变更也不属于治愈方式。

三 治愈对象与内容

(一) 治愈对象

本书论题"违法行政行为治愈论"已清楚地表明，治愈的对象是具有违法性的行政行为，即违法行政行为。并非所有的瑕疵行政行为均适用治愈制度。因此，准确地界定和识别行政主体作出的与违法行政行为易混淆的行为，对于理解和把握治愈制度具有重要意义。

1. 非行政行为不适用治愈制度

非行政行为，亦称行政行为不存在、假象行政行为、假行政行为，指不符合行政行为成立要件的行为。[①] 行政行为的成立要件主要包括：行政权能存在、行政权的实际运用、法律效果的存在和意思表示的存在。[②] 下列行为即为行政行为不存在：不具有行政权能的主体作出的行为，如超市对顾客的罚款；行政主体非行使行政权的行为，如行政机关购买小额办公用品的行为；行政主体作出的不具有法律效果的行为，即不以设定、变更或消灭某种行政法上的权利义务关系为目的的行为，如由行政机关作出但明显不严肃的行为（玩笑声明）；行政主体的意志尚未表示于外部的行

---

① 杨解君：《行政违法论纲》，东南大学出版社 1999 年版，第 20 页。

② 叶必丰：《具体行政行为》，载姜明安主编《行政法与行政诉讼法》，北京大学出版社、高等教育出版社 2005 年版，第 223 页。

为，如处于准备阶段的未成熟行为。假行政行为不属行政行为，不适用行政法理论和制度，不是治愈对象。

2. 错误行政行为不适用治愈制度

错误行政行为，亦称不正确的行政行为①，是指行政行为出现了客观上本不应当出现的错误，虽然不符合有序行政的各项要求，但综合案件具体情况并不违反现行有效的硬性法律规范，也就是说，并不违法。不正确是行政机关无意的意思表达错误，使表达的意思与其实际上想表达的真实意思不一致。不正确通常是显而易见的。

不正确行政行为的具体情形通常有如下几种：

（1）法律规定行政行为的瑕疵不重要或者瑕疵对行政行为的存在与否无关紧要，如法律教示错误。对于法律救济途径和期限的告知错误，我国《行政诉讼法司法解释》②（2000 年 3 月 10 日）第四十一条规定："行政机关作出具体行政行为时，未告知公民、法人或者其他组织诉权或者起诉期限的，起诉期限从公民、法人或者其他组织知道或者应当知道诉权或者起诉期限之日起计算，但从知道或者应当知道具体行政行为内容之日起最长不得超过二年。复议决定未告知公民、法人或者其他组织诉权或者法定起诉期限的，适用前款规定。"这说明法律救济途径和期限的告知错误并不影响行政行为合法性。

（2）行政行为采取错误表达方式，行政相对人可以知悉其正确内容，因为表达的错误并不影响行政行为的真实法律意图。如对虚报注册资本取得公司登记的相对人，工商登记机关决定撤销其公司登记，但在行政决定书上却将"虚报注册资本"写成"提交虚假材料"，由于这两种情况均适用同一法条（2013 年《公司法》第一百九十八条），况且，相对人完全可以知悉行政处理决定内容，因此，该种错误不构成违法。

（3）对人或物的名称错误，如果根据行政行为的整体内容不可能存在其他可能性。如将相对人"××××有限责任公司"写成"××××有限公司"，仅漏掉"责任"二字但并不会产生对象的认识错误的情况，则属错误行政行为，不构成违法。

---

① 本部分主要参阅［德］汉斯·J. 沃尔夫等《行政法》第二卷，高家伟译，商务印书馆 2002 年版，第 97—98 页。

② 此即《最高人民法院关于执行〈中华人民共和国行政诉讼法〉若干问题的解释》的简称，为行文便利，下文均使用此简称。

（4）明显的书写错误和计算错误。如在某供销社不服某税务所处理决定申请复议案中，被申请人把"加二倍征收 6090 元"的"倍"写成了"成"，即成了"加二成征收 6090 元"。① 再如税款缴纳决定书中写道："应交税款：基数 10 万元 × 税率 5% = 50000 元"，这种将 5000 元写成 50000 元的错误，属计算错误。

（5）事后可以修正的表述不完整。如拆除命令没有针对所有的共有人发出。

（6）向行政相对人送达的文本上没有签名或者盖章，除非该瑕疵构成违法的情形。

（7）其他程序或者形式瑕疵，既不影响实体决定内容，也不构成违法情形。

错误行政行为因不构成违法，不适用治愈。行政主体可随时依职权或依申请更正错误。如果错误行政行为的错误属不利于相对人者，行政主体必须更正错误。如税款缴纳决定书中写道："应交税款：基数 10 万元 × 税率 5% = 50000 元"，这种将 5000 元写成 50000 元的错误，属必须更正的错误。若错误行政行为的错误属有利于相对人者，行政主体仍有权随时更正，对相对人而言并无信赖利益可言，因"错误如此明显可辨，相对人自无对之产生信赖之理"②，无论是否更正，由于错误如此明显，以至于不影响相对人理解和接受真实的意思表示，所以，无论错误是否更正，均不影响该行政行为的法律效力。

3. 部分不当行政行为可以适用治愈制度

不当行政行为，是指不符合合理行政、良好行政标准的行政行为。其在法律上的表现为：没有明确违反法律规范的规定和要求，但违反法律目的与精神，与法律的目的、基本原则、裁量标准一致和相关因素考虑等不相符合。③ 不当行政行为是裁量权行使的瑕疵行为，不构成违法。在救济上适用合理性审查，不适用合法性审查。行政相对人可申请行政复议，但不能提起行政诉讼。在法律后果上，个别情况下，不当行政行为有适用转

---

① 案情详见刘楚汉等主编《税务行政复议、诉讼案 100 例评点》，湖北科学技术出版社 1994 年版，第 96 页以下。转引自姜明安主编《行政法与行政诉讼法》，北京大学出版社、高等教育出版社 2005 年版，第 231 页。

② 许宗力：《行政处分》，载翁岳生《行政法》，中国法制出版社 2002 年版，第 706 页。

③ 杨解君：《行政违法论纲》，东南大学出版社 1999 年版，第 39 页。

换或补正的空间。如我国台湾地区"诉愿法"第79条第2款的规定可以看作是对不当行政行为适用转换的立法例。该条第1款规定：诉愿无理由者，受理诉愿机关应以决定驳回之。第2款规定：原行政处分所凭理由虽属不当，但依其他理由认为正当者，应以诉愿人为无理由。该条是少有的不当行政行为适用转换的立法例。另外，也有部分不当行政行为可以通过补正消除其不当。即使如此，笔者认为，转换制度之设计主要不是针对不当行政行为。因此，关于不当行政行为适用治愈的问题，将放在违法行政行为的治愈之后予以简单讨论。

4. 治愈主要适用于违法行政行为

违法行政行为是欠缺合法要件的行政行为。违法行政行为的各种具体表现形态和法律后果，已于第一节中作了介绍，此处不赘。

如果违法行政行为的效力已获得完全实现，或者说行政行为已因执行、有效期届满或其他原因而效力终结，那么，该种违法行政行为就无法治愈。

违法行政行为中，可撤销行政行为可以治愈，已无争议。但无效行政行为可否治愈，则争议颇多。德国及我国台湾地区认为，无效行政行为不得补正，但可以转换。[①] 葡萄牙则明确规定无效行政行为不能治愈。《葡萄牙行政程序法》（1991年）第137条第1款规定，不允许追认、纠正及转换无效或不存在的行为。由于我国尚未建立无效行政行为制度，现行法律法规中规定的所谓"无效"有些只是可撤销行政行为。从维护公法秩序和行政效率角度，结合我国实际，应允许无效行政行为在具备条件时转换。这与行政诉讼中法院的情况判决乃异曲同工。

（二）治愈内容

上文治愈对象与此处治愈内容并非严格分类，仅为区分宏观违法行为与微观违法类型，本书将前者视为治愈对象，将后者视为治愈内容。治愈的内容是行政行为的违法性，包括程序违法与实体违法。

在行政法治愈理论滥觞之地的德国，治愈内容仅限于特定的程序违法，治愈方式是补正。但在承继德国理论的其他国家和地区，治愈理论有了不同的变化。首先，有学者将转换视为治愈之一种，将无效行政行为纳

---

① ［德］哈特穆特·毛雷尔：《行政法学总论》，高家伟译，法律出版社2000年版，第261页。陈敏：《行政法总论》，（香港）三民书局1998年版，第369页。

入治愈内容之中；其次，有学者质疑补正之适用范围，试图扩大经补正而治愈的内容；再次，有学者从治愈概念的本身含义出发，将追认作为一种治愈方式。这样治愈的内容就远非其本源含义了。因治愈内容与治愈方式密切相关，下面将对二者一起考察。关于治愈内容及治愈方式的观点，主要有如下几种：

1. 治愈内容限于程序违法，治愈方式是补正。如有德国学者认为，特定的程序违法可以通过补正法定手续方式予以治愈。通过"治愈"消除程序违法的后果行政行为视为形式上合法。① 日本及我国台湾地区均有学者持此观点。②

2. 治愈内容不限于程序违法，治愈方式包括补正和转换。如有观点认为，"除补正外，另一个治疗违法瑕疵的方法是行政处分的转换"。③"违法行政处分之治疗的方式包括瑕疵的补正与行政处分的转换。"④ 转换方式治愈不限于程序违法，亦不限于可撤销行政行为，无效行政行为亦可转换。而更有学者认为，补正亦不应限于特定的几种程序违法，其范围应予扩大。⑤

3. 治愈内容不限于程序违法，治愈方式包括追认、补正和转换。⑥

4. 另有观点认为，程序违法比较轻微，不值得作为撤销理由而作出撤销判决情况亦为违法性治愈方式。如"所谓瑕疵的治愈，是指行政行为有违法的地方，但其违法程度比较轻微，不值得作为撤销理由来考虑时，或者……作为瑕疵已经被治愈的行政行为，视其为合法的行政行为。"⑦

如前所述，第四种观点所言并非治愈，"而应该视为不属于应予撤销

---

① ［德］哈特穆特·毛雷尔：《行政法学总论》，高家伟译，法律出版社 2000 年版，第 255 页。

② ［日］盐野宏：《行政法》，杨建顺译，法律出版社 1999 年版，第 116 页。陈敏：《行政法总论》，（香港）三民书局 1998 年版，第 360 页。

③ 许宗力：《行政处分》，载翁岳生《行政法》，中国法制出版社 2002 年版，第 714 页。另参见吴庚《行政法之理论与实用》增订八版，中国人民大学出版社 2005 年版，第 261 页。

④ 李惠宗：《行政法要义》增订二版，（台北）五南图书出版公司 2005 年版，第 395 页。

⑤ 同上书，第 396 页。

⑥ 林莉红、孔繁华：《论违法行政行为》，《河南省政法管理干部学院学报》2000 年第 5 期。

⑦ 杨建顺：《日本行政法通论》，中国法制出版社 1998 年版，第 401 页。

的瑕疵的瑕疵"。① 第一种观点仅将补正作为治愈方式，既嫌僵化呆板，又与治愈含义不吻合，无法有效维护公共利益。从治愈意蕴及其追求的目的和理论基础考虑，转换、追认亦应视为治愈方式，而补正适用的情形亦不应限于现行德国及中国台湾行政程序法所列之有限几种。笔者赞同第三种观点，同时认为补正的适用范围亦可扩大。因此，治愈的内容既包括程序违法，又包括实体违法，既包括一般瑕疵（可撤销情形），又包括重大明显之瑕疵（无效情形）。当然，并不是所有的实体违法和程序违法情形都可治愈。严格地说，应是程序违法和实体违法中的部分情形，在条件具备时可以治愈。

四　治愈主体与性质

（一）治愈的主体

违法性治愈的主体是指行政行为违法性的治愈由谁完成的问题。从治愈主体考察，违法性的治愈有如下几种情形：

（1）行政主体治愈。行政主体治愈，包括作出违法行政行为的主体、复议机关及违反管辖权的行政行为之有权行政主体。多数违法行政行为由行政主体治愈。如多数转换和补正是由行政主体完成。如应给予当事人陈述意见之机会已于事后给予者。② 追认是由有权行政主体对无权主体作出的行政行为予以治愈。

（2）行政相对人治愈。这是针对授益行政行为而言。由于行政相对人原因而致授益行政行为瑕疵时，可由行政相对人自行治愈。不过条件更为严格：不能侵害第三人利益或公共利益，或者侵害的利益与获得的利益，经过权衡，后者更值得保护。这包括两种情况：一是相对人原因导致的程序瑕疵；二是相对人原因导致的实体瑕疵。前者如依申请行政行为，当事人已于事后提出申请的。后者如中山大学撤销陈某学位案。③ 陈某将大专肄业证书变造为大专毕业证书，获得同等学力报考中山大学研究生资格，后被录取，并顺利毕业，获得研究生毕业证书和硕士学位证书。毕业多年后被中山大学宣布研究生毕业证无效并撤销硕士学位。陈某提起行政诉讼，请求撤销中山大学的处理决定。一审法院驳回了陈某的诉讼请求。

---

① ［日］盐野宏：《行政法》，杨建顺译，法律出版社1999年版，第117页。

② "台湾行政程序法"（1999）第114条第1项。

③ 刘华：《12年前伪造学历考研，硕士毕业6年东窗事发》，《法制日报》2006年5月19日第6版。

其实，该案中，陈某获得研究生毕业证书时，其学力已超过本科水平，当初考研时欠缺的实体要件——具有本科同等学力，已经治愈。

负担行政行为之相对人，不得自行治愈该行政行为的违法性，其理正如"任何人不得自证其罪"一样。

（3）其他主体的治愈。除行政主体和行政相对人治愈外，还包括法院的治愈、立法主体的治愈。在德国，行政行为的转换可以由作出行政行为的原机关、复议机关或行政法院实施。① 因此，法院可以成为治愈主体。法律追溯也可以治愈违法的行政行为。② 如依据违法的规章作出的收费决定构成违法，但如果违法收费规章被合法的规章所取代，该合法的规章明确规定溯及既往，那么，原来违法的收费决定因此具有了合法的法律依据，应视为合法。从这个角度讲，特定情况下立法主体也可以成为治愈违法的主体。

（4）自然治愈。所谓自然治愈，即违法性可因客观变化（包括自然条件的出现），使瑕疵消失，阻却违法状态。如男女双方自愿结婚，因未达法定结婚年龄而伪造年龄骗取结婚证，待时间自然经过，当事人达到法定结婚年龄时，其结婚证的瑕疵即因客观原因而消失，结婚证即由违法状态变为合法。③ 自然治愈与行政相对人治愈一样，均针对授益行政行为而言。

（二）治愈性质

治愈性质既可指治愈是具体行政行为，抑或是单纯表示行为；又可指治愈是不是一种法律责任。此处在后一种意义上使用。明确治愈是不是行政法律责任的承担方式有重要的现实意义。如果治愈是行政法律责任的承担方式，那么，治愈本身对于行政主体就是一种否定性评价或制裁，可以不在此制度之外另设控制此类违法的制度。

国内有观点认为，补正是法律责任的承担方式，是对行政主体的一种

---

① ［德］哈特穆特·毛雷尔：《行政法学总论》，高家伟译，法律出版社 2000 年版，第 255 页。

② 同上书，第 230 页。

③ 《最高人民法院关于适用〈中华人民共和国婚姻法〉若干问题的解释（一）》第八条规定：当事人依据婚姻法第十条规定向人民法院申请宣告婚姻无效的，申请时，法定的无效婚姻情形已经消失的，人民法院不予支持。《婚姻法》第十条规定：有下列情形之一的，婚姻无效：（一）重婚的；（二）有禁止结婚的亲属关系的；（三）婚前患有医学上认为不应当结婚的疾病，婚后尚未治愈的；（四）未到法定婚龄的。该司法解释蕴含了违法性治愈的理论。

否定评价。① 亦有观点认为，补正是行政主体承担的不利法律后果，但不是行政法律责任的承担方式。② 根据经验，行政主体对治愈制度可能更乐于接受。因为这一制度使其预期的法律效力并不因其事前的违法而被否定，相反却可以继续维持。如果治愈不是法律责任的方式，就有必要对适用治愈的行政主体另设制裁或惩罚措施，以预防和控制以治愈为后盾而选择事前违法的现象发生。③

治愈是不是一种法律责任，是不是行政主体承担的行政法律责任，要看治愈是否符合法律责任、行政法律责任的本质要求。

关于法律责任学说主要有以下几种④：（1）义务说。该说把法律责任归为"义务"或"第二性义务"。《布莱克法律词典》解释说，法律责任指"因某种行为而产生的受惩罚的义务及对引起的损害予以补偿的义务"。⑤ 张文显教授在吸收义务说的合理因素的基础上把法律责任界定为"由于侵犯法定权利或违反法定义务而引起的、由专门国家机关认定并归结于法律关系的有责主体的、带有直接强制性的义务，亦即由于违反第一性义务而招致的第二性义务"。⑥ （2）处罚说。把法律责任定义为"处罚"、"惩罚"、"制裁"。如哈特指出："当法律规则要求人们作出一定的行为或者抑制一定的行为时，（根据另一些规则）违法者因其行为应受惩罚，或强迫对受害人赔偿。"⑦ （3）后果说。把法律责任定义为某种不利后果。林仁栋教授指出："法律责任是指一切违法者，因其违法行为，必须对国家和其他受到危害者承担相应的后果"⑧，等等。

有学者在研究了法律责任的不同学说后，认为行政法律责任应包括逻辑、价值和社会事实三个不同层面含义，在此基础上，将行政法律责任定义为"行政法律关系主体实施了侵犯原权利的行为（违反了客观法律秩

---

① 如金军瑞：《行政主体之行政程序违法责任研究》，硕士学位论文，郑州大学，2007 年。
② 李彬：《行政程序违法的法律后果》，硕士学位论文，中国政法大学，2005 年。
③ 对治愈的预防和控制制度可以通过行政主体内部的执法责任制度实现，不宜设立外部的法律责任。
④ 以下部分学说的整理详见刘作翔、龚向和《法律责任的概念分析》，《法学》1997 年第 10 期。
⑤ 《布莱克法律词典》（英文版），美国西部出版公司 1983 年版，第 1197 页。
⑥ 张文显：《法学基本范畴研究》，中国政法大学出版社 1993 年版，第 187 页。
⑦ 哈特：《责任》，引自 J. 费因伯格、H. 格拉斯编《法律哲学》英文版，维兹沃思出版社 1980 年版，第 397 页。
⑧ 林仁栋：《马克思主义法学的一般理论》，南京大学出版社 1990 年版，第 186 页。

序中的义务），其实施行为之'意思'具有道义上的可谴责性（违反了主观法律秩序为其设定的注意义务）或行为本身社会层面上的可谴责性，为了对遭受侵犯之权利给予救济或对行政法律关系主体施以处罚，在公权力的强制作用下的、该行政法律关系主体必须承受的法律上的负担。"①

上述各种学说从不同角度阐释了法律责任的本质特征，各有侧重，也各有不足。而要想证实某种行为是法律责任的承担方式，需要该行为符合法律责任的全部本质特征，仅靠某一种学说或者法律责任的部分特征是难以做到的。但要想证明某种行为或者证明某种行为不是法律责任，则只要证明该行为不符合法律责任的某一个本质特征即可。这就为分析治愈是不是法律责任提供了便捷的思路，即先从反面入手，采取证伪法，只要证明治愈不符合法律责任的某些本质特征即可。当然，如果证伪法不奏效，还需要从正面入手去证实治愈是法律责任，那么，这种工作将十分困难。幸运的是，根据专业知识的判断，笔者已有治愈不是法律责任的理论预设，采取证伪法加以检验即可。

从上述关于法律责任和行政法律责任的各种学说中可以看出，法律责任本质特征包括但不限于法律责任是法律对行为主体的一种否定性评价；法律责任对于责任主体来说是一种不利后果；法律责任是权利受侵害者行使救济权的结果，亦是责任主体承担的第二性义务；法律责任的方式是具有独立法律意义的一种法律行为。

从治愈概念可以清楚看出：治愈对于实施了违法行政行为的行政主体来说并非是法律的否定评价和不利后果。治愈并非都是权利受侵害者行使救济权的结果。尽管部分治愈是在救济过程中产生的，但它仍然不符合法律责任的其他本质特征。更为主要的是，治愈的三种方式本身并非是独立的行政行为，其要么是单纯公法上的意思表示（如追认），要么是原行政行为的一部分（如补正）。因此，治愈不符合法律责任的本质特征。治愈不是法律责任，不是行政法律责任的承担方式。这也可以从《意大利行政程序法（草案）》（1955 年）关于追认的规定中得到佐证。该法第 51 条第 3 款规定：如行政行为之瑕疵为权限之欠缺时，其权限得由有正当权限之机关以免责之方式赋予之。

---

① 朱新力、余军：《行政法律责任》，载应松年主编《当代中国行政法》，中国方正出版社 2005 年版，第 1566 页。

退而言之，如果治愈是法律责任的一种承担方式，法律责任又是对责任主体的否定评价和对其施加的不利后果，那么，治愈本身对行政主体实施违法行为就具有威慑和吓阻功能，果真如此的话，治愈适用的范围越广、情形越多，对行政主体的惩戒作用就越大，这样，就没有必要对治愈的适用范围进行限制了。但事实恰好相反，治愈不仅对行政主体起不到威慑和吓阻功能，反而有纵容行政主体违法的嫌疑，有导致行政主体"大错不犯，小错不断"的隐忧。正确的做法是严格限制治愈的适用范围，防止其适用的泛化，而不能无限扩大其适用范围。因此，治愈不是法律责任的承担方式。

第三节　治愈的理论基础

法律不是与价值无涉的对事实的简单描述，也不是机械适用的形式逻辑，其产生和运行都蕴含或体现了一定的目的或价值追求。正如耶林所言，"目的是整个法的创造者，法是权利行使和利益保护的工具。"[1] 行政主体依法作出的行政行为必然体现立法目的和法律的利益追求。当行政行为违法时，通常该行为并不能体现法律目的和利益追求，因此，应该受到法律的否定评价，承担否定的法律后果。但在有些情况下，行政行为尽管违法却仍然体现法律的目的和利益追求。这时，就要在违法行政行为侵害的法益与其体现或追求的法益之间作出权衡取舍，如果后者更值得保护或者后者大于前者时，就不宜否定该违法行政行为。这就是违法行政行为治愈制度的存在基础。当然，如何判断违法行政行为侵害的法益与其保护或追求的法益，哪个处于优先保护的地位，或者哪个法益更大，从而决定是治愈还是否定该行政行为，是一个棘手的问题，但它却是适用违法行政行为治愈制度所必须解决的前提条件。

违法行政行为引起的法益冲突，主要是公共利益与私人利益的冲突、公共利益与公共利益的冲突，在价值取向上主要表现为形式正义与实质正义的冲突。治愈是以实质正义为价值取向的一种制度。治愈虽然具有存在的正当性，但由于其对依法行政观念和制度的悖反，必须对其加以严格

① ［德］魏德士：《法理学》，丁晓春、吴越译，法律出版社 2005 年版，第 234 页。

限制。

一　治愈的理论基础

违法行政行为应否撤销的判断取决于该行为是否真正体现行政法的利益追求。如果行政行为体现或代表行政法的利益追求，那么，尽管其存在违法之处，也可能不被撤销。而行政法的利益追求是由行政法基础决定的。那么，行政法的基础是什么呢？

（一）行政法的理论基础

关于行政法的基础，代表性的学说有控权论、管理论、服务论、平衡论、公共利益本位论。除公共利益本位论外，其他各种学说"只解释了行政法某一个方面的特征或现象，而无法从总体上全面回答行政法的各种特征和现象"，"它们只是回答了行政法本身所具有的某种特征或现象，而未能从根本上深刻地揭示行政法赖以存在的客观基础。……以这些特征或现象来说明和解释行政法，不过是以行政法来解释行政法而已。同时……将行政法本身的某种特征或现象认定为行政法的客观基础，这与历史唯物主义的基本原理也是不相符合的，因而又是不科学的。"[1]

公共利益本位论从历史唯物主义出发，认为对法律系统构成要素性质的认识，不能从输出信息，即不能从它本身及其功能（如它所体现的原则，它所表现出来的手段和效力等）来认识，而应从输入信息，即应从对它起决定作用的、它所赖以存在的社会关系上来认识；不能以它所调整的结果即法律关系或满足人们的某种需要为认识的逻辑起点，而应以决定着它的社会关系为认识的逻辑起点。社会关系最终决定于物质关系。社会关系的实质是人们的利益即利益关系，利益关系最终决定于物质利益关系。因此，利益关系（最根本的是物质利益关系）才是法律系统构成要素的基础，才是法律规范之间的相互区别和联系，从而构成该系统结构即部门法的本质联系，也才是划分部门法的标准。[2] 因此，作为部门法的行政法的基础蕴藏于利益关系之中，作为部门法的行政法区别于其他部门法的标准也是利益关系。根据该学说，行政法的基础是一定层次的公共利益与个人利益关系，行政法是以一定层次的公共利益与个人利益关系为基础和调整对象的基本部门法。[3] 而在行政法所调整的公共利益与个人利益关

---

[1]　周佑勇：《行政法原论》，中国方正出版社 2005 年版，第 101—102 页。
[2]　叶必丰：《行政法的人文精神》，北京大学出版社 2005 年版，第 54 页。
[3]　同上书，第 59 页。

系中，当公共利益与个人利益冲突时，个人利益应让位于公共利益，即公共利益与个人利益是以公共利益为本位的利益关系，因此，行政法是以公共利益为本位的公法。① 行政法的理论基础是公共利益本位论。② 在阶级社会，公共利益的实质是统治阶级的整体利益或共同利益。根据 19 世纪流行的理论，政府等社会组织只是社会的"守夜人"，公共利益是非常有限的。它只是指各单个社会成员自愿转让而集合的利益，此外都属于个人利益。但根据 20 世纪流行的价值取向，政府等社会组织却是社会的服务组织，公共利益的范围日益广泛，认为凡是未被单个社会成员所占有的利益或尚未被分配的利益都属于公共利益。③ 对该种理论学说，笔者赞同周佑勇教授的评价：公共利益本位论既科学揭示了行政法赖以存在的客观基础及其内在矛盾运动，又以此为逻辑起点，科学地揭示了行政法的内涵和外延、本质与功能等问题；既为行政法诸现象的阐释奠定了科学的理论基础，又为指导行政法学研究和行政法制建设提供了正确的理论根据，因而能够且应当作为行政法的理论基础。④

　　笔者基本赞同公共利益本位论。但同时认为，在目前的中国法律架构中，行政权行使引起的公益之间相互冲突的情况并不鲜见，对此类纠纷，行政法不应袖手旁观。而公共利益本位论坚持的行政法是调整一定层次的公共利益与个人利益关系的部门法的观点似乎并未将上述情况涵括在内。行政权行使引起公益冲突的纠纷，在大陆法系国家或地区也多由行政救济途径解决，如日本的民众诉讼、机关诉讼，德国的机构诉讼，我国台湾地区的维护公益诉讼、选举罢免诉讼等。另外，相对人的个人利益在一定情况下也可能上升为公共利益，从而使行政行为体现的公益与其违法侵害的个人利益之冲突转变为公益之间的冲突。即使如此，行政法主要和基本的调整对象仍然是一定层次公共利益与个人利益之间的关系。

　　行政主体实现行政任务的方式主要有负担行政和授益行政。其体现公益的形式也因此不同。负担行政是行政主体为行政相对人设定一定的义务，限制其自由权或财产权等行政方式，如行政征收、行政强制、行政处罚、行政命令等。授益行政是行政主体赋予相对人一定的权利、利益或免

---

① 叶必丰：《行政法的人文精神》，北京大学出版社 2005 年版，第 74 页。
② 同上书，第 18 页。
③ 同上书，第 31—32 页。
④ 周佑勇：《行政法原论》，中国方正出版社 2005 年版，第 101 页。

除其义务的行政方式，如行政许可、行政给付、行政奖励等。负担行政的公益目的比较明显：维持社会秩序（如行政处罚、行政命令、行政强制等）、实现与增进公共利益（如行政征收、行政征用等）。但授益行政的目的或任务则易发生误解或混淆。授益行政表现为授予相对人权利、利益或免除其义务，直接给相对人带来个人利益，因此，易产生的误解是，授益行政的目的是个人利益而非公益。这种认识只看到了授益行政的表面现象，而没有把握其实质。授益行政的本质是行政主体通过授予相对人一定的权利或利益，来达到实现、增进公共利益的目的。如批准符合条件的城镇居民享受最低生活保障待遇（行政给付），是为了实现"保障基本人权、维护社会稳定、体现社会公平"①这一公共利益；许可符合条件的相对人从事矿产资源开发（行政许可），是通过拍卖等方式许可最能有效利用公共资源的申请人进行开发，以维护和增进公共利益；给予符合结婚条件的申请人结婚登记（行政确认），是为了维护有关婚姻的公序良俗和社会秩序这一公益目的。总之，授益行政行为表面是授予相对人个人利益，实质仍然是公共利益的体现方式，即授益行政行为是个人利益与公共利益一致的一种行政方式，而负担行政行为是个人利益与公共利益冲突的一种行政方式。

德国及我国台湾地区行政程序法规定：当违法行政行为是授益行为时，如果受益人的信赖利益明显大于撤销所欲维护的公益时，不得撤销。②此处表面上是相对人的私益大于公益，个人利益本位论，而非公共利益本位论。但其实质仍然是公益之间的比较。因为授益行为的受益人的利益是授益行政行为所追求的公益，站在行政主体的立场，相对人的信赖利益即为法律追求的公益。因此，上述规定仍然符合公共利益本位论。从这个角度理解，我国《行政许可法》第六十九条规定的"疏漏"之处就迎刃而解。

《行政许可法》第六十九条规定：

"有下列情形之一的，作出行政许可决定的行政机关或者其上级行政机关，根据利害关系人的请求或者依据职权，可以撤销行政许可：

（一）行政机关工作人员滥用职权、玩忽职守作出准予行政许可决

① 林莉红、孔繁华：《社会救助法研究》，法律出版社2008年版，第66—71页。
② 参见《联邦德国行政程序法》（1997年）第48条第2款、台湾地区"行政程序法"（2001年1月1日）第117条。

定的；

（二）超越法定职权作出准予行政许可决定的；

（三）违反法定程序作出准予行政许可决定的；

（四）对不具备申请资格或者不符合法定条件的申请人准予行政许可的；

（五）依法可以撤销行政许可的其他情形。

被许可人以欺骗、贿赂等不正当手段取得行政许可的，应当予以撤销。

依照前两款的规定撤销行政许可，可能对公共利益造成重大损害的，不予撤销。

依照本条第一款的规定撤销行政许可，被许可人的合法权益受到损害的，行政机关应当依法给予赔偿。依照本条第二款的规定撤销行政许可的，被许可人基于行政许可取得的利益不受保护。"

当相对人的信赖利益大于撤销所欲维护的公益时，该条似乎并未作出明确规定，是为法律疏漏。但如果将相对人的信赖利益理解为法律追求的公共利益或行政行为应体现的公益时，则可以适用第三款，撤销行政许可可能对公共利益造成重大损害的，不予撤销，这样就通过法律解释解决了立法疏漏。

（二）治愈的理论基础

行政法是调整公共利益与个人利益关系的部门法。如果没有公共利益的存在，行政权无用武之地。单纯个人利益关系不是行政法的调整对象，那是私法的领地。行政法调整公共利益与个人利益关系的方式是通过行政权的行使活动——主要是行政行为——来实现（集合与分配公共利益）、维护（预防与制止侵犯公共利益的行为）、增进（量上增加、质上提升）公共利益，这就构成了行政法的利益追求。因此，任何行政行为都应体现法律对公共利益的追求。行政行为体现法律追求的公共利益，是行政权产生和存在的必然要求，也是法律分配的行政任务得以实现的保障。立法在设定具体的行政任务时，对各种法益进行了必要的权衡取舍。既然立法机关对某些条件下的行政任务作了具体的相应规定，就说明在这些特定条件下实现法定的行政任务是符合公共利益要求的。

行政行为在体现公共利益的同时，既可能限制或剥夺相对人的权益，如行政处罚，也可能给相对人带来利益，如行政许可。但仅为个人利益而不代表公共利益的行政行为是不存在的，这种行为有可能是假行政行为。

行政行为应当体现或代表公共利益，是应然意义上的解读。事实上，以是否体现公共利益而论，行政行为形态主要有如下几种：

（1）行政主体依据事实和法律作出的行政行为，体现公共利益，这是行政行为的一般形态；

（2）行政主体旨在为公共利益而作出的行为，可能因各种原因而未体现公共利益，如因事实认定错误导致作出的行为无法体现法律追求的公益目的，如对不符合享受最低生活保障待遇条件的相对人批准其享受该待遇；

（3）行政主体作出的行为尽管体现了法律所追求的公益目的，但因各种原因该行为同时也侵害了一定的法益，如因违反法定程序而侵害相对人的程序性权利；

（4）行政主体作出的行为尽管（部分地）体现了公共利益，但并非完全符合法律的原则或精神，如因裁量不当导致行政处罚畸轻畸重。

上述四种行政行为形态中，第一种形态的行政行为既体现了法律追求的公共利益，又没有侵害其他法益，因此属合法行政行为。第二种形态的行政行为，因未体现法律追求的公共利益，构成违法。如公安机关对没有违反治安管理规定的相对人实施处罚，这样的行政处罚就无法达到制裁违法行为、维护社会秩序的公益目的。根据违法不同程度，不体现法律追求的公益目的的违法行政行为要么属可撤销行政行为，要么属无效行政行为，总之，这种违法行政行为的法律效力是被否定的。第四种形态的行政行为，部分体现了法律追求的公共利益或目的，但又不完全符合法律原则或精神。如《治安管理处罚法》（2005 年）第五十二条规定，伪造、变造或者买卖国家机关、人民团体、企业、事业单位或者其他组织的公文、证件、证明文件、印章的，处十日以上十五日以下拘留，可以并处一千元以下罚款；情节较轻的，处五日以上十日以下拘留，可以并处五百元以下罚款。如果公安机关对初次、偶然实施伪造某公司印章的相对人，不问其是否有其他影响量罚的情节，直接处以十五日拘留，并罚款一千元。这样的行政处罚虽然也体现了法律对于该类违法行为的打击，符合《治安管理处罚法》对于维护正常健康有序的社会管理秩序这一公共利益的追求，但是，这样的行政处罚与过罚相当这一行政处罚的原则违背，因而其并不能完全符合法律所追求的公共利益。由于这类行政行为是在法律明确规定的裁量权限内作出的，并未违反法律规定，因此属行政裁量存在瑕疵的不当行政行为，适用合理性审查原则。当然，根据 2014 年 11 月 1 日修订的《行政诉讼法》规定，这种不当如果是明显不当，则构成违法行政行为，适用合法性审查原则。

第三种形态的行政行为虽然侵害了其他法益，构成违法行政行为，但因其仍然体现法律追求的公共利益，所以，其法律效力应否得到维持，取决于违法行政行为体现的公益与其侵害的法益之间的衡量。如果违法行政行为侵害的法益比其体现的公益更大更值得保护，那么，该违法行为应当撤销，从而使其法律效力得以清除。反之，如果违法行政行为体现的公共利益，即法律追求的公益比其侵犯的法益更大更值得保护，那么，该违法行政行为无须撤销，其法律效力应当维持。

首先，违法行政行为侵害的法益比其体现的公益更值得保护的情况。如《最高人民法院关于行政诉讼证据若干问题的规定》（2002 年）第五十七条第三项规定，以利诱、欺诈、胁迫、暴力等不正当手段获取的证据材料不能作为定案依据。如果行政主体以该种证据对违法相对人作出行政处罚，即便行政相对人实施了应受处罚的违法行为，该行政处罚行为也因侵害的法益超过了其欲实现的公益，而应被撤销。这里的利益衡量是：在制裁违法、维护行政秩序这一公益与遏制非法取证、促进依法行政这一公益之间，后者更值得保护。

其次，违法行政行为体现的公益比其侵害的法益更大更值得保护的情况。如《城市居民最低生活保障条例》（1999 年）第七条第一款规定了享受城市居民最低生活保障待遇的申请程序，第八条规定了享受该待遇的实质条件，如果某居民符合享受最低生活待遇的实质条件，但并未依法提出申请，而民政部门却向其提供了该种待遇。尽管民政部门的行政给付构成违法，但该违法侵害的法益——居民最低生活保障待遇的申请和发放程序方面的行政管理秩序，并不足以否定将该种待遇提供给该居民享受，因为救助该居民符合"保障基本人权、维护社会稳定、促进经济发展、体现社会公平"[①] 这一公共利益。或者说，这时民政部门的给付行为体现的公共利益比其违法侵害的法益更大更值得保护。

如前所述，违法行政行为法律效力得以维持的途径有三种：相对人放弃救济、情况判决、治愈。相对人是否放弃救济，非行政主体所能左右。

---

① 林莉红、孔繁华：《社会救助法研究》，法律出版社 2008 年版，第 66—71 页。

从依法行政角度而言，行政主体不能将行政行为法律效力能否维持的命运寄托于相对人。因此，相对人是否放弃救济不在本书探讨之列。那么，当违法行政行为的法律效力需要维持时，是适用情况判决还是适用治愈？情况判决与治愈虽然都使违法行政行为的法律效力得以维持，但二者有明显区别。首先，治愈是行政实体法制度，情况判决是诉讼法的制度，二者在适用的时间上是有区别的；其次，治愈消除了违法行政行为的违法性，使其变为合法行政行为，从而使其法律效力得以维持，而情况判决是在确认行政行为违法的同时，维持其法律效力的，因此，从法治原则来说，尽管治愈是依法行政原则的一种特殊制度、例外制度，但其相对于情况判决来说，更易为人接受。因此，当违法行政行为的法律效力需要维持时，应首先考虑治愈。①

综上所述，治愈的理论基础，是违法行政行为体现法律所追求的公共利益，并且该种公益比违法侵害的法益更值得保护。

无独有偶，在法国，行政法治原则要求行政活动必须遵守法律。法律规定行政活动的机关、权限、手段和违法的后果。违反行政法治原则的行政活动构成违法行为。但是，行政法治原则在法国也并非机械适用。法国行政法院通过判例形成了特别情况理论，即在一般情况下不合法的行政行为，在特殊的情况下可以成为合法的行为，因为它们当时是为了保证公共秩序和公务运行所必须采取的行为，这是用例外的合法性理论代替正常的合法性理论。特别情况理论是避免适用行政法治原则发生偏差的一种矫正方式。② 尽管法国特别情况理论采取无须治愈而直接认定表面违法的行政行为合法的做法，但其与违法行政行为治愈具有异曲同工之效，因此，可以说法国行政法的特别情况理论是公共利益本位论的另一种表达，它们都可以看作是违法行政行为治愈的理论基础。

（三）治愈基础的认定

违法行政行为治愈的基础是该行政行为体现法律所追求的公共利益，并且该种公益比违法侵害的法益更值得保护。那么，如何判断违法行政行为体现的公共利益与其侵害的法益孰大孰小、孰重孰轻、哪个更值得保护呢？这个问题是适用治愈制度的关键。

---

① 治愈与情况判决的适用关系，将在后文详述。
② 王名扬：《法国行政法》，中国政法大学出版社 1988 年版，第 218 页。

　　违法行政行为体现的公益与其侵犯的私益比较。依公共利益本位论，当公共利益与个人利益冲突时，公共利益优先于个人利益或私益受到保护。公益优先于私益的论断自古有之。罗马时代名法学者西塞罗称，"公益优先于私益"，18 世纪公益被视为最高的法。[①] 德国行政法学者M. Layer 在 1902 年出版的经典之作《公益征收之原则》中认为，公益是团体的利益，团体是一个多数人组成的一个单位，这个单位是高于个人。[②] 英国学者米尔恩从"实践理性原则"角度作了论证。叶必丰教授从"公共利益决定着矛盾的质"、"公共利益的总量超过了个人利益的总量"、"个人利益有必要和可能服从公共利益"三个方面论证了公共利益优先于个人利益。[③]

　　但是，公益与私益之间并无不可逾越的鸿沟。依 Leisner 之见，有三种私益，可以升格为公益。第一，是不确定多数人之利益。第二，具有某些性质（品质）的私益，就是等于公益。这种特别性质的私益，就是指私人的生命及健康方面的私人利益，这些涉及生存保障的私益，国家负有危险排除的义务，易言之，国家保障私人的生命、财产及健康，就是公益的需求。第三，可以透过民主之原则，对于某些居于少数的特别数量的私益，使之形成公益。[④] 这样违法行政行为体现的公益与其侵害的私益冲突就有可能转变成公益之间的冲突。

　　违法行政行为体现的公益与其侵犯的其他公益比较。当违法行政行为体现的公益与其侵犯的公益发生冲突时，如何权衡取舍呢？我国台湾学者陈新民认为，"任何一个公益的产生，必定有一个（或数个）背后之价值要素，而且，这些价值要素可溯源至宪法的理念，因此，在解决这些公益的冲突时，根本之计，可在诸些价值要素之间，作一个'价值的比较'"。[⑤] 如何作价值比较？"克莱认为，必须以价值标准所带来之质与量来作判断之标准。最优先次序的价值，必须是量最广，而且，也是质最高。所谓量最广是指受益人的数量最多，尽可能地使最大多数人能均沾福利，同时，基于国家扶助弱者之立场，也必须考虑受益者的重要特性，诸

---

①　陈新民：《德国公法学基础理论》，山东人民出版社 2001 年版，第 199 页。

②　同上。

③　参见叶必丰《行政法的人文精神》，北京大学出版社 2005 年版，第 123—124 页。

④　陈新民：《德国公法学基础理论》，山东人民出版社 2001 年版，第 200 页。

⑤　同上书，第 202 页。

如职业、收入、年龄及地位。在质的方面，以对受益人生活需要的强度而定，凡是对满足受益人生活愈需要的，'亦即与生活需要紧密性愈强的'，即是'质最高'的价值标准。"① 克莱的观点为公益的价值比较提供了一个大致准据，但在解决个案的公益冲突时，还必须有一个最高的价值主导。此即拉伦茨教授所说，"以人民之生存权及人类尊严为最高之价值"。②

尽管学者对公益的次序划分标准作了颇具价值的探讨，也提出了诸多有实践意义的操作标准。但我们仍应清醒地看到，公益的内容、标准和价值具有历史性，"必须以一个变迁中之社会中的政治、经济、社会及文化等因素及事实，作为考量该价值的内容。尤其在民主及法治国家，对于公益价值之决定，更须以法的角度来予以充实。"③

（四）治愈基础认定的基准时

违法行政行为体现公共利益基准时，是决定是否适用治愈的基准时。一般而言，违法行政行为（包括前述第二种形态及第三种形态的违法行政行为）是否体现法律追求的公共利益，应以行为作出时的事实状态及法律依据为准。按照行为作出时的事实及法律，如果行政行为不体现法律追求的公共利益，那么，该违法行政行为属可撤销或无效行为。即使事后因事实及法律的变化使行政行为体现公共利益，也不能因此而改变违法行政行为的法律后果——可撤销或无效。具体言之，从保护相对人合法权益、规制行政权角度而言，负担行政行为的判断基准时是行为作出时。授益行政行为一般也是以行为作出时作为判断基准时，但如果授益行为对相对人而言具有人身专属性，则行为作出后的事实及法律状况的变化可能使不体现公共利益的违法行政行为体现公益，即第二种形态的违法行为向第三种形态转变。这时授益行政行为可能具备适用治愈的条件，其法律效力可以得到维持。举例说明如下：

负担行政行为。如行政主体对没有实施违法行为的相对人作出了行政处罚，即便相对人事后实施了应受处罚的行为，该行政处罚也不能因此变得合法，其法律效力应予消除。

授益行政行为。如行政主体对多个申请某行政许可的相对人进行审查后，将许可发给了不具备条件的申请人，即使事后该申请人条件具备，其

---

① 陈新民：《德国公法学基础理论》，山东人民出版社 2001 年版，第 203 页。
② 同上书，第 204 页。
③ 同上书，第 205 页。

所获许可也不能体现公共利益，其法律效力无法维持。此即以行为作出时为判断基准时。授益行为具有人身专属性者，如未达法定婚龄而骗取结婚登记，该登记行为即无法体现公益。待时间经过相对人达到法定婚龄时，该登记行为就由不体现公益变得体现公益。最高人民法院《关于适用〈中华人民共和国婚姻法〉若干问题的解释（一）》第八条规定：当事人依据婚姻法第十条规定向人民法院申请宣告婚姻无效的，申请时，法定的无效婚姻情形已经消失的，人民法院不予支持。《婚姻法》第十条：有下列情形之一的，婚姻无效：（四）未到法定婚龄。尽管该司法解释是针对无效民事行为的。但一旦婚姻由无效变为有效，原来具有瑕疵的结婚登记行为也由不体现公共利益而转变为体现公益，其法律效力应予维持，相对人诉请撤销结婚证或确认无效的主张得不到支持。此即表明嗣后事实变化可以使不体现公益的违法行政行为体现公益，从而使违法行政行为具备治愈的可能。嗣后法律变化亦可能使不体现公益的行政行为体现公益。仍以未达法定婚龄骗取结婚登记为例。如果相对人未达法定婚龄骗取结婚登记后，《婚姻法》即作出修改，将结婚年龄修改变小。这时，本来未达法定婚龄的相对人符合了法定婚龄的规定。此即嗣后法律变更使违法行政行为体现公益的情况。

嗣后事实或法律变更使违法行政行为体现公益的，适用治愈的基准时点随治愈主体不同而不同。行政主体对违法行政行为治愈时，以实施治愈行为时的事实或法律状态为基准。在域外，法院有权对违法行政行为实施治愈的场合，对于事实变更，以判决时之事实状态为基准，对法律变更，以行政程序终结时为基准。

二 治愈理论基础的价值形态

行政行为违反法律规定构成违法，但违法的行政行为并非一概被否定，在一定条件下可以通过治愈使其变为合法行为。表面上看，治愈是对依法行政原则的违反和背离，但实质上治愈符合人类普遍认可的价值追求。这也是治愈存在的正当性基础。

（一）法的正义追求

正义是人类社会的崇高理想和不懈追求，是法的最高价值。"自从有人类思维开始，民众的法律意识要求一切的法都为正义服务，起码不能违背正义。"① 即法律必须是正义的。那么，什么样的法律才是正义的，或者说法律正义是什么？古往今来，许多思想家对正义作过探求。但"正义有着一张普洛透斯似的脸（a Protean face），变化无常、随时可呈不同形状并具有极不相同的面貌。当我们仔细查看这张脸并试图解开隐藏其表面背后的秘密时，我们往往会深感迷惑。"② 尽管如此，在一定论域内仍然可以对法律正义有一个相对一致的理解。因为"社会秩序中的正义问题在相当广泛的程度上可以进行理性讨论和公正思考"。③ 美国学者博登海默在《法理学：法律哲学与法律方法》中写道："在本著作中，我是根据两个基本概念来分析法律制度的，它们是理解法律制度的形式结构及其实质目的所不可或缺的。这两个基本概念就是秩序和正义。""秩序意指在自然进程和社会进程中都存在着某种程度的一致性、连续性和确定性。"④ 而正义的法律制度必须体现人类对自由、平等、安全价值的追求，这是由人性中根深蒂固的意向驱使的。⑤ 同时，"对上述三个价值的效力范围进行某些限制也是与公共利益相符合的。在这些情形下，正义提出了这样一个要求，即赋予人的自由、平等和安全应当在最大程度上与共同福利相一致。"⑥ 进而，博登海默认为，"法律是秩序和正义的综合体"，"法律旨在创设一种正义的社会秩序"。⑦

我国学者张恒山认为，"法的正义从广义上讲，实际上包括三个方面的正义：第一是法的来源意义上的正义；第二是法的本体正义——外观的正义（形式正义）和法的实质的正义（内容正义）；第三是法的适用的正义。法的来源的正义是指法以什么样的方式产生、形成才是人们所同意的，才是人们所应当遵守的。这又可以称为法的产生方式的正义。法的适用的正义是指法在其被适用过程中体现的正义，这主要是指执法、司法的程序正义。但这种正义并不能保证被适用的法本身是正义的。严格意义上

① ［德］魏德士：《法理学》，丁晓春、吴越译，法律出版社 2005 年版，第 175 页。
② ［美］E. 博登海默：《法理学：法律哲学与法律方法》，邓正来译，中国政法大学出版社 1999 年版，第 252 页。
③ 同上书，第 264 页。
④ 同上书，第 219 页。
⑤ 同上书，第 278—296 页。
⑥ 同上书，第 299 页。
⑦ 同上书，第 318 页。

的法的正义，或狭义上的法的正义，仅指法的本体的正义。"① 法的形式正义也可以被视为法的外观正义，它是相对于法的实质正义、法的内容的正义而言的。法的形式正义对应着人们对法的较浅层次的需要和要求。秩序是法的形式正义的价值追求。法的形式正义的内容包括：法律规则具有普遍性、明确性、统一性、稳定性、先在性、可行性、公开性。法的实质正义是法所具有的对应于、相洽于人们的一些深层次的，根本性的需要，要求的性状、作用。法的实质正义是以保障安全、维护平等、促进自由、增进效率为价值追求的。② 张恒山对于法的形式正义与实质正义的理解与博登海默关于法律是秩序与正义的综合体的观点并无根本差异。前者将后者的秩序称为形式正义，将后者的正义（包含自由、平等、安全、共同福利③）称为实质正义。

秩序与正义的统一是人类社会的理想追求。但二者不睦情形并不鲜见。二者不统一的情形主要有三种：没有秩序的正义、没有正义的秩序、秩序与正义冲突。对于前两种极端情形，博登海默认为，"如果在一个国家的司法中甚至连最低限度的有序常规性都没有，那么人们就可以认为这个国家没有'法律'。"④ "由于人们不会长期忍受他们认为完全不合理和难以容忍的社会状况，所以一个不具坚固的正义基础的法律秩序所依赖的只能是一个岌岌可危的基础。正如约翰·迪金森（John Dickinson）所说的，'我们所需要的不只是一个具有确定的一般性规则的制度，我们还需要该制度中的规则是以正义为基础的，换言之，是以对人性的某些要求和能力的考虑为基础的。否则这个制度就会不可行；而且由于它违反了根深蒂固的判断倾向和标准，所以它会不断地被人们所违反，进而它也不可能提供确定性，而这种确定性则正是该制度存在的理由'。"⑤ 所以说，没有秩序的正义和没有正义的秩序都是极为例外的情形。"大多数可行的法律制度都避免了这两种极端形式，并找到了某种综合正义和秩序这两个价值的可行方法。即使如此，秩序与正义这两个价值偶尔也会出现分道扬镳的

---

① 张恒山：《论正义和法律正义》，《法制与社会发展》2002年第1期。

② 同上。

③ 共同福利，或称公共利益，是以效率为基础的。所以，张恒山的效率价值也可对应于博登海默的共同福利。

④ ［美］E. 博登海默：《法理学：法律哲学与法律方法》，邓正来译，中国政法大学出版社1999年版，第319页。

⑤ 同上书，第320页。

情形。"① 这时，根据个案情况，有时为了保证个案正义可能牺牲法律稳定性、连续性，也可能为了维护当事人对于法律秩序的信赖，如对于法律的稳定性、连续性的预期，而牺牲个案正义。但后一种情况极其少见，特别是在目前的法律实践中。因为秩序作为法律的形式结构，尽管有其独立的存在价值，但其服务于正义这一实质目的的作用是无法改变的。遵循先例规则是英美法系国家维护法律秩序的一种重要规则，但 1966 年，英国上议院议长加德纳（Gardiner）宣布说："议员们……都认识到，过于呆板地奉行先例，可能会在某个特定案件中导致不公正，而且还可能会限制法律的适当发展。因此，他们试图修正当下的实践，而且在将本院先前的判例通常视为有约束力的同时试图背离早先的判例，只要这样做才被认为是正确的。"② 美国大法官卡多佐针对"是否应当完全抛弃遵循先例的规则"的讨论，说道："我自己还不愿走得那么远。我认为，遵循先例应当成为规则，而不是一种例外。……但是，我也准备承认，尽管不应当放弃遵循先例规则，在某种程度上却应当放松这一规则。我认为，只要是经过恰当的经验检验之后发现一个法律规则与正义感不一致或者是与社会福利不一致，就应较少迟疑地公开宣布这一点并完全放弃该规则。"③ 如果说为了维护法律原则的稳定和安全，以及法院判决的一致性，先例仅与当下法律追求的实质目的背离时，对法院的约束才让位于个案正义考量，那么，当我们转向以公共利益为存在基础的行政法领域时，则发现遵循先例规则几乎无用武之地。因为在处理纷繁复杂、变动不居的社会关系时，"行政机关必须能够自由地改变它的政策，以适应公共利益的需要。如果像法院一样受到遵守先例的限制，行政机关将不能适应新情况，不能有效率地执行职务。"④ "虽然行政机关的决定不受遵守先例原则的束缚，但是这个原则在可以适用于行政决定的范围内，仍然受到行政机关的尊重。"⑤

对于形式正义与实质正义关系，我国学者张恒山认为，"法的正义的核心问题是法的实质正义。任何一个法律系统，只有当它具有实质正义的

① ［美］E. 博登海默：《法理学：法律哲学与法律方法》，邓正来译，中国政法大学出版社 1999 年版，第 321 页。

② 同上书，第 543 页。

③ ［美］本杰明·卡多佐：《司法过程的性质》，苏力译，商务印书馆 1998 年版，第 93—94 页。

④ 王名扬：《美国行政法》，中国法制出版社 2005 年版，第 522 页。

⑤ 同上书，第 523 页。

诸种性状、作用时，它才能最终被称为是正义的。但是法的实质正义离不开法的形式正义。……与社会自身的性状相似，具有形式正义的法不一定是实质正义的法，但没有形式正义的法必然不具有实质正义性。"①

笔者基本赞同上述关于法的形式正义与实质正义关系的论述。一般来说，法的形式正义应当服务于法的实质正义。当形式正义与实质正义冲突时，说明承载形式正义的法律在某个方面背离了法的实质正义追求。这时，法的形式正义应当作出某些妥协或让步，以实现法的实质正义价值。如当一部法律明显滞后于不断变迁的社会现实或由于立法疏漏导致法律本身的违法时，如果仍盲目地遵守该法律将违背社会公认的价值评判标准，这时法律的稳定性、连续性价值将不得不作出牺牲。尽管总体上说，实质正义是法律正义的核心，实质正义离不开形式正义。但形式正义与实质正义的关系，在不同的社会时期会有不同的变化。在社会转型时期，由于社会关系急剧变化，相对稳定的法律经常与社会现实有一定程度的脱节，使立法表现出滞后与僵化。这时，如果一味坚持法的形式正义，将不利于新型社会关系的塑造和人们行为方式的引导。因此，法律的连续性、确定性或稳定性等形式正义价值经常不得不让位于安全、平等、自由或效率等实质正义价值，这样更符合现实需要，也使法律随社会变迁而不断得到发展。在社会关系相对稳定时期，法律大致能反映社会现实的需要，法律的实质正义价值也得到了基本的表达，这时，人们更倾向于生活在一个相对稳定、连续、有序的社会关系中。在这样的社会时期，人们对法的形式正义的价值需求更为突出。基于该种观点，在目前处于社会转型时期的中国，经济的快速发展、政治体制改革的不断深化和不同价值观念的冲突，使社会关系变动不居，导致法律与社会现实之间呈现出明显的紧张关系。人们对实质正义的需求应当优先于形式正义而得到考虑。相反，对于西方社会关系相对稳定、法治较为发达的国家，法律的形式正义价值可能占更大的权重。另外，法的形式正义与实质正义的关系在立法、行政与司法三个不同阶段也有不同表现。立法是确认、保护、分配社会利益、调整社会关系的活动，行政是实现、维护、增进公共利益的活动，二者均以实质正义为其核心追求，而司法是依据事实和法律作出中立判断的活动，其判断的公信力和正当性在很大程度上是通过对形式正义的尊重予以实现的。因

---

① 张恒山：《论正义和法律正义》，《法制与社会发展》2002年第1期。

此，在司法过程中，形式正义的要求要比立法和行政过程中更为明显。这可以印证遵循先例规则为什么是英美法系国家法院裁判必须遵循的规则，而对于行政决定却不适用。

（二）治愈对实质正义的追求

违法行政行为的治愈以法的实质正义为价值取向。违法行政行为应当受到法律的否定评价，这是依法行政原则的基本要求，也是人们维护法的稳定性、连续性、先在性等形式正义价值的要求。当一个违法行政行为未被否定或撤销，而是被治愈时，其所追求的价值正是法律的实质正义。

法律追溯是典型的追求法律实质正义的治愈方式。当行政行为因依据的法律规范存在违法情形导致该行政行为违法时，有权立法主体可以制定新的法律规范取代旧法，同时明确规定新法溯及既往，以使依据旧法作出的行政行为因适用新法而变为合法。如依据违法的规章作出的收费决定构成违法，但如果违法收费规章被合法的规章所取代，该合法的规章明确规定溯及既往，那么，原来违法的收费决定因此具有了合法的法律依据，应视为合法。此种治愈方式明显违背了法不溯及既往规则，是对法的稳定性、先在性等形式正义价值的否定。但法律追溯是以违法行政行为体现的公益需要优先保护为前提的，这是法律追求的实质正义。

当行政行为因程序瑕疵构成违法需要治愈时，形式正义与实质正义冲突表现为程序正义与实体正义的冲突。而程序正义与实体正义的冲突解决根本上取决于对程序价值或功能的理解。关于程序的价值或功能，西方学者做了大量研究，形成两种不同观点。"富勒提出了程序自然法理论，罗尔斯分析了程序的正义性，而社会法学派的萨默斯则深刻论证了程序的价值问题，他们的研究方法不同，但都认为衡量一项法律程序或者法律实施过程是否具有正当性和合理性，不是看它能否有助于产生正确的结果，而是看它能否保护一些独立的内在价值。与此同时，对于边沁、庞德及理查德·A. 波斯纳这些法学家而言，他们更注重法律目的的实现或实效，认为法律程序是用来实现某种外在目的的工具和手段，程序与程序要产生的结果是不可分离的一体，只要程序所导致的相应结果是好的，程序也就是正当的。"① 上述过分夸大程序独立价值的观点与仅将程序看作实现实体目的工具的观点均有失偏颇。脱离实体目的的程序没有任何存在的意义，

① 李龙主编：《良法论》，武汉大学出版社 2005 年版，第 143 页。

而为达目的不择手段的功利主义的程序工具论，因漠视程序主体的尊严也与现代法治的要求不相符合。因此，上述两种观点的折中是程序功能或价值的正确定位，即程序具有实现实体内容的功能，同时程序具有自身独立的内在价值。基于此，行政程序与司法程序均具有上述两种功能。由于行政与司法的性质差异，行政程序更注重效率，而司法程序更注重公正。"各国行政程序法皆以非正式程序为原则，以正式程序为例外。司法程序则多为正式程序，法院不仅须严守程序，且应本于言词辩论作成判决。"①因此，当行政行为因程序瑕疵构成违法时，只要实体结果符合法律的目的，并且即使遵守被违反的程序，对行政行为的内容也不会有影响时，本于程序经济与效率考量，该违法行政行为无须撤销，可以适用治愈。这表明治愈追求的是实体正义、实质正义，而非程序正义、形式正义。正如叶必丰教授所言："在我们这个法治程度、法治素质还不够高的大国里，要求行政机关有较高的服务效率，就更应坚持实行行政法治，相对人对此应该予以合作。遗憾的是，我们现在的立法和理论并没有走出形式法治的误区。当然，实质法治并不意味着容忍行政机关在程序和形式上的违法。相反，强调行政行为的程序和形式正是当代行政法所取得的最重要的成就。实质法治只是寻找到了既能弥补行政行为在程序和形式上的违法性，又能保障行政效率的结合点。"②

当行政行为因其他原因构成违法时，只要该行政行为体现公共利益，且其体现的公益较其侵害的法益更大更值得保护时，也可以适用治愈。这时，治愈仍然以实质正义为其价值取向，因为公共利益本位论是行政法的基础，公共利益是行政行为追求的实质目的。法国的特别情况理论所反映的也是行政法对实质正义的追求。

（三）治愈对效率和法安性的追求

治愈的理论基础是违法行政行为体现法律追求的公共利益，且该公益比违法行政行为侵害的法益更大、更值得保护。公共利益是一个"罗生门"式的概念③，有着不同的层次和内容。有时，实质正义诠释着公共利益本质，有时，形式正义演绎着公共利益的内容。在当下我国社会关系变动不居的情况下，治愈首先应以实质正义为其价值追求。但当两种制度均

①　汤德宗：《行政程序法》，载翁岳生《行政法》，中国法制出版社 2002 年版，第 931 页。

②　叶必丰：《行政法的人文精神》，北京大学出版社 2005 年版，第 148 页。

③　陈新民：《德国公法学基础理论》，山东人民出版社 2001 年版，第 181 页。

能实现某种程度的实质正义时，如治愈与撤销重作制度，就需要对公共利益的其他价值体现形式进行权衡。

治愈制度除了以实质正义为其价值追求外，对行政效率和法律安定性的追求也是该制度的价值所在。而行政效率和法律安定性亦是法律追求的公共利益。

尽管违法行政行为体现法律追求的公共利益，但也侵害了一定的法益，如果将该行为撤销并重新作出行政行为，则既能体现法律对违法行为的否定，又能实现法律追求的公共利益。因此，撤销并重作为行政行为是对治愈制度存在价值的挑战。诚然，撤销并重作行政行为符合依法行政原则，但该制度忽视了行政成本和效率，破坏了法律的安定性，同时也使社会关系出现法律调整的真空①，不利于公共利益维护。治愈制度能很好地解决撤销重作制度的缺陷。

程序经济与效率。多数情况下，治愈制度是基于程序经济与效率的利益考量的结果。这一点在大多数国家或地区的行政程序立法以及相关理论研究中均得到反映。如我国台湾地区行政程序法草案立法理由说明中对补正的解释是："惟程序及方式之规定旨在促使行政机关能作成内容正确之决定，其本身尚非目的，故如其违反之情节未达其无效之程度，且事后补正仍无害其规定之目的者，自非不许行政机关为事后补正，以维持行政处分之存续，并促进行政效率。"② 日本学者盐野宏认为，作为维持瑕疵行政行为效力的技术，补正与转换的考量因素是，"即使当初行政行为有瑕疵，与其予以撤销而作出同样的处分，倒不如维持当初的行政行为的效力，从法的稳定性的观点来看也是理想的，并且，在防止行政浪费的意义上，也有助于行政经济。"③ 当然，亦有学者对补正的利益考量提出质疑与诟病。如德国有学者针对补正（《联邦行政程序法》第45条）追求的程序经济目的提出质疑，"令人怀疑的是，这个程序目标是否能够实现，

---

① 撤销违法行为后，违法行为自始失去效力，而重新作出的行为无溯及力，则原违法行为作出之日至新行为作出之日的社会关系将无法规制。当然，域外行政序法大多规定重新作出的行政行为可以溯及自原行为作出之日生效。但这种回溯的规定毕竟只是法律原则的例外，如果有一种制度无须重开程序即可达到与重作行为相同的目的，则不必兴师动众地撤销后重作相同的行为。

② "台湾行政院"版行政程序法草案第98条立法理由，转引自许宗力《行政处分》，载翁岳生《行政法》，中国法制出版社2002年版，第712页。

③ ［日］盐野宏：《行政法》，杨建顺译，法律出版社1999年版，第116页。

因为它贬低了程序法上的保障。有人甚至认为《联邦行政程序法》第45条第2款违反基本法第19条第4款和法治国家原则。"① 德国学者毛雷尔也谨慎地认为，"联邦行政程序法第45条和第46条使宪法规定的公民程序权利相对弱化和贬值：一只手给了别人的东西，另一只手又把它要了回来。"② 不过，毛雷尔基本认同基于程序经济考量而规定补正制度，如他认为，"总的来看，联邦行政程序法对程序违法设定的不同规则仍然是适当的解决办法。"③

行政经济与效率是行政活动必须考虑的因素。行政权的存在基础是为了公共利益的需要，而满足该需要的行政成本是由作为相对人的公民承担的，行政成本的有效利用或作用最大化是良好行政追求的目标。尽管行政程序具有独立的价值和意义，但更为主要的是程序具有服务于实体的服务性质，因此，如果行政主体为追求一个无关紧要的程序而枉顾行政成本，将与行政权存在的基础——公共利益相悖，将会降低一定量的行政成本所实现的公共利益价值，浪费有限的公共资源，这些都为良好行政所不容。正是在此意义上，有学者将效率界定为行政法的价值定位之一，并提出"提高行政效率应当是行政法若干原则之首"。④ 尽管笔者对上述关于行政法价值定位的观点持保留意见，但却认同其对于行政效率的强调和重视之观点。

法律安定性。法律安定性具有两种意义：一是透过法律达成的安定性，二是法律本身的安定性。⑤ 前者是指依法创设的法律关系、法律秩序的安定性，后者是指法律规范文本的安定性。法律安定性是人们对于社会生活一致性、连续性和确定性要求的法律反映。人们期望通过法律创造一种有序的生活模式，而法律满足人们这种愿望的品性就是法律的安定性。法律安定性对于一个社会的重要性可从其与正义关系中得到说明。德国学者拉德布鲁赫（G. Radbruch）认为：正义是法的第二项重大使命，不过

---

① ［德］汉斯·J. 沃尔夫等：《行政法》第二卷，高家伟译，商务印书馆2002年版，第94页。

② ［德］哈特穆特·毛雷尔：《行政法学总论》，高家伟译，法律出版社2000年版，第259页。

③ 同上。

④ 关保英：《行政法的价值定位》，中国政法大学出版社1997年版，第167页。

⑤ ［德］考夫曼：《法律哲学》，法律出版社2004年版，第274页。

其第一项使命则是法的安定性，即和平。① 德国学者考夫曼（Arthur Kaufmann）认为：平等原则首先在于恣意的禁止，实质的正义（社会正义）在实现公共福祉，而法律安定性在促成法律和平。但是，法律安定性不必然意味最后一定适用公正的法律；反而一定实现经常并不完备的实证法。② 当法律安定性与实质正义发生冲突时，拉德布鲁赫认为：正义与法律安定性间冲突的解决，仍应以实证的、透过法规和权力所确保的法律——纵使其内容不公正且不合目的——为优先；除非实证法违反正义的程度已达到无法忍受，或该实证法成为"不正之法"而必须对正义让步时，则不在此限。③ 由此可见，当一部法律违反了实质正义时，只要其对正义的违反尚在可忍受程度和范围内，法律安定性考量就应被放在优先地位。④ 举重以明轻，当一部法律或一个法律上的行为符合实质正义而仅与形式正义冲突时，法律安定性无疑更应该被优先考虑。这就是无论是民法还是行政法均承认在一定情况下仅存在程序、方式、形式瑕疵的行为可以通过追认、补正等方式予以治愈的理论依据。

追求程序经济与效率的制度设计往往是与法的安定性紧密联系的。有时保持法的安定性本身就是对效率的体现。如果因为哪怕是轻微的程序或形式瑕疵，就将实体上合法的行政行为撤销，然后将原来经过的程序和被违反的程序依法重新进行一次，再作出与原来结果相同的行政行为，这样的做法在降低行政效率的同时，也损害了法律的安定性。因此，保障法律的安定性往往有利于促进行政效率的提高。包括补正在内的治愈制度，恰好体现了行政法律对安定性和行政效率的价值追求。

三 治愈理论基础的制度表达

（一）严格限制治愈的必要性

治愈制度贬损了形式正义，破坏了形式法治。依法行政原则要求行政行为必须依法作出，违法作出的行政行为应该受法律的否定或制裁。这是行政法的基本原则。违法行政行为不被否定或制裁而可以治愈，仅是一种

---

① ［德］拉德布鲁赫：《法律智能警句集》，舒国滢译，中国法制出版社 2001 年版，第 17 页。

② ［德］考夫曼：《法律哲学》，法律出版社 2004 年版，第 276—277 页。

③ 同上书，第 278 页。

④ 此处与前面关于形式、实质正义关系的论述观点不完全一致。但其实质并无二致。后面可视为对前面观点的细化。在实质正义被违反不可容忍时，则形式让位于实质。

特殊制度、例外制度。由于违法行政行为的治愈符合行政法追求的公共利益，体现了实质正义的价值取向，所以治愈制度有其存在的正当性基础。但治愈是以牺牲形式正义为代价的一种制度，其对形式法治的突破和僭越影响依法行政观念的树立和原则的落实，如行政主体可能以治愈为后盾而违法行政。

治愈制度摧毁了被违反规范所追求的目的和价值。违法行政行为必然会侵害一定的法益，如行政主体违反法定程序作出的行政行为侵害了相对人的程序性权利，但由于治愈制度的存在，相对人无法像其他权利受侵害时的救济方法一样（如请求撤销），寻求对自己有利的救济。有人认为，适用治愈的违法行为并没有侵害相对人的实体权利，其违反的程序性规定并不影响实体行政行为的内容，因此，事后的补正等治愈方式可以看作是对相对人程序性权利受到侵犯的救济。笔者认为，通过事后消除违法性的方式治愈行政行为，是从公共利益角度考虑而设计的一种制度，不是基于相对人利益的制度，因此，不能看作是对相对人程序性权利的救济。另外，法律规定的程序，对行政行为的作出不仅有从时间和空间上加以约束的功能，还包含了对相对人人性尊严的尊重以及在实体结果作出前通过参与、交涉排解怨气吸纳不满等功能，所以，即使行政主体遵守被违反的程序规定对实体决定的作出没有任何影响，也不能认为事后的补正等治愈方式可以起到与事前遵守该规定一样的效果，至少法律设定的从时间上对行政行为的作出加以约束和控制的立法意图无法得到实现，而程序本身所具有的吸纳不满等独立价值也化为泡影。故治愈制度不仅无法使作出违法行为的行政主体承担不利的法律后果，相反却可能纵容其违法。同时，治愈制度使权利受到侵害的相对人无法获得充分保护和救济。

综上，对治愈的适用施加严格限制尤为必要。

（二）治愈制度的适用条件限制

治愈是牺牲形式法治而追求实质正义的制度。一个行政行为尽管存在其他违法情形，但其内容仍能体现法律追求的公共利益目的，并且这种公益目的优先于该行为违法侵犯的法益，这时即可认定该违法行为体现实质正义，这是治愈适用的前提。换言之，行政主体在作出行政行为时尽管存在一定违法情形，但行政行为的内容符合行政立法的目的，实现了行政任务，达致了行政目标，这时即可认为，即使行政主体在实施行政行为时没有违反相关规定，或者行政主体遵守了相关程序，行政行为内容或结果也不会发生实质性改变。这时才有适用治愈的可能。如"以颁证行为有瑕疵而起诉民政局要求撤销结婚登记案"。① 在该案中，即使为当事人办理结婚登记的机关不是无管辖权的某乡政府，而是有管辖权的机关，婚姻登记这一行政行为仍然会如期作出。因为该案当事人符合结婚的实质要件——自愿结婚。这时，仅因管辖权而违法的婚姻登记行政行为就可以考虑适用治愈制度，即由有管辖权的登记机关予以追认，使登记行为的管辖权瑕疵得以消除。再如行政主体在作出行政处罚决定前没有向相对人说明处罚的理由，如果行政相对人确实存在违法行为，而行政处罚内容也符合法律规定，那么这种行政处罚就不宜仅因未说明理由而被撤销，在行政主体事后向相对人说明理由的情况下，行政处罚的程序违法行为应视为治愈。因为，即使行政主体事前向相对人说明了处罚理由，行政处罚内容也不会发生实质性改变，这时如果仅因未说明理由而撤销行政行为，将无法达到制裁相对人违法行为的目的，不利于公益维护。如果撤销该处罚后重新作出内容相同的处罚，虽可实现制裁相对人违法行为的目的，但却增加了行政成本，浪费了公共资源，降低了行政效率。

　　基于上述分析，违法行政行为适用治愈的条件应是，治愈针对的违法情形对行政行为的内容或结果不产生实质性影响。换言之，即使行政主体遵守了相关法律规定，不存在争议中的违法情形，行政主体仍然会作出内容相同的行政行为，或者行政行为的结果也不会有实质性改变，这时才有适用治愈的可能。

　　何为行政行为的内容或结果有实质性改变？

　　首先，它与行政诉讼法上的"改变原具体行政行为"的侧重点不同。《行政诉讼法司法解释》第七条规定，复议决定有下列情形之一的，属于行政诉讼法规定的"改变原具体行政行为"：改变原具体行政行为所认定的主要事实和证据的；改变原具体行政行为所适用的规范依据且对定性产生影响的；撤销、部分撤销或变更原具体行政行为处理结果的。上述规定是确定行政诉讼被告的标准，与治愈制度大异其趣。治愈制度是以实质正义为价值取向，以维护公共利益为存在基础的一种制度。只要行政行为的

① 杨凯：《状告民政局的行政诉讼能达到离婚目的吗》，中国法院网，http：//www. china-court. org/public/detail. php？ id＝130172，2015－03－15。

结果实现了行政任务，达到了行政目的，维护了公共利益，即使行政行为的主要事实和证据、适用的规范依据、定性等发生改变，亦不能完全排除适用治愈的可能。就具体治愈手段而言，虽然实施追认和补正时，原具体行政行为认定的主要事实和证据、具体行政行为适用的规范依据、定性，以及行政行为的内容和处理结果一般不会发生改变，但在转换场合，情况就有了明显变化。如工商管理机关对于虚假出资的股东进行处罚时，本应依据《公司法》第一百九十九条，而行政处罚决定书上以相对人抽逃出资为由依据《公司法》第二百条对其进行了处罚。两个法条的处罚幅度都是涉案金额的5%以上15%以下，此时如果撤销原处罚，将无法实现行政目的，而撤销后作出新的处罚，处罚的内容或结果与原处罚相同，可以实现行政目的，但却增加了行政成本、降低了行政效率、损害了法律和行政秩序的安定。如果将该处罚的规范依据改变为《公司法》第一百九十九条，即将对抽逃出资处罚，转换为对虚假出资的处罚，则上述问题均可解决。再如行政主体在认定事实时，将主要事实和次要事实均已查清，但却将次要事实作为主要事实，并据此作出行政行为。如果该行政行为的内容或结果符合实际上的主要事实，那么，也不必一定要撤销该行为或撤销后重作行为，只要转换即可治愈。可见，在实施转换的场合，转换前后行政行为适用的规范依据和认定的主要事实可能发生改变，但行政行为的内容或结果不会改变。综上所述，治愈的适用条件侧重的是行政行为的内容或结果，而非行政行为所依据的事实、证据、规范依据等。

其次，行政行为内容或结果的实质性改变不同于行政行为表面内容本身的变化。如在台湾地区，"在换发医师执业执照事件中，原告系因高雄市改制，全面办理医务人员换发执业执照及医院诊所普查时，为区卫生所发现已失明十年之久，乃报经原处分机关依医师法第二十五条予原告不换发执照之处分；原告以医师法第二十五条并无不换发执照之处分，诉经行政法院以原处分机关系于执行技术上为不予换发原告执业执照之处分以达撤销目的，于法无违遂驳回其诉（行政法院七十年度判字第五四六号判决）。"[①] 台湾地区学者洪家殷认为，"原有不换发执业执照之处分因欠缺法律依据而无效，但因依其经过之程序及方式，可以认为原处分机关若知

---

① 洪家殷：《瑕疵行政处分之补正与转换》，硕士学位论文，台湾政治大学法律研究所，1986年6月，第174页。

原行政处分有瑕疵时，将作成撤销执照之处分，且已合乎撤销处分之要件，故行政法院可以视原不换发执照之处分已转换为撤销执照处分而继续维持其效力。以此种转换之方式同样可达到撤销之目的，实不须以所谓'执行技术上'之理由，强为解释。所以，此事件应以'瑕疵行政处分之转换'来处理为佳。"① 在该案中，行政行为已由不换发执照改变为撤销执照，行政行为的内容表面上发生了改变，但行政行为内容实质或结果并未改变，即都是剥夺相对人从事医师执业权利。因此，在认定治愈适用条件时，不能简单以行政行为内容或结果的表面变化为标准，而应看行政行为内容或结果的实质是否发生了改变。

（三）治愈制度的适用结果限制

存在瑕疵的行政行为经过治愈手段后，其瑕疵即消除，行政行为由违法状态变为合法，其法律效力得以维续。这是适用治愈的根本目的。如果一个违法行政行为在经过治愈手段后，虽然治愈针对的瑕疵消除，但仍存在不能治愈的其他违法情形，致使行政行为不能由违法变为合法的，治愈适用目的就无法达到，治愈必要性也无从谈起。因此，适用治愈的结果必须是治愈针对的瑕疵情形消除后，行政行为即由违法变为合法。如果治愈针对的瑕疵情形消除后，仍不能使行政行为变为合法行为的，则不适用治愈。

（四）治愈制度的立法位阶限制

从治愈对依法行政原则的冲击和对形式法治破坏看，适用法律保留原则约束治愈制度成为必然。"根据保留原则，行政机关只有在取得法律授权的情况下才能实施相应的行为。""保留原则是（积极地）要求行政活动具有法律依据。在法律出现缺位时，优先原则并不禁止行政活动，而保留原则排除任何行政活动。"② 法律保留原则的根据是民主原则、法治国家原则和基本权利。对法律保留原则争议最大的不是应否保留，而是保留的范围和调整密度问题。对此，德国联邦宪法法院提出了"重要性理论"。"重要性的标准不是事务的性质，而是某个规则对共同体和公民个人的意义、分量、基础性、深远性及强度等。因此，'重要性'不是确定

---

① 洪家殷：《瑕疵行政处分之补正与转换》，硕士学位论文，台湾政治大学法律研究所，1986年6月，第175页。
② ［德］哈特穆特·毛雷尔：《行政法学总论》，高家伟译，法律出版社2000年版，第104页。

的概念，而是一个阶梯。某一个事务对于共同体或者公民越重要，对立法机关的要求就越高。随之而来的是调整密度：公民个人的基本权利越深远、紧迫，该权利对共同体作用就越重要；社会问题越充满争议，法律调整就应当越精确和严格。因此，存在一个阶梯结构：完全重要的事务需要议会法律独占调整，重要性小一些的事务也可以法律规定的法令制定机关调整；一直到不重要的事务，不属于法律保留的范围。"① 相对于全部保留说、侵害保留说，重要性理论更符合现代行政法发展方向和要求。违法行政行为的治愈正是对公民个人的基本权利及国家依法行政影响重大的事务，由法律，即全国人大及其常务委员会制定的规范性文件，对其适用范围作出规定是必要的。法规、规章及其他规范性文件不宜设定治愈制度。我国应通过未来的《行政程序法》统一规定治愈制度。

---

① ［德］哈特穆特·毛雷尔：《行政法学总论》，高家伟译，法律出版社 2000 年版，第109—110 页。

第二章 现状考察：违法行政行为治愈立法与实践

违法行政行为治愈制度是大陆法系国家的制度。英美法系国家虽然没有冠以治愈名称制度，却存在着类似的理论和实践。我国法律没有规定违法行政行为可以治愈，给行政实务和司法实践造成了困惑。本章将在考察域外违法行政行为治愈制度及类似实践基础上，反思我国制度缺漏和实践困惑。

第一节 域外治愈制度及类似实践的现状考察

一 大陆法系国家的立法与实践

行政法的治愈制度起源于民法相关理论与实践，它是典型的大陆法系国家制度。大陆法系博大精深的民法理论和丰富的私法实践为行政法的发展提供了有益参考和借鉴。就治愈制度论，早在 1900 年 1 月 1 日生效的《德国民法典》就已对民事法律行为的治愈制度作了规定。

为了维持法律行为的效力，《德国民法典》第 140 条允许在特定的条件下对无效的法律行为进行转换：一个完全无效的法律行为，如果具备另一法律行为的要件，而且可以认为，当事人知道此行为无效即愿意另一行为有效的，可以"作为另一法律行为"而生效。① 对于具有形式瑕疵的法律行为，履行可以补正其瑕疵。如该法第 313 条规定：当事人一方以转让或者受让土地所有权为义务的合同，需经公证人公证。未遵守上述形式订立的合同，在完成转让和登记入土地登记簿后，其全部内容为有效。第

---

① 〔德〕卡尔·拉伦茨：《德国民法通论》，王晓晔等译，法律出版社 2003 年版，第 646 页。

518条第2款规定：缺少前款规定的方式的，可以通过履行约定的给付加以补救。第766条规定：为使保证合同有效，需以书面形式给予保证的意思表示。保证人履行主债务的，即可弥补形式上的欠缺。上述三条规定都表明履行可以补正法律行为的形式瑕疵。该法第184条第1款规定了追认可以治愈有瑕疵的法律行为：除另有其他规定外，事后同意（追认）的效力可追溯至采取法律行为时开始。

《德国民法典》对大陆法系其他国家民事立法和实践影响深远。在民法治愈理论和制度的影响下，大陆法系国家行政法也逐渐接受和借鉴了这一理论和制度。据笔者收集资料来看，大约在德国民法典生效后半个世纪，大陆法系国家开始了行政程序立法，其中包括违法行政行为治愈制度的立法。①

《意大利行政程序法（草案）》（1955年）② 第51条规定了追认：

行政权者有违法瑕疵之行政行为，得释明其瑕疵并予以除去，而重新以包含宣告追认意旨之行为使该行政行为发生效力。

被追认之行为自为追认行为之日起发生效力。如被追认之行为其违法如仅止于形式之瑕疵时，经追认后得使其效力之发生溯及为该行政行为之当时。

如行政行为之瑕疵为权限之欠缺时，其权限得由有正当权限之机关以免责之方式赋予之。

前项规定，于忽略必要之建议或应为之咨询之情形不适用之。

第52条规定了转换：无效或违法之行为，如该行政权者为行为之初明知其无效或违法，客观上能被认为其目的系欲为个别行为者，如具备与其所意欲发生之行为相当之形式及内容时，以具有该个别行为之效力论。

从意大利行政程序法草案看，该法规定的追认包含补正：第51条第1款是对补正的规定，第3款是对本书所称追认的规定。

《西班牙行政程序法》（1958年）第51条规定了转换：

纵然为无效之行为，但若具备他种行为之构成要件时，关于该行为之

---

① 本书关于域外行政程序法中治愈制度及相关制度的规定，除有特别注明外，均参见应松年主编《外国行政程序法汇编》，中国法制出版社2004年版。下文不再一一说明。

② 由于种种原因该草案未获通过，现行的行政程序法是1990年通过的《意大利行政程序与公文查阅法（1990年）》。现行行政程序法没有关于违法行政行为治愈的规定。因此，为研究需要，本书以意大利行政程序法草案作为比较研究的资料。

效力，仍应发生。

第 53 条规定了补正及追认：

（1）行政权力者，得治疗瑕疵行为之缺陷，使之生效。

（2）行政行为之瑕疵，以无权限为其原因者，得由有权限之机关，使之生效。但该机关限于为该有效化行为之上级机关。

（3）有效化行为，由被有效化之日起发生效力。但若有预先承认行政行为之溯及效力之法规者，从其规定。

（4）行政行为之瑕疵以欠缺认可为其原因者，得经有权限机关之承认，使之生效。

（5）前项规定，在遗漏法定答弁或提案程序之情形，不适用之。

《西班牙公共行政机关及共同的行政程序法》（1992 年）第 65、67 条作了与上述规定类似的规定。

《联邦德国行政程序法》（1976 年）第 45 条规定了程序与形式瑕疵的补正：

（1）不导致第 44 条规定无效的对程序或形式的违反，在下列情况中视为补正：

1）事后提交行政行为所需的申请；

2）事后提出所需的说明理由；

3）事后补作对参与人的听证；

4）须协作的委员会，事后作出行政行为所需的决议；

5）其他行政机关补作其应作的共同参与。

（2）第一款第 2—5 项所列的行为，仅允许在前置程序结束前，或未提起前置程序时，在提起行政诉讼之前补作。

（3）行政行为未附具必需的理由说明，或在作出行政行为之前未按要求听取参与人的意见，以致其不能及时对行政行为表示异议的，未遵守法律救济期限视为无过错。按第 32 条第 2 款规定恢复期限所依之事实，以补作原未作的程序行为的时刻为开始。

第 47 条规定了瑕疵行政处分之转换：

（1）具瑕疵的行政行为与另一行政行为目的相同，作出前者的行政机关依已发生的程序和已采取的形式也可能合法作出后者，且具备作出要件的，可将前者转换为后者。

（2）具瑕疵行政行为拟转换的行政行为，明显有悖其作出机关的初衷，或其法律后果会对相对人造成较具瑕疵行为更大不利的，不适用第 1 款规定。不允许撤销的具瑕疵的行政行为，同样不允许转换。

（3）仅可依羁束决定为之的决定，不得转换为裁量决定。

（4）准用第 28 条规定。

需要说明的是，1996 年 9 月 12 日，《联邦德国行政程序法》修改时，将第 45 条第 2 款规定的补正时间修改为在行政诉讼结束之前都可以补正。

《葡萄牙行政程序法》（1991 年）第 137 条规定了追认、纠正及转换：

一、不允许追认、纠正及转换无效或不存在的行为。

二、规范废止非有效行为的权限的规定，以及规范作出废止的期限的规定，适用于对可撤销的行为的追认、纠正及转换。

三、如属无权限的情况，则有权限作出该行为的机关有追认该行为的权力。

四、只要法定制度无任何变更，则追认、纠正及转换的效力，溯及被追认、纠正及转换的行为作出之日。

我国台湾地区"行政程序法"关于治愈的规定，是以《德国行政程序法》的规定为蓝本；澳门地区《行政程序法》关于治愈的规定，则与《葡萄牙行政程序法》相一致。

从上述梳理可以看出，上述国家或地区的行政程序法基本都规定了违法行政行为的治愈制度，但有细微差别：

《意大利行政程序法（草案）》规定了追认、转换两种方式，并简要规定了适用的情形，其关于追认的规定实际上包含了补正方式。

《西班牙行政程序法》规定了补正、追认及转换三种方式，并简要规定了各自的适用情形。

《德国行政程序法》仅规定了补正、转换两种方式，但详细规定了具体的适用情形，没有规定追认方式。有观点认为，《德国行政程序法》第 46 条规定的是追认制度："德国、台湾地区对此（追认制度）都有规定。如德国基于行政经济的考虑，规定行政处分只是具有程序方式瑕疵和违反有关土地管辖的规定，如果有权机关仍需作出与原处分相同的处分时，原处分不撤销。台湾地区也规定，行政处分违反土地管辖的规定。除违反专属管辖无效外，有管辖权的机关如果仍然需要就该事件作出相同的处分时，原处分不撤销。"① 事实上，德国和台湾地区的上述规定，并不是追认制度，而是规定的程序瑕疵（包括违反土地管辖）不能（通过补正）治愈或补正已无意义时，对有关撤销权的限制，是从程序瑕疵不能被补正的后果——是否撤销角度考量的，而不是从消除违法状态的角度考虑的。事实上，这样的规定只是在特定条件下，排除了公民要求撤销程序违法行政行为的请求权，并没有治愈行政行为的违法性，因此，该规定不是追认制度。

《葡萄牙行政程序法》规定了追认、纠正及转换三种方式，其纠正即本书所称补正。但该法未从正面规定纠正、转换适用的具体情形，仅从反面排除了无效、不存在行为的适用。

法律明确规定了违法行政行为治愈适用的具体情形时，行政实践和司法实务将有法可依。但当法律对治愈规定得语焉不详甚或没有规定时，其实践是否就不知所措甚或一片空白呢？答案当然是否定的。

在德国，尽管法律没有规定追认，但德国行政法院的判例表明，法律追溯可以治愈违法的行政行为。如 1978 年 3 月 1 日作出收费通知，因所依据的规章违法，该通知也构成违法。1978 年 6 月 1 日违法收费规章被新的合法的规章所取代，该规章明确规定溯及 1978 年 1 月 1 日。收费决定因此——从溯及既往的角度来看——具有了合法的法律依据，应视为合法。②

在日本，有学者在分析日本行政程序正当化过程后指出："战后日本的学者和法官们在继受（英美的自然正义、正当程序原则）的基础上，结合本国的国情以及社会发展的需要，超越了严格以制定法的规定为根据对行政行为是否合法径行判断的形式性法治主义原理，采用了从人权保障等基本原则出发、以宪法的条款或原理为依托根据、对行政相对人是否应有听证等程序权利的问题进行解释和认定的法的支配原理和实质性法治主义原理。"③ 这说明日本是以实质法治作为判断违反行政程序的行政行为是否违法标准的。因此，尽管日本没有关于违法行政行为治愈的立法规定，但无论理论还是实践，均承认违法行政行为治愈的存在。日本学者盐

---

① 应松年：《比较行政程序法》，中国法制出版社 1999 年版，第 147 页。

② ［德］哈特穆特·毛雷尔：《行政法学总论》，高家伟译，法律出版社 2000 年版，第 230 页。

③ 朱芒：《论行政程序正当化的法根据》，《外国法译评》1997 年第 1 期。

野宏认为，"即使当初行政行为有瑕疵，与其予以撤销而作出同样的处分，倒不如维持当初的行政行为的效力，从法的稳定性的观点来看也是理想的，并且，在防止行政浪费的意义上，也有助于行政经济。"① 维持瑕疵行政行为的技术主要是治愈与转换。治愈判例，如在对于农地收买计划的诉愿裁决作出之前推行了收买程序，其后诉愿机关作出了诉愿驳回裁决。② 转换判例，如在农地收买计划中，按照当初适用的根据条款，是违法的，而根据其他根据条款却被认为是合法的，法院即将违法行政行为转换为合法行为。③ 在日本判例上，"瑕疵轻微，并且存在第三人的既存利益时，有承认治愈的余地，其他情况下，从依法律行政原理看，不应该轻易承认治愈。"④

我国台湾地区治愈判例亦不少见。如台湾最高行政法院七十八年度（公历 1989 年度）判字第六八九号行政法院判决即为补正案例。其裁判要旨为"本件被告机关征收系争土地，其征收公告揭示于被告机关及西区区公所之公告牌，未揭示于被征收之土地所在地，固有瑕疵，惟原告对于系争土地之征收事项既已知悉，并于法定公告期间内提出异议，则该征收公告揭示程序之瑕疵，因原告并未因而受损，该征收公告程序之瑕疵，既与原告行政救济之权利，不生影响，而本件征收复属依法有据，既如上述，则本件程序上之瑕疵，已因原告之依法提出行政救济而治愈，从而仍无碍于本件征收补偿之合法性。"⑤

法国行政法是大陆法系国家中的一个例外。法国是一个成文法国家，但其"行政法的重要原则，几乎全由行政法院的判例产生"。⑥ 法国没有统一的行政程序法典，没有关于违法行政行为治愈的相关立法，但从行政法院的判例中可以看出其对违法行政行为的处理也并非是一概撤销或宣布无效。现以法国行政法上最重要的制度越权之诉为例加以说明。

在法国，越权之诉是当事人的利益由于行政机关的决定而受到侵害，请求行政法院审查该行政决定的合法性，并撤销违法的行政决定的救济手

---

① ［日］盐野宏：《行政法》，杨建顺译，法律出版社 1999 年版，第 116 页。
② 同上书，第 117 页脚注①。
③ 同上书，第 117 页。
④ 同上。
⑤ 城仲模：《行政法裁判百选》，月旦出版公司 1996 年版，第 425 页。
⑥ 王名扬：《法国行政法》，中国政法大学出版社 1988 年版，第 21 页。

段。法国行政法院传统上把越权之诉的违法形式分为四项，即无权限、形式上的缺陷、权力滥用、违反法律。一般地说，这四种违法形式均可导致行政决定被撤销。但行政法院却并非如此机械地进行裁判。尽管无权限的行为是越权之诉中制裁最严厉的行为，是首先作为撤销理由的违法行为。但如果无权限机关所作出的决定，属于羁束权限的行为，而决定的内容符合法律的规定时，其他有权限的机关，在同样的情况下只能作出同样的决定，行政法院对于这种行为不撤销，因为撤销这种行为并不影响行政决定的结果和当事人的利益，而徒浪费诉讼时间。对于形式违法的效果，行政法院区分主要的形式和次要的形式，旨在保护当事人利益的形式都是主要形式，只有违反主要形式才构成撤销的理由。违反旨在保护行政机关利益的次要形式的，当事人无权控诉。违反次要形式不影响行政行为效力。如法定的调查期间，只要主要事实已经调查清楚，形式上不符合规定的期间，不影响行政决定的效力。另外，行政法院也区别形式的违法能否补正。原则上，在法律没有规定时，行政行为形式的违法不能事后补正，因为补正行为的效力不能追溯既往。但除法律的规定以外，行政法院的判例，允许在某些情况下，行政行为形式的违法可以补正：首先，物质上的遗漏和错误可以补正。例如会议讨论的记录，事后补上负责人的签名，行政决定中条文引证的错误可以改正，但不能修改决定的内容。其次，在某些情况下，相对人的同意，可以消除形式上的违法。羁束权限的行政行为，只要内容符合法律的规定，形式违法不发生撤销的效果。权力滥用和违反法律作为撤销行政决定的理由，均不适用于羁束权限的行政决定。在越权之诉中，法官不能代替行政机关改变违法的行政决定。但当行政机关行使羁束权力，必须作出某种内容的决定，如果行政决定的内容符合法律规定，但作为根据的法律条文或理由错误时，行政法院不撤销原来的决定，而是用正确的条文或理由，代替错误的条文或理由。①

　　从法国行政法院实践看，其对于不影响行政决定内容和效力的违法行为，通过三种方式维持其法律效力：对于羁束权限的行政决定，不予撤销，有时法官也会以正确的条文或理由代替错误的条文或理由；法律有规定时，可以补正形式违法，法律无规定时，显然的错误可以补正（实质是

---

① 本部分关于法国行政法院实践的归纳和总结，参见王名扬《法国行政法》，中国政法大学出版社 1988 年版，第 671—703 页。

更正）；相对人的同意也可以补正某些形式违法。总之，尽管法国没有违法行政行为治愈的明确立法，但行政法院的实践清楚地表明，为维护公共利益，违法的行政决定并非一概撤销，而是根据情况可以维持其法律效力。

二　英美法系国家的类似实践

英美法系国家尽管没有违法行政行为治愈理论及制度，但存在着与治愈异曲同工的理论与实践。

在英国，行政机关的活动违反自然公正原则、程序越权、实质越权构成司法审查的理由。与本书论题有关的是前两个理由。

自然公正原则是普通法的一项原则。它是最基本的公正程序规则，只要成文法没有排除或除另有特殊情况外，行政机关都要遵守。它包括两个最基本的程序规则：任何人或团体在行使权力，可能使别人受到不利影响时必须听取对方意见，每一个人都有为自己辩护和防卫的权利；任何人或团体不能作为自己案件的法官。[①] 自然公正原则是一个非常灵活、富有弹性的原则，它的适用范围很难严格确定。英国法院在不同的时候对它的适用范围作不同的解释。当行政机关违反自然公正原则，相对人以此向法院申诉时，法院对于是否给予救济有自由裁量权。对于在实质上没有理由的当事人，法院可能不审查行政机关程序上是否符合自然公正原则。[②] 在 *Lloyd v. McMahon*（［1987］AC625）案中，Bridge 勋爵解释：所谓的自然公正原则不是固定不变的。用更好表达这一基本理念用语来说，它是指任何机关，不管是内部机关，还是行政机关、司法机关，凡作出将影响个人权利决定时所要求的公正，需要依决定机关的性质、必须作出的决定类型以及其运作的法律或其他框架确定。在此案中，利物浦地方委员会委员阻止地方当局征税，因此违反了法定义务，受到了处罚。在处罚之前，这些委员向审计官主张发表口头意见的权利。法院判决认定，审计官向他们发出了详细通知，而且公正审查了他们提交的书面意见，因此驳回了他们的救济请求。[③]

程序越权是指行政决定违反了法律规定程序。就程序越权而言，并非每一个程序错误都导致行政行为无效。法院经常区分哪些程序是强制性的

---

① 王名扬：《英国行政法》，北京大学出版社 2007 年版，第 117 页。

② 同上书，第 122 页。

③ ［英］彼得·莱兰、戈登·安东尼：《英国行政法教科书》，杨伟东译，北京大学出版社 2007 年版，第 399 页。

（违反会导致行为无效），哪些是指导性的（违反并不导致行政行为无效）。① 上议院 1877 年在一个案件中声称："对于每个案件必须考察它的实质，考察被违反的规则的重要性，考察被违反的规则和法律所要达到的一般目的的关系"。在实践中，如果一个案件对公共利益有重大影响时，法院往往不愿意把程序规则解释为具有强制性质，避免行政机关由于违反程序规则引起行政行为无效，妨碍公务的执行。当程序规则是个人程序义务时，英国法院在解释某种程序的性质时，通常尽量照顾个人利益。② 但在实践中，区分强制性程序与指导性程序的原则已被综合考虑案件所有情况的常识性方法修改。Woolf 勋爵在 *R v. Secretary of State for the Home Department ex p Jeyeanthan*（［2000］1 WLR 354（CA））案中分析了程序要求中的一般性问题。设置程序要求的目的是为了实现正义，因此，对任何与正义要求相冲突的结果，都必须采取怀疑态度。采取正确方式分析某一程序是强制性要求还是指导性要求，至多只完成了第一步。在大多数案件中，对其他问题的分析可能更有帮助。这些问题包括：

第一，即使公共机关没有严格遵守程序要求，从实质性遵守角度看，公共机关是否遵守了法定要求？（实质性遵守问题）

第二，是否能够放弃追究公共机关未遵守程序要求问题？如果可以，在具体案件中，是否能够且应当放弃追究？（裁量性问题）

第三，如果不能放弃追究未遵守程序要求问题或者并未放弃追究，那么公共机关未遵守程序要求的后果是什么？（后果问题）

这一采取背景化的实用主义方法，是对当前英国法院所采取立场的恰当描述。③

在美国，正当法律程序的听证虽然是一种普遍适用的规则，但是有些例外情况存在。因为有些事项或问题由于其本身的性质，或就行政机关所要达成的任务而言，或者完全不需要听证，或者不适宜于审判型的听证，或者可以推迟听证。④ 在一个案件中，决定是否适用听证，以及适用什么

---

① A. W. Bradley and K. D. Ewing, *Constitutional and Administrative Law*, Pearson Education Limited（2003），p. 712.

② 王名扬：《英国行政法》，北京大学出版社 2007 年版，第 124—126 页。

③ ［英］彼得·莱兰·戈登·安东尼：《英国行政法教科书》，杨伟东译，北京大学出版社 2007 年版，第 387 页。

④ 王名扬：《美国行政法》，中国法制出版社 2005 年版，第 382 页。

形式的听证，美国最高法院 1976 年在马修斯诉埃尔德里奇案件的判决中指出："确定正当法律程序的具体要求，一般地说，必须考虑三个不同因素：第一，受行政行为影响的私人利益；第二，由于行政机关所使用的程序，这些利益可能被错误剥夺的危险，以及采取增加的或代替的程序保障可能得到的任何效益；第三，包括相关的行政作用在内的政府利益，以及增加的或代替的程序要求可能带来的财政的和行政的负担。"① 这说明，尽管正当法律程序是行政机关作出决定必须遵守的规则，但不同的案件有不同的要求，并非所有的行政决定均要遵守正式的听证程序。

综上所述，在英国和美国，当行政机关的行政决定违反程序或形式规定时，法院并非一概予以撤销。通常是，法院通过在行政决定所追求的公共利益与行政决定侵害法益之间进行权衡，看哪个利益更值得优先保护。根据优先保护的利益决定是否维持行政决定，然后再据此对行政机关违反的规则作出解释：如果需要维持行政决定，就对行政机关违反的程序规则作出灵活宽松的解释，如果需要撤销行政决定，就对行政机关违反的程序规则作出严格解释。从这个意义上说，尽管英国与美国没有违法行政行为治愈制度的立法规定，但其法院在司法审查中通过灵活解释行政机关违反的程序规则，从而达到维持或否定行政决定的目的的做法，与治愈有着异曲同工之妙。

三　域外经验的总结与启示

大陆法系国家秉承传统的成文立法进路，在行政程序立法中多规定违法行政行为的法律后果，其中包括追认、补正、转换。通过治愈，消除行政行为的违法性，维持其法律效力，从而达到立法追求的公益保护目的。在这个过程中，治愈的主体不是法院。由于立法已对公共利益进行了分配，通过规定治愈制度保护了特定情况下的公共利益，行政主体和法院只需严格按照成文法的规定执行和适用法律即可。如果行政行为存在可以治愈的违法情形，行政主体有权在诉讼程序终结前实施治愈。如果行政主体未在诉讼程序终结前治愈违法行政行为，那么，法院可以撤销违法行政行为，如果撤销会对公共利益造成重大损害，在有些国家也可以采用情况判决的方式，驳回相对人的撤销请求，在法律有规定时，法院也可以治愈违

---

① 王名扬：《美国行政法》，中国法制出版社 2005 年版，第 407 页。

法行政行为。总之，在大陆法系，法律明确规定了治愈制度的国家或地区，法院在违法行政行为后果方面的权力较为被动和保守，即使面对公共利益被侵害的情形时也多如此。

英美法系国家（包括大陆法系的法国行政法）依循普通法传统，采取通过司法审查形成判例的进路，借以达到维护法律追求的公共利益目的。从上述对英国和美国实践的考察可以看出，无论是英国和美国都没有违法行政行为治愈的成文立法。法院在对行政机关的行政决定司法审查时，要根据自己的理解和判断，分析行政决定违反的规则的重要性、被违反的规则追求的目的和利益以及行政决定本身所代表的利益、撤销行政决定后损害的利益，在这些利益之间进行权衡比较，据此决定行政决定是否应被撤销。如果行政决定不应被撤销，那么，法院就要对行政决定违反的规则作出"并不重要"的宽松解释，从而认定违反该规则并不构成撤销的理由，由此达到维持行政决定及其效力的目的。可见，在英美法系国家，由于缺少对公共利益进行分配和保护的成文立法，法院在审查违反一定规则行政决定时，往往会根据案件的情况和自己的判断，积极主动地发挥维护公益职能，以实现实质正义。

总之，无论是大陆法系还是英美法系国家，法律的追求是一致的。对于违法行政行为的处理也有相同的规律可循。从域外经验看，对违法行政行为的处理，均不是一概撤销，从而否定其法律效力。基本一致的做法是，对违法行政行为体现的公益与其侵害的法益比较，根据优先保护的利益决定违法行政行为的法律后果。在此基础上，除法国外的大陆法系国家或地区多采取成文立法规定治愈的进路，而法国及英美法系国家则依靠判例形成了另一条进路。殊途同归，行政决定所追求的行政法目的或公共利益始终是决定违法行政行为的法律效力能否维持的判断基准。

第二节　我国大陆地区治愈制度现状考察

我国大陆地区（以下简称我国，区别于我国台湾和澳门地区）行政法发展起步较晚，目前还没有关于违法行政行为治愈的统一、成文立法，专家起草的《行政程序法（试拟稿）》也只规定了补正这一种治愈方式。① 可喜的是，2008 年 4 月 9 日，湖南省人民政府通过了我国第一部地方性行政程序规定——《湖南省行政程序规定》。这是一部地方政府规章。它对我国其他地方行政主体的活动以及对全国性的行政程序立法和实践都将产生深远的影响，具有十分重大的意义。但该规章仅规定了补正这一种治愈方式，且将补正与更正合并规定，该规定的立法位阶也较低。

需要研究的问题是：在统一的成文立法缺位的情况下，我国是否存在违法行政行为治愈的零散、单行立法？哪些法律法规等规范性文件中规定了治愈？哪些规范性文件中规定的违法行政行为的法律后果是排斥治愈的？在《行政程序法》出台后需要修改哪些规范性文件以使之符合《行政程序法》规定的违法行为的法律后果？我国目前行政实践和司法实务中遇到了哪些与违法行政行为法律后果相关的困惑和障碍？本节将就这些问题进行梳理和研究。

一　我国违法行政行为治愈的相关立法

治愈作为违法行政行为的一种法律后果，对于维护公共利益、追求实质正义具有重要的意义。我国基本上是一个成文法国家，如果法律没有规定违法行政行为可以治愈，行政实践和司法实务中适用治愈的可能性如果不是微乎其微，也是极为罕见，且名不正言不顺。因此，梳理并检讨我国与违法行政行为治愈相关的行政立法，既可以反映我国违法行政行为法律后果的制度现状，也可以从一个侧面说明造成实践尴尬的缘由。

综观我国行政立法，与违法行政行为治愈相关的规定主要有三种方式：第一，否定治愈。作为违法行政行为的一种法律后果，治愈本应出现在违法行政行为法律后果部分，特别是集中、统一规定违法行政行为法律后果的立法中。如果集中统一规定违法行政行为法律后果的法律没有规定治愈，则说明立法机关的态度基本是否定违法行政行为的治愈。第二，肯定治愈。肯定治愈的规定多出现在单行法律、法规等规范性文件中。肯定治愈方式有两种：一种是明确的肯定，没有其他疑义；另一种是隐含的肯

---

① 目前，学者起草的行政程序法试拟稿或专家建议稿主要有两个版本，一个版本是姜明安教授执笔，北京大学公法研究中心课题组 2002 年完成的《中华人民共和国行政程序法（试拟稿）》，北大公法网，http://www.publiclaw.cn/article/Details.asp? NewsId = 71&classid = 6&classname = 中心动态，2015 年 3 月 16 日浏览；另一个版本是应松年教授主持起草的《中华人民共和国行政程序法（试拟稿）》。

定治愈。第三，虽未肯定治愈，但法律作出了与治愈具有相同法律效果的规定。有些法律规定，行政行为违反法定程序的行为如果并不严重，则可以不认为是违法行为，从而维持该行为的法律效力。

（一）否定治愈立法

治愈是违法行政行为的一种法律后果，应与撤销、无效等一起规定在违法行政行为法律后果部分。目前，我国关于违法行政行为的法律后果主要规定于《行政诉讼法》及《行政复议法》中。

《行政诉讼法》（2014 年）第七十条规定了撤销。行政行为有下列情形之一的，人民法院判决撤销或者部分撤销，并可以判决被告重新作出行政行为：（一）主要证据不足的；（二）适用法律、法规错误的；（三）违反法定程序的；（四）超越职权的；（五）滥用职权的；（六）明显不当的。

第七十四条规定了确认违法的适用情形，第七十五条规定了确认无效的情形。

《行政复议法》（1999 年）第二十八条第一款三、四项规定：

具体行政行为有下列情形之一的，决定撤销、变更或者确认该具体行政行为违法；决定撤销或者确认该具体行政行为违法的，可以责令被申请人在一定期限内重新作出具体行政行为：（一）主要事实不清、证据不足的；（二）适用依据错误的；（三）违反法定程序的；（四）超越或者滥用职权的；（五）具体行政行为明显不当的。

从上述关于违法行政行为法律后果的集中统一规定看，违法行政行为的法律后果只有三种：撤销、确认违法或无效（效力丧失或无效）、确认违法但维持其效力（情况判决）。上述法律没有为违法行政行为的治愈留下空间。这说明我国行政立法的基本态度是否定治愈的。这一点从已经废止的《行政复议条例》（1990 年）到《行政复议法》的立法演变也可以得到印证。

已经废止的《行政复议条例》（1990 年）第四十二条第二项规定了补正：具体行政行为有程序上不足的，决定被申请人补正。第四项规定，违反法定程序影响申请人合法权益的，决定撤销、变更，并可以责令被申请人重新作出具体行政行为。这种对违反程序的行政行为区别对待的做法，"在理论上是值得认可的，在实践中也是可以行得通的，它可以避免行政行为不必要的重复。"① 但《行政复议法》却删掉了责令补正的处理方法，简单规定违反法定程序的行政行为的后果是撤销、变更或确认违法，并可以责令重作。"这种规定与其说是立法上的进步还不如说是倒退。"② 笔者认为，从对不同的违法行为对应不同的法律后果来看，《行政复议条例》的规定值得赞同。但是，由本应中立的争讼裁决机关作出责令补正决定的规定似乎有偏袒被申请人之嫌，无法让申请人感觉复议决定的公正性。对此，我国台湾地区亦有类似规定。台湾地区行政程序法规定补正应在"诉愿程序结束前"由原行政主体作出。如果作出行政行为的行政主体不在复议程序终结前予以补正，复议机关可以依法撤销行政行为，或者根据情况做出情况决定——类似于情况判决的一种复议决定。当然，这以行政程序立法详细规定违法行政行为的不同法律后果、行政复议立法详细规定违法行为的不同处理决定为前提。

另外，否定治愈的规定也体现在单行立法中。

如《行政处罚法》（1996 年）第三条第二款规定：没有法定依据或者不遵守法定程序的，行政处罚无效。第四十二条规定：行政机关及其执法人员在作出行政处罚决定之前，不依照本法第三十一条、第三十二条的规定向当事人告知给予行政处罚的事实、理由和依据，或者拒绝听取当事人的陈述、申辩，行政处罚决定不能成立；当事人放弃陈述或者申辩权利的除外。

（二）肯定治愈立法

在集中规定违法行政行为法律后果的《行政诉讼法》、《行政复议法》等法律基本否定治愈的情况下，单行法律、法规有时例外地承认治愈制度。

明确肯定治愈的立法，如《行政许可法》（2003 年）第七十二条规定：

行政机关及其工作人员违反本法的规定，有下列情形之一的，由其上级行政机关或者监察机关责令改正；情节严重的，对直接负责的主管人员和其他直接责任人员依法给予行政处分：未依法说明不受理行政许可申请或者不予行政许可的理由的。

上述规定中的"责令改正"是上级行政机关要求作出行为的行政机

---

① 杨解君：《行政违法论纲》，东南大学出版社 1999 年版，第 157 页。
② 同上书，第 155 页。

关自行改正违反告知义务的行政行为。这里的"改正"实为补正，没有作其他理解的可能。但是，该条第四项中提到的"补正"（申请人提交的申请材料不齐全、不符合法定形式，不一次告知申请人必须补正的全部内容的）与本书所论作为治愈违法行政行为手段的补正非同一意义。此处补正是在行政行为作出前的程序中，针对相对人提交材料是否齐备而言，并非针对瑕疵行政行为的瑕疵消除问题。因此，如下观点值得商榷。"从另一个角度间接规定了补正制度，即对于申请提交的申请材料不齐全，不符合法定形式的，应允许相对人一次性补正。这是我国现有法律中少见的补正规定，也是行政程序立法趋势的体现。"① 这种观点是对违法行政行为补正制度的误解，是补正概念使用的泛化。

隐含肯定治愈的立法，如《行政处罚法》第五十五条规定：

行政机关实施行政处罚，有下列情形之一的，由上级行政机关或者有关部门责令改正，可以对直接负责的主管人员和其他直接责任人员依法给予行政处分：

没有法定的行政处罚依据的；

擅自改变行政处罚种类、幅度的；

违反法定的行政处罚程序的；

违反本法第十八条关于委托处罚的规定的。

上述规定中的责令改正，实际包含了多种处理方式，如撤销、变更、补正等。其中违反法定的行政处罚程序的，如果违反的程序仅是一般程序，对行政处罚内容没有任何影响，对相对人的权益没有造成侵害，则可以适用补正。如执法人员在作出行政处罚决定前的调查过程中没有出示身份证件，但相对人从其他途径和行政处罚决定书上已经清楚地知道了执法人员的身份。这样的行政处罚决定可以补正。

类似隐含肯定治愈的立法，再如《公务员法》（2005 年）第九十二条规定的"责令纠正"、《政府信息公开条例》（2007 年）第三十五条规定的"责令改正"等。

（三）与治愈具有相同法律效果的立法

尽管立法机关对违法行政行为治愈基本持否定态度，但单行法除了根据情况容许补正存在之外，对违反法定程序的行政行为也并非一概予以否

---

① 董世坤、赵晓青：《论瑕疵行政行为的补正》，《湖北社会科学》2006 年第 10 期。

定，而是区分不同情况，作出不同处理。如《最高人民法院关于行政诉讼证据若干问题的规定》（以下简称《行政诉讼证据规定》）第五十七条。在该条规定的不能作为定案依据的证据材料中，对行政主体违反法律规定收集的证据材料并非一概予以排除，而是以违法是否侵害一定的法益、侵害的法益与行政行为所代表的公共利益相较哪个更值得保护作为衡量标准，作出不同的处理。如该条第 1 项规定，严重违反法定程序收集的证据材料不能作为定案依据。这说明只要不是严重违反法定程序收集的证据就可以作为定案依据，据此作出的行政行为不认为是违法行政行为，其法律效力是受到肯定的。该条第二项规定，以偷拍、偷录、窃听等手段获取侵害他人合法权益的证据材料不能作为定案依据。这说明以偷拍、偷录、窃听等手段获取的证据材料只要没有侵害到他人的合法权益，就可以作为行政行为的依据，这样的行政行为不会因为证据收集的瑕疵而受到否定。从这两项规定可以看出，尽管行政行为有违反法定程序的瑕疵，只要这种瑕疵对相对人的权益影响相对于行政行为所追求的公共利益来说，后者更大更值得保护时，这种瑕疵是可以容忍的。这种规定与补正具有相同的作用：使具有轻微程序违法的行政行为变为合法，从而维持其法律效力。

在目前我国法律对治愈基本持否定态度情况下，这种立法方式灵活地区分了不同的违法情形，改变了对违法行政行为一概否定的僵化模式，在一定程度上起到了与治愈相同的法律效果，是值得肯定的。

二　我国与违法行政行为治愈的相关实践

我国是一个法治尚不发达的成文法国家，无论行政机关还是法院对于成文法律的依赖远远超过法治发达国家。因此，在我国，法律的完备程度对于构建法治社会的作用不言而喻。法律对于社会现实的任何规范漏洞都会给"社会正义最后一道防线"的司法机关带来困惑，使其面临僭越雷池、维护正义与循规蹈矩失去公信的两难选择。司法机关的这种困惑和尴尬，在其面对需要治愈的违法行政行为时，表现得淋漓尽致。

下面仅举几例以窥司法困境之全貌。

案例 1： 前述的以颁证行为有瑕疵而起诉民政局要求撤销结婚登记案。① 在本案中，武汉市某区人民法院经审理认为，原告秦某和第三人唐

---

① 杨凯：《状告民政局的行政诉讼能达到离婚目的吗》，中国法院网，http：//www. china-court. org/public/detail. php？id = 130172，2008 - 11 - 15。

某均系再婚，且均超过法定婚龄，双方在经介绍相识后当日即同居，且女方已怀孕的情况下，自主自愿办理结婚登记手续，符合新《婚姻法》规定准予结婚的实质性条件，经婚姻登记机关予以登记，颁发了结婚证，取得结婚证，即确立夫妻关系，故秦某与唐某的婚姻关系客观存在。被告某民政局和某乡政府在办证时，审查不到位，越权异地办证，提前结婚证日期的具体颁证行政行为违规，本应依行政法判决违法并撤销。但依新《婚姻法》第三十四条规定，女方在怀孕期间、分娩后一年内及中止妊娠后六个月内男方的离婚诉权受到限制。婚姻法和民事诉讼法明确限制的诉权，行政诉讼程序同样也应予以限制，以维护法的统一性和完整性。新婚姻法和行政法、行政诉讼法均为全国人大颁布的同一级别的法律，而婚姻法为特别法、行政法和行政诉讼法为普通法，在适用时如有冲突，特别法优于普通法，故本案应适用婚姻法，按婚姻法规定，女方分娩不到一年，应限制男方提出离婚的诉权。而且宣布婚姻无效或者请求撤销婚姻关系的案件属民事诉讼法调整的范围，应由民事诉讼法来调整。原告所提诉讼请求实为离婚之目的，虽依行政诉讼法司法解释第一条之规定属行政诉讼受案范围，但因其诉权依婚姻法规定受特殊时间限制，故在行政诉讼中同样暂时没有诉权。对原告提出的行政诉讼应裁定驳回。对于在审理过程中发现的行政机关的具体行政行为违规的事实，因原告此时不享有诉权，故依行政诉讼法规定不能审查并判决，只能以司法建议形式建议行政机关对责任人进行行政处分和对今后的行政行为进行规范和整改。为维护社会公序良俗，保护妇女、儿童等弱势群体的合法权益，体现宪法对弱势群体权利的保护原则，本案驳回原告起诉。

不可否认，本案的判决结果顺应民心、符合民意、维护了公序良俗。秦某通过欺骗手段骗取结婚登记、后又以此为由诉请撤销行为挑战了我们的道德底线，而法律作为最低的道德标准，绝不能容许这种企图得逞，这是维护公序良俗的需要。但是，正如法官所言，按照行政法确实应该撤销违法的登记行为。恰在此时，法官发现了《婚姻法》第三十四条对于男方离婚诉权的限制规定，于是，法官通过法律解释方法，以特别法优于普通法的法律适用规则将私法上离婚诉权的限制规定应用到行政诉讼，"巧妙"地达到了驳回秦某起诉的目的。这样的裁判结果无疑具有良好的社会效果。但冷静思考，这样的裁判是否具有良好的法律效果，或者说是否合法，不无疑问。

笔者认为，法院驳回秦某起诉的裁定值得商榷。虽然秦某宣布婚姻无效的请求属民事诉讼法调整，但其要求撤销结婚证的请求属行政诉讼受案范围。婚姻法限制的离婚诉权，针对的是平等主体间的民事法律关系——婚姻关系，而秦某诉请撤销结婚证，针对的是因行政行为引发的行政法律关系，二者并非同一诉讼标的，因此，法院关于法律冲突适用原则的分析不适用本案。另外，以无诉权为由驳回诉讼，日后秦某诉权具备时再提起行政诉讼，法院一样会面临颁证行为合法性的审查问题，法院只是将今天的问题推到明天，只能算是缓兵之计，并未解决现实问题。

案例 2：养路费征收行为是否违法案。

2006 年 8 月 23 日，《检察日报刊》载文章——《养路费：最近六年都是违法征收》①，引起了热烈讨论。在这场讨论中，学者普遍认为养路费征收行为违法②，而主管养路费征收的行政机关则无一例外地认为征收行为合法。③ 基于与上述学者大致相同的理由，笔者亦认为，1999 年《公路法》修改后的养路费征收行为是违法行为。因为养路费征收是影响公民财产权的负担行政行为，须受法律保留原则限制。1997 年通过的《公路法》第三十六条规定，"公路养路费用采取征收燃油附加费的办法。……征收燃油附加费的，不得再征收公路养路费。具体实施办法和步骤由国务院规定"，"燃油附加费征收办法施行前，仍实行现行的公路养路费征收办法"。1999 年 10 月 31 日《公路法》首次修改时，将第三十六条修改为"国家采用依法征税的办法筹集公路养护资金，具体实施办法和步骤由国务院规定"（第 1 款）。从上述《公路法》的立法意图看，《公路法》确立的基本思路是"费改税"。1997 年《公路法》为养路费改为燃油附加税规定了过渡性条款，而 1999 年《公路法》则取消了过渡条款，明确规定采用依法征税的办法筹集公路养护资金，并授权国务院规定实施办法和步骤。这就从法律上否定了继续征收养路费的可能性。因此，1999 年《公路法》修改后的养路费征收行为因失去法律依据而构成违法

① 周泽：《养路费：最近六年都是违法征收》，《检察日报》2006 年 8 月 23 日第 6 版。

② 如姜明安《养路费征收争论所涉法律问题之我见》，http：//www. publiclaw. cn/article/Details. asp？NewsId = 1729&Classid = &ClassName = ，2015 年 3 月 16 日浏览。张树义《养路费征收的三维审视》，http：//www. jcrb. com/n1/jcrb1041/ca543388. htm，2015 年 3 月 16 日浏览。

③ 如国务院法制办：《征收养路费属合法》，http：//news. sina. com. cn/c/2006 - 11 - 24/115311607001. shtml，2015 年 3 月 16 日浏览。

行政行为。于是，全国各地也出现了不少相对人诉请撤销违法征收行为并要求返还养路费的行政诉讼案件。但各地法院在审理该类案件时，却不约而同地判决征收行为合法，驳回相对人的诉讼请求。①

从社会效果看，法院判决没有产生不良后果。但既然征收行为违法，而《行政诉讼法》规定违法的行政行为应予撤销，那么，法院的判决就是违法的。

案例3：陈某诉中山大学撤销学位案。②

陈某于 1994 年通过涂改大专肄业证书复印件伪造了大专毕业证书，获得了以同等学力人员身份报考研究生的资格，并参加了中山大学 1995 年硕士研究生入学考试，后被录取。1998 年陈某获得中山大学硕士研究生毕业证书，1999 年获得哲学硕士学位。2005 年，陈某伪造事情被发现。同年 12 月 31 日，中山大学作出宣布陈某研究生学历无效和撤销硕士学位的处理决定（下文简称中山大学的处理决定），随后陈某工作单位将其辞退。陈某认为，根据行政处罚法的有关规定，违法行为在 2 年内未被发现的，不再给予行政处罚，其造假行为已经远远超过这一处罚期限，中山大学不应再进行处罚。于是，2006 年 3 月 24 日，陈某提起行政诉讼，要求中山大学撤销上述处理决定并登报赔礼道歉。

广州海珠区法院审理认为：根据国家教委相关规定，陈某涂改肄业证书报考研究生的舞弊行为，显然属于不应录取的条件。作为无学籍学生，不应具有毕业的资格，因此中山大学宣布其毕业证书无效合理合法。法院同时认为，中山大学在查实陈某有舞弊行为的情况下，依据《学位条例》第十七条"学位授予单位对于已经授予的学位，如发现有舞弊作伪等严重违反本条例规定的情况，经学位评定委员会复议，可以撤销"的规定，作出撤销陈某学位证书的决定，没有违反该法律的规定。2006 年 6 月 27 日，一审法院驳回了陈某的诉讼请求。③ 陈某上诉，广州中院二审判决撤销了一审判决并撤销了中山大学的处理决定。④ 中山大学申请再审，2008

---

① 如江苏省常州市律师章某状告市公路管理处违法征收养路费案，见搜狐新闻网，ht-tp://news.sohu.com/20061207/n246870882.shtml，2015 年 3 月 16 日浏览。北京、山东、福建等地亦有类似案例。

② 刘华：《12 年前伪造学历考研，硕士毕业 6 年东窗事发》，《法制日报》2006 年 5 月 19 日第 6 版。

③ 广州市海珠区人民法院（2006）海法行初字第 15 号行政判决书。

④ 广州市中级人民法院（2006）穗中法行终字第 442 号行政判决书。

年 9 月 12 日，广州中院再审撤销了二审判决，维持一审判决。①

本案的关键是陈某毕业后，中山大学可否再以其学历造假为由作出上述处理决定。② 该案的三个判决反映了法院对该案的不同立场和困惑。如果以治愈理论分析，该案只有中院的二审判决是正确的。

上述三案反映的困境和尴尬，在司法实践中并不鲜见。但由于我国法律基本否定违法行政行为的治愈，对违法行政行为的法律后果作出要么撤销、要么无效的简单规定，致使法院在面对上述案件的困境时，无法从容裁判，只得以违法为代价去追求实质正义，以维护公共利益。我国是一个成文法国家，分配公共利益的任务是由立法机关完成的，行政机关作为执行机关也是以公共利益为本位，但作为裁断行政争议的司法机关，在代表公共利益的行政机关和代表个人利益的相对人之间保持中立是最基本的要求，否则将影响自己的判断，或有沦为一方"帮手"之嫌。③

如果承认治愈制度，上述案例所反映的困境将迎刃而解。案例 1，既然秦某与唐某是自愿结婚，符合婚姻登记的实质要件，登记机关的管辖权瑕疵完全可以通过追认予以治愈。案例 2，征收行为的违法是因为《公路法》的修改问题使养路费的征集出现了法律空白，可以通过立法追认予以治愈。案例 3，由于陈某在校期间努力学习，在其研究生毕业后，当初录取行为的瑕疵已得到补正。在诉讼中，法院可以给予行政主体一定的时间让其实施治愈行为，如果违法行为得到治愈，法院可以名正言顺地判决驳回相对人的诉讼请求，从而避免目前的困境或尴尬。

三　现状反思：建立治愈制度的必要性

前述案例所反映的困境和尴尬的根源在于法律与社会生活之间的紧张关系。法律是生活的写照，是社会现实的反映，法律不能与社会现实脱节。同时，法律又承载着引导人们行为走向、型塑社会价值观念的功能，因此，法律与社会现实亦应有一定程度距离。但无论如何，当法律规定与社会现实出现矛盾时，应该反思和检讨的不是社会生活而是立法本身。这

---

① 广州市中级人民法院（2007）穗中法审监行再字第 4 号行政判决。

② 笔者曾对该案作过粗浅分析，参见《报考硕士资格造假案的行政法思考》，载《南京工业大学学报》（社会科学版）2007 年第 2 期。

③ 与基本秉承大陆法系司法传统的我国不同，普通法系国家司法机关通过自己对个案的裁判形成判例，这个判例就成了以后法院裁判案件的法律，判例也因此成为引导人们行为的法律。一定程度上说，普通法系国家的法律是由法院创造的，因此，普通法系国家的司法机关承担着维护公共利益的职能。

促使我们反思当下的法律。从前述案例看，违法行政行为治愈制度的缺失才是导致司法困境的根源。

我国现行法律基本否定治愈制度，而作为成文法国家，无论行政机关还是法院都必须严格依法办案。在遇到不适宜撤销而可以治愈的案件时，多数法官会面临前述困境或尴尬。因此，为全面保护公共利益，消除实践困惑，维护法律权威和法制统一，弥补行政法制度和理论疏漏，有必要建立我国违法行政行为治愈制度。

（一）建立治愈制度有利于全面保护公共利益

违法行政行为应该受到否定和制裁，是依法行政原则的一般要求。但是违法行政行为形态各异，有的违法行为完全不体现公共利益，有的违法行为尽管侵害了一定的法益，但也体现了法律所追求的公共利益。对于后者，就不宜一概否定。因为行政法是以公共利益为本位的法，当公共利益与个人利益发生冲突时，需要在各种利益之间进行权衡。但任何行政行为都应体现法律对公共利益的追求。不体现公共利益的行政行为不应存在。当行政行为体现公共利益的同时，也侵害了一定的法益，构成违法行政行为时，就要在其体现的公益与侵害的法益之间进行权衡比较，看哪个利益更大更值得保护。如果违法行政行为体现的公共利益更值得保护，就应维持该违法行为的法律效力。维持违法行政行为法律效力的途径主要是治愈制度。在我国法律基本否定治愈的情况下，这部分公共利益无法得到有效保护。因此，只有立法规定违法行政行为治愈制度，公共利益才能得到全面保护。行政主体在纷杂的社会现实和多变的社会关系中，才能够更好地完成实现、维护、增进公共利益的使命。

（二）建立治愈制度有利于消除实践困惑，维护法律权威和法制统一

我国法律制度和法制体系基本是大陆法系模式。无论是公民还是法律执行机关、适用机关均是按照成文法的规定思考问题、实施法律行为。而当法律存在漏洞或缺陷时，作为法治最后一道防线的法官却无权"将法律织物的皱折熨平"。这就使法官在裁判行政行为纠纷时，面临尴尬：严格依法裁判，让生活适应规则，撤销违法行为，是削足适履、本末倒置的做法，不利于保护公共利益；而利用解释技术，以法律精神和原则裁判，维持行政行为，则又有公然违法之嫌。如前述"以颁证行为有瑕疵而起诉民政局要求撤销结婚登记"案。法院虽然做出了维护公序良俗（公共利益）的裁定，却是以司法违法为代价。同样，诉请撤销养路费征收案

的司法判决也付出了同样的代价。司法的这种权宜之计损害了法律权威和法制尊严。而陈某诉中山大学撤销学位案，则表明对于可以适用治愈的类似案例，同一地区法院的裁判尚不相同，更难奢求不同地区法院裁判的一致。在治愈制度缺失的情况下，司法机关的各行其是破坏了法制统一。如果建立了治愈制度，对案例1，法院可以名正言顺、堂而皇之地驳回男方的诉讼请求；对案例3，法院应支持陈某的诉讼请求。

综上所述，建立治愈制度有利于消除实践困惑，维护法律权威和法制统一。

（三）建立治愈制度有利于弥补行政法制度和理论的疏漏，有利于我国行政法制度的完善和理论的精细化

行政行为违法后果是多元的：明显、严重违法的行政行为无效；一般违法的行政行为符合条件时可以治愈（追认、补正、转换）；一般违法的行政行为不符合治愈条件的，可撤销；对行政行为内容明显没有影响的程序违法，可以不予考虑；明显错误的行政行为可以随时和直接更正。行政行为违法的多元法律后果可以保证法律所追求的公共利益得到有效保护。

我国法律规定的行政行为违法后果是撤销、无效、确认违法（情况判决），没有规定治愈。这种片面、单一的规定，使我国违法行政行为法律后果制度存在巨大漏洞。这将危害公法秩序的稳定，损害公共利益或信赖利益，亦有过度限制行政权之嫌。因为在应对纷繁复杂的行政事务时，应容忍行政机关之行为存在瑕疵的可能，并准许其在一定条件下治愈。否则，对行政主体的苛求将束缚其手脚，于公共利益，亦恐适得其反。如果不顾法律追求的利益或目的，机械地规定违法的行政行为一概予以否定，那么，这种僵化的理论将无法适应纷繁多姿的现实生活。

因此，建立治愈制度将有利于弥补行政法制度和理论的疏漏，有利于我国行政法制度的完善和理论的精细化。

总之，只有从法律上认可部分违法行政行为可以通过追认、补正、转换等方式予以治愈，才能使我国违法行政行为的法律后果制度更加完备，才能促进我国行政法理论的完善化和精细化。有了完善法律的指导，行政执法和司法裁判人员在面对复杂的行政纠纷时，才能够有法可依，才能够在法律的适用上得心应手、游刃有余，法律所追求的目的和利益才能够得

到充分实现和保护。有了完善的法律规定，行政纠纷当事人对争议事实的法律判断也会更准确，其对行政行为和司法裁判的接受力也更强，缠诉滥诉现象也将减少。因此，建立我国行政法治愈制度刻不容缓。

第三章　消除权限瑕疵之治愈方式：追认

第一节　违法行政行为追认概述

一　追认的民法学解读

追认最早是民法的一种制度，是民法解决效力未定民事法律行为的一种方法。

所谓效力未定民事法律行为，又称效力待定民事法律行为，是指虽已成立，但因当事人缺乏民事行为能力、代理权限或处分能力，其效力能否发生尚未确定，有待于其他行为或事实使其确定的民事法律行为。[①] 该类行为因不具备民事法律行为的有效要件而不能产生行为人预期的法律效力，为了保护市场交易的动态安全，减少诉争，促进经济交往，实现社会财富的增值，立法机关在严格控制无效民事行为、压缩可撤销民事行为适用空间的理念指导下，将上述行为规定为效力未定民事法律行为，并规定了使效力未定行为的效力确定的方法：相关人员的追认，即明确表示同意效力未定的合同。追认是一种单方意思表示，是一种形成权。通过行使追认权可以使民事行为的效力由未定变为确定。如果相关人员不行使追认权，民事行为的效力则由未定变为无效。

效力未定民事法律行为主要有三类：

一是无民事行为能力人、限制民事行为能力人超越其民事行为能力而实施的民事法律行为。如我国《合同法》第四十七条第一款规定：限制民事行为能力人订立的合同，经法定代理人追认后，该合同有效，但纯获利益的合同或者与其年龄、智力、精神健康状况相适应而订立的合同，不

[①] 马俊驹、余延满：《民法原论》，法律出版社 2005 年版，第 215 页。

必经法定代理人追认。

二是无代理权人以被代理人名义对外与第三人实施的民事法律行为。如我国《民法通则》第六十六条第一款规定，没有代理权、超越代理权或者代理权终止后的行为，只有经过被代理人的追认，被代理人才承担民事责任。未经追认的行为，由行为人承担民事责任。本人知道他人以本人名义实施民事行为而不作否认表示的，视为同意。《合同法》第四十八条规定，行为人没有代理权、超越代理权或者代理权终止后以被代理人名义订立的合同，未经被代理人追认，对被代理人不发生效力，由行为人承担责任。相对人可以催告被代理人在一个月内予以追认。被代理人未作表示的，视为拒绝追认。

三是无处分权人处分他人财产的民事法律行为。如《合同法》第五十一条规定，无处分权人处分他人财产，经权利人追认或者无处分权人订立合同后取得处分权的，该合同有效。

按照我国《合同法》规定，构成表见代理和表见代表行为所签订的合同不是效力未定合同，而是效力确定的合同。前者如《合同法》第四十九条的规定：行为人没有代理权、超越代理权或者代理权终止后以被代理人名义订立合同，相对人有理由相信行为人有代理权的，该代理行为有效。后者如《合同法》第五十条规定：法人或者其他组织的法定代表人、负责人超越权限订立的合同，除相对人知道或者应当知道其超越权限的以外，该代表行为有效。但亦有学者认为表见代表行为和表见代理行为是效力未定的民事行为。① 在英美法系国家，传统法院判例的态度是，公司的越权行为是无效行为，不能被追认。但英国 1989 年的《公司法》彻底废除了越权原则。其他多数英美法系国家也相继废除了越权原则，现在，违反越权原则的公司行为可以被公司追认。② 这表明在英美法系国家，所谓的表见代表和表见代理行为所签订的合同也需要追认，才能成为确定有效的合同。

追认一般以明示的方式作出，特别是对于催告追认的回应，如《合同法》第四十八条规定：相对人可以催告被代理人在一个月内予以追认。被代理人未作表示的，视为拒绝追认。但默示也可以构成追认，如我国

① 参见马俊驹、余延满《民法原论》，法律出版社 2005 年版，第216页。
② 徐海燕：《英美法系追认代理的法律问题》，《外国法译评》1999 年第 2 期。

《民法通则》第六十六条第一款规定：本人知道他人以本人名义实施民事行为而不作否认表示的，视为同意。英美法院判例，以及《美国代理法重述》等著作均承认默示追认。明示追认在现实生活中比较少，大部分追认是用默示追认表示出来的。默示追认包括积极的默示追认和消极的默示追认。前者是指从"本人"的行为和周围的环境中得出"本人已经作出追认"的结论。后者如《美国代理法重述》第九十四条认为，不作为尤其是怠于否认的不作为，构成对无权代理行为的认可。①

效力未定民事行为被追认的基础在于，其未对公共利益造成侵害或造成的侵害相对轻微。为保护更大的公共利益，如市场交易的动态安全，减少诉争，促进经济交往，实现社会财富的增值等，才允许追认效力未定民事行为。

二　追认的行政法释义

民法主要调整私益之间的关系，但其为公益考量尚且规定效力未定行为的追认制度，行政法是以公共利益为本位的公法，更应该规定特定违法行政行为的追认制度，以更好实现、维护和增进公共利益。

所谓行政法上的追认，是指因欠缺管辖权或因法律依据本身违法导致行政行为违法时，由有管辖权的行政主体或有权立法主体对该违法行政行为所作的事后认可。行政法上的追认是治愈违法行政行为瑕疵的重要方式之一，它包括两种形式：一是行政追认，即有权行政主体对无管辖权主体所作行为的追认；二是法律追溯或立法追认，即有权立法主体以新的合法的规范性文件取代旧的违法的规范性文件，并明确规定新规范溯及既往至旧规范实施之日，以此使依据旧规范作出的违法行政行为变为合法行政行为制度。

与民法追认制度比较，行政法的追认制度主要有如下特点：

第一，行政法追认制度针对违法行政行为，而民法追认制度针对效力未定民事行为。从行为的效力形态看，民事行为的效力形态有有效、无效、可撤销、效力未定，但行政行为的效力形态只有有效、无效、可撤销，没有效力未定行政行为。这主要是因为行政行为以实现、维护、增进公共利益为目的，具有公定力，即一经作出，不论合法与否，都推定其有效，任何国家机关、社会组织或公民个人都必须服从。而民事行为主要以

① 徐海燕：《英美法系追认代理的法律问题》，《外国法译评》1999 年第 2 期。

个人利益为目的，其不存在公定力，任何一个民事主体行为都没有强制另一个民事主体服从的效力。行政法对行政行为的评价主要是合法性评价，而民法对民事行为的评价主要是效力评价。因此，行政法上的追认制度着眼于行政行为的违法性，针对违法但通常有效的行政行为，民法的追认制度立足于民事行为的效力瑕疵，针对效力未定的民事行为。

第二，行政法的追认并非一概属于形成权，而民法上的追认则属于形成权。所谓形成权，指由一个特定的人享有的、通过其单方行为性质的形成宣告来实施的、目的在于建立一个法律关系，或者确定一个法律关系的内容，或者变更一个法律关系，或者终止或者废止一个法律关系而导致权利关系发生变动的权利。① 形成权的客体是法律关系。形成权经合法行使后，将使法律关系发生变动，即建立、确定、变更、终止或废止法律关系。民事追认制度，之所以属于形成权，亦在于它可以使效力未定民事行为创设的法律关系确定下来。如不能使法律关系发生如上变动，则该权利不属于形成权。

与民法追认针对的效力未定民事行为不同，行政法上的追认针对的是违法行政行为。前者效力未定，需要权利人行使追认权或不行使追认权才能使其效力状态变为确定；而后者，即使行政行为违法（非绝对无效时）也具有公定力，其效力状态是确定的，有权主体是否行使追认权对其效力状态并不必然产生影响，因为这种效力状态的改变尚需考虑公共利益因素。因此，有权主体对违法行政行为的追认，既可能使该违法行为创设的法律关系发生变动，也可能不引发其变动。当追认引发行政法律关系的变动时，追认属于形成权，当追认不引发行政法律关系的变动时，追认就不属于形成权。前者如有权主体若不予追认，则违法行政行为将被撤销，其创设的法律关系将消灭或废止，后者即便有权主体不予追认，违法行政行为也不能撤销，其创设的法律关系仍将维持。如《德国联邦行政程序法》第四十六条规定，对于按照第四十四条不能认定为无效的行政行为，不得仅仅以违反程序、形式或者地域管辖权的规定为由要求撤销该行政行为，如果这种违反明显地没有对决定发生实际的影响。② 我国台湾地区《行政程序法》第 115 条也作了类似规定，行政处分违反土地管辖之规定者，

---

① ［德］卡尔·拉伦茨、曼弗瑞德·沃尔夫：《德国民法中的形成权》，孙宪忠译，《环球法律评论》2006 年第 4 期。

② 该法条引自于安《德国行政法》，清华大学出版社 1999 年版，第 215 页。

除依第一百十一条第六款规定而无效外，有管辖权之机关如就该事件仍应为相同之处分时，原处分无须撤销。这表明行政法上追认权的行使与否对违法行政行为创设的法律关系并无必然影响。即便有权主体不行使追认权，违法行政行为创设的法律关系也可能会被维持，这是公共利益的要求使然。因此，行政法上的追认并非一概属于形成权的范畴。

第三，行政法追认制度解决的是行政行为的合法要件问题，民法追认制度解决的是民事行为的效力要件问题。前者意在消除行政行为的违法性，使其转变为合法行政行为，后者旨在弥补民事行为的有效要件，使民事行为的效力状态由未定变为确定。

三　行政法追认的性质

追认是行政行为、具体行政行为，还是单纯公法上的表示行为，并非不证自明的问题。这个问题的厘清对于行政救济具有重要意义。如果追认是具体行政行为，当追认行为对相对人权益造成侵害时，相对人可以单独就追认行为提起行政救济；反之，如果追认不是具体行政行为，仅是单纯的表示行为，则相对人就无法对追认提起行政救济，而只能对原行为提起救济。

所谓行政行为，是享有行政权能的组织或个人运用行政权对行政相对人所作的法律行为。[①] 以行政行为针对的对象是否特定、是否及于以前发生的事件、是否可以反复适用、对相对人是否具有直接的法律效果等为标准，可以将行政行为分为抽象行政行为与具体行政行为。抽象行政行为针对的是不特定对象，其效力及于以后发生的事件，且可以反复适用，一般对相对人并不具有直接的法律效果。具体行政行为针对的是特定的对象，其效力及于以前发生的事件，且是一次性适用，不能反复适用，对相对人产生直接的法律效果。

追认是通过消除违法行政行为的瑕疵，使违法行政行为变为合法行政行为的一种制度。追认仅仅是对违法行政行为的管辖权瑕疵或法律依据本身的违法采取的治理措施，有权追认主体并不直接针对行政相对人作出处理措施，对行政相对人产生拘束力的仍是先于追认作出的违法行政行为。因此，追认并不直接对行政相对人产生法律效果。尽管追认通知有时需要

---

① 叶必丰：《行政行为概述》，载姜明安主编《行政法与行政诉讼法》，北京大学出版社、高等教育出版社 2005 年版，第 175 页。周佑勇：《行政法原论》，中国方正出版社 2005 年版，第 174 页。

送达行政相对人，但这种通知并不在原违法行政行为之外给相对人带来新的法律效果：另行设定、变更或消灭某种权利义务关系。因此，追认不是具体行政行为，它仅是"具有法律意义，但没有命令特征的意思表示"。①

追认是否是抽象行政行为呢？回答仍然是否定的。追认是对已经存在的违法行政行为的治理，其效力不及于其后发生的行为，仅此一点即可判断追认不是抽象行政行为。值得注意的是，立法追认中作出的规范性文件与追认的区别。权力机关作出的立法追认显然不属于行政行为，当然也不属于抽象行政行为。拥有行政立法权的行政机关作出的立法追认是否属于抽象行政行为呢？行政机关作出的规范性文件属抽象行政行为，但该规范性文件中规定的溯及既往，即追认，是针对以前作出的具体的违法行政行为，且只能一次适用，不能反复适用，因此，该规范性文件中的溯及条款（立法追认）不属于抽象行政行为。

综上所述，追认是单纯公法上的意思表示行为，不应认定为行政行为。

第二节　行政追认

一　行政追认概念

所谓行政追认，是指有权行政主体对无权行政主体实施的存在特定管辖权瑕疵的违法行政行为所作的事后认可。它是治愈违法行政行为管辖权瑕疵的重要方式，也是违法行政行为追认的主要形式。

许多大陆法系国家或地区法律都明确规定违法行政行为的追认制度，如意大利、葡萄牙、西班牙、我国澳门地区的行政程序法。法律没有明确规定追认制度的国家和地区，也存在与追认制度相同效果的立法或判例，如《联邦德国行政程序法》第46条规定，对于按照第44条不能认定为无效的行政行为，不得仅仅以违反程序、形式或者地域管辖权规定为由要求撤销该行政行为，如果这种违反明显地没有对决定发生实际的影响。我国台湾地区"行政程序法"也有类似规定。在法国，尽管无权限的行为

---

① ［德］哈特穆特·毛雷尔：《行政法学总论》，高家伟译，法律出版社2000年版，第185页。

是越权之诉中制裁最严厉的行为，是首先作为撤销理由的违法行为。但如果无权限机关所作出的决定，属于羁束权限的行为，而决定的内容符合法律的规定时，其他有权限的机关，在同样的情况下只能作出同样的决定，行政法院对于这种行为不撤销，因为撤销这种行为并不影响行政决定的结果和当事人的利益，而徒浪费诉讼时间。[①]

行政追认具有如下特点：

（1）有权追认的主体必须是对违法行政行为所涉事务有管辖权的行政主体。行政行为因存在管辖权瑕疵而构成违法，消除该种违法的方法就是由有管辖权的行政主体将其管辖权委托或授权给违法行为作出的主体。因此，委托或授权的主体必须自己拥有管辖权。

（2）追认的客体必须是存在特定管辖权瑕疵的违法行政行为。行政追认治愈的是特定管辖权瑕疵的违法行政行为，这与主要治愈程序（狭义）违法的补正具有明显的区别。另外，并非所有的管辖权瑕疵均可经行政追认而治愈，行政追认治愈的仅是部分管辖权瑕疵的违法行政行为。

（3）行政追认是事后对违法行政行为作出主体的管辖权的认可。如果无权主体在事前得到有权主体的委托或授权，那么，就不存在管辖权瑕疵，也不构成违法行政行为。

二　行政追认客体

行政追认的客体是特定的无权限行为。管辖权是行政主体执行行政任务时在事务、地域及层级上的范围界限，也称权限。权限不同于权能。权能是法律赋予行政主体采取一定方法、手段和措施完成行政管理任务的一种资格。[②] 如公安机关对治安事务享有管辖权，而其对违反治安管理秩序的相对人拥有警告、罚款或拘留等处理措施，则是其享有的行政权能。如果公安机关以某饭店卫生标准不合格或某公司超越经营范围经营而对其罚

---

① 王名扬：《法国行政法》，中国政法大学出版社1988年版，第689页。

② 朱新力：《行政法律责任研究》，法律出版社2004年版，第37页。对权能也有不同理解，如有观点认为，"权能说明权力的性质，如是国家权力还是公民权利，是行政权还是立法权或司法权。""行政权能是一种主体资格，是决定一个组织是否行政主体的实质性资格。"（叶必丰：《具体行政行为》，载姜明安主编《行政法与行政诉讼法》，北京大学出版社、高等教育出版社2005年版，第224页。）而民法上关于权能的认识则为，权能是所有人为实现其所有权对于其所有物可以实施的行为。所有权的权能，是指所有权的内容或职能。所有权具有占有、使用、收益、处分等权能。（马俊驹、余延满：《民法原论》，法律出版社2005年版，第326页。）由此可见，前一种理解与民法关于权能的理解更接近。

款，则公安机关的行为逾越了其事务管辖权，构成管辖权瑕疵的违法行为。如果公安机关对违反治安管理秩序的相对人实施了吊销营业执照的处罚，则构成行政权能的违法，但不构成管辖权瑕疵的违法。作为追认的客体，仅限于管辖权瑕疵的违法行为。行政权能违法的行政行为不能行政追认。①

（一）无权限行为行政追认的可能性

行政主体必须在法定权限内行使权力，是依法行政原则的基本要求，是法律规制行政权的基本方法。行政主体的管辖权限属于公共秩序的范畴，通常由法律、法规等规范性文件加以规定，此即管辖法定原则。

行政主体的管辖权有事务管辖、地域管辖、级别管辖等区分。事务管辖权是分配行政主体行政任务的首要标准，也是识别行政主体权限性质的主要依据，因此，事务管辖权通常由行政组织法加以规定，也可由其他法律法规配合行政组织法加以规定。事务管辖必须严格遵守管辖法定和明定原则。地域管辖是在事务管辖确定后，划分同一性质行政主体间对于相同行政任务的空间范围，可由行政程序法加以规定。级别管辖是行政主体系统内部不同层级之间对于行政任务的划分，通常以地域和事务的重要程度作为划分依据。区分管辖权旨在保证行政统一、避免重复行政和无人行政、提高行政效率，同时也为行政救济提供依据。因此，基于法律安定性考虑，行政主体的管辖权不得任意设定或变更。管辖权对行政主体具有拘束力，行政主体必须在管辖权限范围内行使权力，超越法律明示或默示规定的管辖权范围，则构成管辖权瑕疵的违法行政行为。另外，行政主体行使法律没有规定的权力时，属无管辖权的违法行政行为。

行政主体应自行处理管辖权内的行政任务，不得任意变更或移转管辖权，此即管辖恒定原则。这是管辖权拘束力的要求。但是，由于行政任务的复杂多样以及行政主体自身的各种条件制约，法律往往允许存在一些例外，以适应现实需要。从大陆法系国家或地区行政程序法规定看，这些例外主要包括：

（1）紧急管辖权。数个行政主体对同一行政事务都有管辖权的，由最先受理的行政主体管辖。但在紧急情况下，如不采取一定处理措施将会对公共利益或个人利益造成重大影响时，事件发生地的行政主体有权进行

① 行政权能违法的行政行为有立法追认或转换的可能，这一点将在后文介绍。

必要的处理，但应立即通知有管辖权的机关。如技术监督部门和工商机关对假冒伪劣案件都有事务管辖权。如果技术监督机关已受理假冒伪劣案件，但工商机关发现了该案的假冒伪劣商品正在被转移，为了防止假冒伪劣产品流向市场，危害市场秩序和公众安全，并为保全证据起见，工商机关可以先行扣押假冒伪劣产品，然后再将该案移交给有管辖权的技术监督部门。① 应松年教授主持起草的《中华人民共和国行政程序法（试拟稿）》规定了紧急情形下的地域管辖权。

（2）行政授权。行政主体可以将其管辖权授予下级行政主体、不相隶属的其他行政主体或者社会组织，但法律规定或者按职权性质只能由行政主体自行行使者除外，此即行政授权。授权后，发生管辖权移转，原行政主体不得再行使相关权限，被授权主体以自己的名义行使权力并承担责任。在我国台湾地区，行政机关将其部分管辖权移转给下级机关的情况，称为权限委任，移转给不相隶属的其他行政机关的情况称权限委托。根据2014年修订的《行政诉讼法》，目前我国的行政授权理论仅承认法律、法规和规章授权。姜明安教授执笔的《中华人民共和国行政程序法（试拟稿）》规定了行政授权，其第十五条规定行政机关的职权可以授权给下级行政机关或社会组织行使。

（3）行政委托。行政主体可以将其管辖权委托给下级行政主体、不相隶属的其他行政主体、社会组织或者个人，但法律规定或者依行政职权性质只能由行政主体自行行使的除外，此即行政委托。行政委托不发生管辖权移转，受托主体以委托行政主体名义行使管辖权。在我国台湾地区，行政主体委托另一行政主体执行职务的情况，称为权限代理，委托社会组织执行者，称为委办，委托私人执行者，称为行政委托或公权力委托。

（4）职务代理。职务代理发生于行政主体内部，可以分为法定代理、指定代理、授权代理。如《国务院工作规则》（2008年）第九条规定：总

---

① 由于我国法律没有规定管辖权竞合时的解决办法，致使在相当长的一段时间内，技术监督部门与工商机关经常为假冒伪劣产品案件的管辖权发生争执。为解决该问题，国务院办公厅国办发〔2001〕57号《国家工商行政管理总局职能配置内设机构和人员编制规定》规定："一、职能调整：将原由国家质量技术监督局承担的流通领域商品质量监督管理的职能，划归国家工商行政管理总局。"这样，工商机关管理流通领域的商品质量，技术监督机关管理生产领域的商品质量。但在实践中，生产领域与流通领域有时很难区分，如在同一地点边生产边销售的情况，就无法准确地区分属生产领域还是销售领域，这时可能属于二者的重合，两个机关都有管辖权。所以，工商机关与技术监督机关管辖权竞合的情况并没有完全解决。

理出国访问期间，由负责常务工作的副总理代行总理职务。此处副总理的职务行为即为法定代理。《中华人民共和国国务院组织法》第六条规定：国务委员受总理委托，负责某些方面的工作或者专项任务，并且可以代表国务院进行外事活动。此处国务委员的职务行为属授权代理。

如上所述，无论管辖法定原则还是管辖恒定原则，都是为有效完成行政任务，避免滥设管辖权而出现法外行政，或任意变更、移转管辖权而出现规避行政职责的现象，都服务于共同的目标——完成行政任务、实现法律追求的公共利益。因此，管辖权的任何规则都是实现行政法追求的公共利益这一目的的手段。手段不能成为实现目的的障碍，而应在可能范围内根据情况作出灵活调整，以适应目的的需要。当然，为达目的不择手段的理念和方法均为法所不容。基于此种理解，在面对纷繁复杂的行政任务和变动不居的社会关系时，管辖法定和管辖恒定原则的机械适用就变得不可接受。其中，管辖法定原则所内含的管辖权须事先由法律明定的要求也不得不给管辖权事后可以由法律追溯授予的规定留下生存空间。这是立法追认的理论基础，该问题将在本章第三节立法追认中加以探讨。

管辖恒定原则所要求的管辖权不得变更或移转，在各种主客观条件限制下也出现了例外。这就是上述管辖变更的各种情况。即行政主体因各种主客观原因无法行使或有效行使自己的管辖权，将给公共利益造成不应有的损害时，基于专业、经济、效率、效能、信赖利益保护、法律关系和行政秩序的稳定等公益考量，以及民主行政、参与行政等价值追求，法律例外允许紧急管辖权、行政授权、行政委托、职务代理等管辖权变更或移转的情况存在。这种变更是事前的变更，即管辖权变更或移转发生于行政行为作出之前，而不是事后的变更。但基于同样理由，管辖权事后变更也不存在理论障碍。为了公共利益的需要，在特殊情况下，法律应允许事后的管辖权变更，即相关行政行为作出后，行政主体可以通过追认使管辖权变更或移转，从而达到治愈管辖权瑕疵的目的。不过，原则上事务管辖权的变更应以事前授权为限，如需追认也以立法追认为妥，不宜行政追认。

法国行政法也承认管辖权的事后变更。在法国，无权限行为是最严重的违法行为，是制裁最严厉的行为。但是根据特别情况理论，法国行政法上有两种例外，可以不受权限规定的限制：（1）行政机关在特殊情况下，可以根据公共利益的需要，采取必要的行动，不受权限规则的限制。（2）没有取得公务员地位的人，由于情况的需要而执行公务，或者从表面上看具有公务员的身份，称为事实的公务员，因此，有两种事实的公务员：其一，根据需要的事实的公务员。一个没有正式地位的人，在特殊情况下，例如行政机关不存在或不能行使职权时，由于公共利益的需要而执行行政机关的任务。这时，他的行为可以具有行政行为的效力，受行政法院的监督。其二，表面上合法的事实的公务员。这是没有合法权利，由于某种事实，公众相信是具有权力而执行公务的人，例如任命手段不合法的公务员，刚卸任的公务员，公众不知道情况，相信他有正当权力。为保护公众利益起见，他所执行公务的行为，视为具有行政行为的效力，受行政法院的监督。① 从法国的情况看，尽管行政机关在权限范围内活动被视为公法的根本原则，② 即管辖权不得任意变更或移转，但法国行政法根据特别情况理论或公共利益的需要，例外地承认，行政机关的管辖权可以根据情况进行事后的变更。这正是行政追认存在的前提，尽管法国没有行政追认制度。

（二）无权限行为形态

行政主体行使权力时，如果违反有关管辖权规定，则构成管辖权瑕疵的违法行政行为，或称无权限行为。违法行政行为的管辖权瑕疵主要有如下形态：

（1）紧急管辖权逾越。紧急管辖权的行使以拥有事务管辖权为前提，是多个行政主体均有对某事件的事务管辖权，产生了管辖权竞合，本该适用受理在先管辖原则，但情况急迫不得不突破受理在先原则。因此，如果某行政主体逾越了紧急管辖权，实际就是对事务管辖权的僭越。如前述工商机关与技术监督机关对假冒伪劣案的查处，如果税务机关以假冒伪劣商品正在被转移可能造成假冒伪劣案件证据丧失为由对该批商品采取强制扣押措施，那么，税务机关的行政行为表面上是紧急管辖权的逾越，实质上是逾越了事务管辖权。

（2）事务管辖权逾越。事务管辖权逾越的情况包括两种：一是行政主体对处理的事务根本没有管辖权，如工商机关行使了公安机关的职权；二是行政主体依据违法的规范性文件对某事务作出了行政行为，该行为因而构成事务管辖瑕疵的行为。如1999年修改的《公路法》规定养路费改

① 王名扬：《法国行政法》，中国政法大学出版社1988年版，第689页。
② 同上书，第687页。

为燃油附加税，公路管理机关原来拥有的养路费征收权限就自然终止了，如果公路管理机关再收取养路费就构成逾越事务管辖权。

（3）地域管辖权逾越。地域管辖是行政主体间就同一性质行政任务所作的空间分配，这种分配以行政区划为依据，或称以属地主义为原则。地域管辖权的设立主要是基于就近、便捷、效率需要，并考虑相对人诉讼的便利。因此，违反地域管辖权限划分的行政行为，构成违法行政行为。

（4）级别或层级管辖权逾越。级别管辖权逾越包括以下几种情况：一是下级行政主体行使了上级行政主体的权限。二是上级行政主体行使了本该由下级行政主体行使的权限。尽管上级行政主体对下级行政主体有领导权和监督权，但为保证行政事务的专业性，提高行政效率，并确保层级设置的立法初衷—— 层级监督得到实现，上级行政主体在无法律明确规定的情况下，不得代行下级行政主体的行政职权。

（5）不具有行政主体资格的内部机构或派出机构以自己名义行使了所属行政主体的权限，构成违法的。如公安机关的法制科以自己名义作出的行政处罚，民政机关的救灾救济处以自己名义作出的给付行为。

（6）受委托主体超越委托权限所为的行政行为。这包括两种情况：一是受委托主体以委托主体名义实施的行政行为超越了委托的事务管辖权，但未超出委托主体的事务管辖权限；二是受委托主体以委托主体名义实施的行为超越了委托主体的事务管辖权。

（7）无委托权限的主体以行政主体的名义作出的构成表见代理的行为。这包括如下几种情况：一是受委托行政的主体在委托关系终止后，继续以委托行政主体的名义实施行政行为。二是雇佣关系消灭后，受雇人仍然以雇佣机关的名义实施行政行为。三是根本不存在委托关系，但借用行政主体的公章、公文、制服等信物，以行政主体的名义实施所谓的行政行为。四是无权主体以行政主体的名义实施所谓的行政行为，该行政主体知道但未作否认表示的。[1]

（8）需补充行政行为未得到其他行政主体补充的行为。需补充行政

---

① 林莉红、黄启辉：《论表见代理在行政法之领域之导入与适用》，《行政法学研究》2006年第 3 期。

行为相对于独立行政行为而言，是指必须具备补充行为才能生效的行政行为。① 在台湾地区也称多阶段行政处分，即行政机关作成之处分须其他机关参与并提供协力者。② 需补充行政行为有两类：一是行政主体针对某行政事务作出的行政为需要由上级机关批准才能生效的情况；二是行政主体针对某行政事务作出的行政行为需要其他行政主体共同参与才能生效的情况。对于需补充行政行为，如果行政主体没有经过上级批准或没有得到其他行政主体的共同参与，而独自对外作出行政行为，该行为构成违法。

（三）容许行政追认的无权限行为

并非所有的无权限行为均可经行政追认而治愈。管辖权是行政主体对具体行政事务所拥有的处理权限，是一个行政主体区别于其他行政主体的识别标准，是行政主体存在的实质性根据。因此，行政主体的管辖权多由法律法规明确规定。另外，事务、地域及层级管辖权的不同功能决定了不同无权限行为的法律后果不同，应采取不同的处理方法。换言之，并非所有的无权限行为均可治愈。一般来说，绝对无效的行政行为因存在重大且明显瑕疵，对法律追求的公共利益造成了重大损害，没有法的安定性适用的余地，不宜适用追认治愈其瑕疵。其他的无权限行为有适用追认的余地，具体而言：

1. 逾越事务管辖权的无权限行为

事务管辖权的设立是行政任务专业化、效率化的需要，它决定了行政主体行政权力的事务属性，是不同性质行政主体相互区别的根本性标志。如教育行政机关与税务机关的根本区别在于，前者行使的是教育事务管理权，后者行使的是与税收征管有关的事务管理权。事务管辖权也是行政相对人和社会公众识别和判断行政主体是否依法行政的首要的基本的依据和标准。如行政相对人可以轻易地判断工商机关吊销驾驶执照的行为是违法行政行为，公安机关吊销营业执照的行为是违法行政行为。因此，事务管辖权对维护行政内部的秩序和公共秩序、监督行政主体依法行政均具有重要的意义。事务管辖权的规定必须得到严格遵守，不得轻易容许事后追认而治愈其瑕疵。总之，除特殊情况外，逾越事务管辖权是行政行为的重大明显瑕疵，属无效行政行为，不得追认。如我国台湾地区"行政程序法"

---

① 叶必丰：《行政行为概述》，载姜明安主编《行政法与行政诉讼法》，北京大学出版社、高等教育出版社 2005 年版，第 181 页。

② 吴庚：《行政法之理论与实用》，中国人民大学出版社 2005 年版，第 261 页。

第 111 条第 6 项规定缺乏事务权限的行政处分无效。但也有例外。下面分述之。

（1）行政主体对自己处理的事务根本没有事务管辖权的无权限行为。如工商机关行使公安机关的管辖权。这种无权限行为破坏了行政秩序、公共秩序，影响相对人和公众对行政权限基本规则的信赖，也不符合行政专业化的要求，因此，不能追认。

（2）因依据的规范性文件内容不明确或违法导致无事务管辖权的行为。这类无权限行为的发生主要是由于法律规范本身的问题造成的，在符合一定条件时，可通过法律规范的治理而解决权限的瑕疵。该类无权限行为将在第三节立法追认中加以探讨。

（3）受委托主体超越委托权限所为的行政行为。第一种情况，受委托主体以委托主体名义实施的行政行为超越了委托的事务管辖权，但未超出委托主体的事务管辖权限。由于受委托主体是以委托主体名义实施行为，受委托主体与委托主体之间的权限委托关系仅具有内部分工的性质，没有外部效果，所以该行政行为并未超越行政主体法定的管辖权，不属于违法行政行为，无须行政追认。第二种情况，受委托主体以委托主体的名义实施的行为超越了委托主体的事务管辖权。这种无权限行为是委托行政主体行政行为超越了事务管辖权，应适用第（1）、（2）类情况处理。

（4）无委托权限的主体以行政主体的名义作出的行为，构成代理的。基于行政权的服务本质和公权特性，构成行政法上的表见代理，须符合如下要件：代理人无代理权限；以被代理机关的名义行使行政权力；客观上能使相对人相信代理权的存在，或者说具备权力外观；被代理机关有过错，而相对人主观上无过错，是善意的；被认为是代理的行为属于被代理机关的权限范围之内。① 在构成表见代理的情况下，行政主体有追认无权限行为的义务。

2. 逾越地域管辖权的无权限行为

哪些逾越地域管辖权的行为可被追认？这是行政追认地域越权行为的范围问题。对此，有学者在设计我国行政行为追认制度时指出，"在地域越权中，异地但职能相同的行政机关的行为存在结果相同的可能，因为它

① 林莉红、黄启辉：《论表见代理在行政法之领域之导入与适用》，《行政法学研究》2006年第 3 期。

们行使同样的职权，履行相同的职能，所以一旦出现此种越权，只要重新作出行政行为与已存行政行为结果相同，完全可由有权限的机关追认原瑕疵行政行为。"① 这种以结果的相同性来确定追认标准的观点，可能是受德国和我国台湾地区"行政程序法"相关规定的影响。《德国联邦行政程序法》第 46 条规定：

对于按照第 44 条不能认定为无效的行政行为，不得仅仅以违反程序、形式或者地域管辖权的规定为由要求撤销该行政行为，如果这种违反明显地没有对决定发生实际的影响。

我国台湾地区"行政程序法"第 115 条规定：行政处分违反土地管辖之规定者，除依第 111 条第 6 款规定（专属管辖）而无效外，有管辖权之机关如就该事件仍应为相同之处分时，原处分无须撤销。

事实上，德国和中国台湾的上述规定仅是从程序经济的角度考虑，对该种情形下当事人的撤销请求权作出的一种限制，即"排除人民的撤销请求权……但违法的行政处分并不会因而变为合法，"行政程序法"第 46 条系限制当事人撤销违法行政处分之权，但并未剥夺当事人提起其他诉讼类型的权利，当事人仍能向法院请求保护，此时当事人应可提起行政诉讼法第 113 条第 1 项的追加确认诉讼确认行政处分（形式上）违法，当然此时当事人必须有即受确认判决之法律上利益。"② 因此，从这种限制撤销请求权的规定中无法反推出结果相同的地域越权行为均可被追认的结论。上述观点至少没有考虑违反专属地域管辖行为。无论德国还是台湾地区，均规定违反专属地域管辖的行政行为无效，即便撤销重作后结果相同，也不能避免被撤销的命运。如甲市土地局对李某拥有使用权但位于乙市土地局辖区内的土地进行了登记，即便撤销该登记后由乙市土地局登记仍然是登记在李某名下，结果相同，但甲市土地局的登记行为亦无法被维持，只能撤销。所以，撤销重作后结果相同的地域管辖瑕疵行为，并非都可被追认。

法国如果无权限机关所作出的决定，属于羁束权限的行为，而决定的内容符合法律的规定时，其他有权限的机关，在同样的情况下只能作出同

---

① 柳砚涛、孙子涵：《论行政行为的追认》，《行政法学研究》2008 年第 3 期。

② 萧文生：《程序瑕疵之法律效果》，载台湾行政法学会主编《行政法争议问题研究》（上），（台北）五南图书出版公司 2001 年版，第 622 页。

样的决定，行政法院对于这种行为不撤销。① 这也是一种从结果相同的角度考虑限制撤销的规定，但我们不能从该规定中推论出所有的撤销重作后结果相同的无权限行为（包括逾越事务、地域、层级等管辖权）都可被追认。

总之，追认与上述以撤销重作后结果相同为由而限制撤销权的规定是从不同角度考虑问题，前者是以消除行政行为的违法性为目的，尽管违法性消除的结果也是该行为不被撤销；后者是从程序经济和诉讼实益角度考虑，是以行为的结果和当事人的实体利益为目的，在此基础上容忍行政行为的违法性。因此，以撤销重作后结果相同作为违反地域管辖权行为可被追认的标准的观点，是值得商榷的。

地域管辖有专属地域管辖和一般地域管辖之分，一般地域管辖针对的行政事务亦有各种类型，因此，对逾越地域管辖权限行为不能一概而论，具体言之：

（1）专属地域管辖是法律根据事务的特殊性质而规定的特别管辖规则，没有法律的事先授权不得任意变更或移转管辖权。违反专属地域管辖权的行为构成绝对无效行政行为，不得被追认为合法行为。如《联邦德国行政程序法》第 44 条第 2 款第 3 项和我国台湾地区"行政程序法"第 111 条第 6 项均规定违反专属管辖的行政行为无效。

（2）逾越一般地域管辖权的行为，不属无效行为，一般认为是可撤销行政行为。地域管辖权是在事务管辖权确定的基础上，对拥有事务管辖权的各行政主体的管辖权限所作的地域分配。逾越地域管辖权的行政主体对所处理的行政事务与有权行政主体一样，都具有相关的责任能力、专业知识和行政经验，其对相关事务的处理并不必然会侵害相对人的合法权益，其作出的行政行为也不会因逾越地域管辖权而必然存在其他瑕疵，因此，单纯逾越地域管辖权行为对于实现、维护和促进法律所追求的公共利益不会造成明显妨碍，对该类违法行为应容许通过有权机关的追认治愈其违法性。但是，地域管辖权除了具有规范行政主体间管辖秩序（对内）的功能外，还在行政相对人与相关行政主体之间（对外）形成一种认知和信赖关系，即某种行政事务属某地行政机关管辖范围，而不归属于另一地机关管辖。这种认知和信赖是行政秩序和社会关系得以正常维系的基

---

① 王名扬：《法国行政法》，中国政法大学出版社 1988 年版，第 689 页。

础，也是相关行政行为获得认可和接受的条件。行政相对人可以根据有权行政主体释放的信息和管理动向，适时调整、约束自己的行为，从而实现个人利益最大化。因此，逾越地域管辖权的行为对行政相对人的利益有造成损害的潜在可能性，会影响行政行为的可接受度，增加行政成本。基于此，逾越一般地域管辖权的行为也不宜一概容许追认。

①行政主体针对具有人身属性的某些行政事务作出的逾越地域管辖权的行政行为，如婚姻登记、颁发驾驶执照等，可以追认。具有人身属性或者与人身权利密切相关的行政事务通常不受地域管辖的约束，如申请法律职业资格证书（司法考试）基本不受地域管辖的限制。在计划经济下，这种事务受地域管辖机关的干预度很高，在市场经济下，商品流通和人的自由流动是市场的基本要求。宪法层面的自由迁徙制度决定了计划经济体制下的地域管辖制度必须改革，必须放松对某些具有人身属性的事务的控制和约束。特别是在我国酝酿户籍制度改革、放松人才自由流动政策的背景下，我们应清醒地认识到行政主体对某些事务的严格的地域管辖控制已不合时宜。因此，当无地域管辖权限行政主体实施了与相对人人身具有密切联系的某些行为时，应容许有权主体作出追认，以治愈其违法性，维护相关法益。如"以颁证行为有瑕疵而起诉民政局要求撤销结婚登记案"。按照婚姻登记管理条例，婚姻登记机关应为一方户籍所在地，该案被告的登记行为逾越了地域管辖权。但当事人向被告申请婚姻登记时确实是双方自愿结婚，符合结婚的实质要件。如果以登记行为逾越地域管辖权而撤销登记显然不符合法律所追求的公共利益。因此，该案的管辖权瑕疵可以由有权机关通过追认方式治愈。

②隶属于同一垂直管理机关系统内部各行政主体间实施的逾越地域管辖权的行政行为，可以追认。行政事务的垂直管理旨在"通过对某些领域的行政事务的纵向直接控制，摆脱地方保护和干预，维护法制统一和政令畅通，加强行政执法的权威性、统一性"。"在出现国家宏观调控失效和地方保护严重以及上有政策下有对策时，往往会将希望寄托于垂直管理来解决。"① 实行垂直管理的行政事务相对于其他行政事务，更注重行政效率和行政的统一性。而实行横向管理的行政事务，如地方政府职能部门

---

① 杨海坤、金亮新：《中央与地方关系法治化之基本问题研讨》，《现代法学》2007 年第 6 期。

管理的行政事务，其地方特点和自治色彩更为强烈，因此，垂直管理机关的单纯地域越权行为给相对人权益造成必然影响的可能性相对较小，容许有权机关追认其地域权限瑕疵符合公共利益。如南京市国税局对本该由苏州市国税局管辖的应税企业征税的行为，可以通过追认治愈权限瑕疵。

③不同地方政府的工作部门之间相互逾越地域管辖权的行为，不宜容许追认。如上所述，不同地方政府工作部门所管辖的行政事务尽管相同，但由于各地实际情况存在很大差异，而行政权的裁量性又无处不在，况且，各地可能还会存在内容不同的地方性法规、规章或其他规范性文件，因此，各地行政主体在处理相同行政事务时作出的处理决定可能存在很大不同，会对相对人的权益造成明显影响。另外，由于行政相对人对地方政府存在较强的信赖和认同，对属于地方政府管辖的行政事务的了解也更多，因此，当另一地方政府的工作部门逾越地域管辖而行使权力时，其越权瑕疵更易被相对人发现，行为的可接受度将降低，行政成本将增加。因此，该类无权限行为不宜允许追认。如南京市市容执法局对镇江市辖区内的相对人实施的相关行政行为不能被追认。但行政主体就具有人身属性的行政事务作出的行政行为除外。

④同一地方政府的不同派出机关或派出机构（授权主体）之间的逾越地域管辖权的行政行为可以追认。由于同一地方政府辖区内社会关系和行政秩序相对差异不大，各行政主体对同一事务的执法标准相对一致，所以当存在逾越地域管辖权限的情况时，可以追认。如南京市鼓楼区城管执法局对玄武区的相对人作出的相关行政行为，可以被追认。

3. 逾越级别管辖权的无权限行为

级别管辖是行政主体系统内部就同一行政事务所作的权限划分，是一种纵向的分权。

（1）下级行政主体行使上级行政主体的权限。根据行政授权理论，除法律规定或者按职权性质只能由行政主体自行行使的权限外，行政主体可以将其管辖权授予下级行政主体、不相隶属的其他行政主体或者社会组织。根据行政委托理论，行政主体可以将其管辖权委托给下级行政主体、不相隶属的其他行政主体、社会组织或者个人，但法律规定或者依行政职权性质只能由行政主体自行行使的除外。当下级行政主体行使上级行政主体职权时，除非该职权依法或依职权性质专属于上级行政主体外，上级行政主体可通过追认消除该行为的管辖瑕疵。

（2）上级行政主体行使下级行政主体的权限。原则上，上级行政机关根据行政监督权和组织原则，有权变更、撤销下级行政机关的行为或者指示下级行政机关作出一定的行为。而且在必要的情况下，上级行政机关可以直接代行下级行政机关的职权。① 但是，法律法规规定的专属于下级行政机关的权限除外。因此，上级行政主体行使了非专属下级行政主体的权限时，不构成违法。当上级行政主体行使了专属于下级行政主体权限时，违反了专属管辖原则，构成无效行为，不能被追认。

（3）行政主体内部的职权分配，除非法律、法规明确规定外，仅具有内部效力。如果行政主体内某公务人员行使了其科长或处长的权力，由于行政行为是以行政主体的名义作出的，所以公务人员的这种越权行为不具有对外意义，不属于逾越级别管辖权的行政行为。但法律规定特定的行政任务专属于某个机关成员的情况例外。当违反了该种专属管辖时，也不能追认。

（4）不具有行政主体资格的内设机构或派出机构以自己的名义行使了所属行政主体的权限。由于行政主体内设机构或派出机构对外经常以行政主体的代表出现，相对人对其实施的行为是代表其所属行政主体的意志，有合理的信赖，即便其行为是以内设机构或派出机构自己的名义出现。特别是，对于内设机构或派出机构应该以自己名义还是以行政主体的名义实施行为，相对人很难判断。故不能把判断这种专业问题的风险转嫁给行政相对人承担。因此，该类无权限行为应由有权行政主体予以追认。行政主体不予追认的，法律拟制为行政主体追认。但行政主体的这种追认不应一概使瑕疵行为治愈，而应根据不同情况区别对待。如果内设机构或派出机构对行政相对人作出了授益行为，相对人对此有合理信赖的，则该行为应由内设机构或派出机构所属的行政主体予以追认。该追认治愈授益行为的管辖权瑕疵。如果内设机构或派出机构对相对人作出了负担行为，或者作出了授益行为，但相对人对此无值得保护的信赖利益的（如相对人通过欺骗手段获得该授益行为赋予的利益），则该授益行为的管辖权瑕疵不能被治愈。这是因为，管辖权瑕疵是严重违法情形，基于保障相对人权益的理念，不宜允许该类行为被治愈。但为保护相对人的合法权益，行政相对人对该无权限行为寻求救济时，仍应将该行政主体作为复议的被申

① 罗豪才：《中国司法审查制度》，北京大学出版社1993年版，第390页。

请人或作为行政诉讼的被告，即行政主体此时的追认仅发挥承担该负担行为不利后果的作用（如该行为被撤销或基于该违法行为产生的赔偿）。《行政诉讼法司法解释》第二十条第一款、第二款的规定实际上即为拟制追认制度。该条规定：

行政机关组建并赋予行政管理职能但不具有独立承担法律责任能力的机构，以自己的名义作出具体行政行为，当事人不服提起诉讼的，应当以组建该机构的行政机关为被告。行政机关的内设机构或者派出机构在没有法律、法规或者规章授权的情况下，以自己的名义作出具体行政行为，当事人不服提起诉讼的，应当以该行政机关为被告。

该规定虽然是为解决行政诉讼被告而设，但法理却是无权限行为的追认。

4. 需补充行政行为的行政主体独自作出行政行为的，构成违法

如果该行政行为因欠缺上级机关的批准构成违法的，此种情况与逾越级别管辖权中的第（1）种情况类似，可以作相同处理，即事后上级机关的批准可以追认该行政行为所欠缺的权限，从而使其由违法行政行为变为合法行为。如果该行政行为欠缺其他行政主体的共同参与构成违法的，属于可补正的情形，该问题将在补正部分探讨。

5. 如果行政主体行使了立法机关或司法机关权力也属于无权限行为，由于它违反了权力分立的基本原则，该行为应属无效

这种无权限行为在法国称为权限篡夺行为，是最严重的无权限行为之一。在我国，这种无权限行为最常见的表现形式，是行政主体的规范性文件违反了法律保留原则。这种行为是抽象行政行为的违法问题，属于立法法解决范围，或者违宪审查问题，本书不作探讨。但如果行政主体根据这种行政法规范实施的行政行为，因依据本身的违法而构成违法，那么对这种具体行政行为的违法是否可以追认的问题，属于本书的探讨对象，该问题将在下一节立法追认部分加以探讨。

三　行政追认程序

（一）行政追认主体

行政追认是由有权限的行政主体追认无权主体作出的行政行为，从而治愈其管辖权瑕疵的一种方法。作为有权追认的主体必须是对瑕疵行政行为拥有相应管辖权的行政主体。在国外，对该问题有不同的立法例。《意大利行政程序法（草案）》第51条第3款规定：

如行政行为之瑕疵为权限之欠缺时，其权限得由有正当权限之机关以免责之方式赋予之。

《西班牙行政程序法》第53条第2款规定：

行政行为之瑕疵，以无权限为其原因者，得由有权限之机关，使之生效。但该机关限于为该有效化行为之上级机关。

《西班牙公共行政机关及共同的行政程序法》（1992年）第67条规定：

瑕疵为不决定无效的无管辖权，则可由作出瑕疵行为的上级部门确认其有效。

《葡萄牙行政程序法》第137条第3款规定：

如属无权限的情况，则有权限作出该行为的机关有追认该行为的权力。

在我国，拥有某项事务管辖权的主体通常只有一个，但根据行政组织和监督原则，行政主体的上级机关也拥有该行政主体所管辖事务的权限，除非法律法规明确规定某项事务专属下级主体管辖。我们认为，存在管辖权瑕疵的行政行为可由有权行政主体进行追认即可，无须上级行政机关追认。具体言之：无委托权限的主体以行政主体的名义作出的行为，构成表见代理的，由被代理的行政主体予以追认。不具有行政主体资格的内设机构或派出机构以自己的名义行使了所属行政主体的权限，由所属行政主体追认。其他可以追认的无权限行为由有权限的行政主体予以追认。

（二）行政追认方式和时间

追认既可以是明示的，也可以是默示的。明示追认是指有权行政主体通过事后授权或委托的方式将无权主体作出的行为视为有权行为加以认可的明确的意思表示。有权行政主体可以通过书面方式、口头方式或其他方式明确追认。默示追认是指从有权行政主体的行为以及其他相关情形中推断出无权主体所实施的行为是经有权行政主体授权或委托的追认方式。如无权主体以行政主体的名义实施所谓的行政行为，该行政主体知道但未作否认表示的，视为默示追认。

追认一般应在行政相对人提起的行政诉讼程序终结前作出。

四　行政追认的法律效果

（一）行政追认使具有管辖权瑕疵的行为由违法变为合法

行政追认将使行政行为管辖权瑕疵消除，使行为由违法变为合法，行政行为法律效力得以维持。如果有权主体行使了追认权后，尽管消除了行政行为的管辖权瑕疵，但行政行为仍存在其他瑕疵而无法治愈的，则该违法行政行为不适用追认。这是对违法行政行为适用治愈的一种结果限制条件。

在我国，授权行政主体的形式为法律、法规、规章授权，不认可其他授权形式。因此，行政追认应属于一种委托。如果有权行政主体予以追认的，将使违法行政行为变为合法行政行为，其法律后果归属于追认主体。如果有权主体不予追认，行为后果归属于行为作出主体，该行为将因无管辖权被撤销，除非撤销重作后的行为结果与此行为相同。构成表见代理的瑕疵行政行为，有权主体的追认应为委托，行为的后果归属于追认主体。如果有权追认主体不予追认的，无权限行为的后果仍然归属于有权追认的行政主体。但为保护相对人的信赖利益、控制行政权滥用、规范行政主体依法行政，相对人可以对负担性质的行为请求撤销，并请求由有权追认的行政主体承担责任；而授益性质的行为不受影响，相对人可以请求有权追认的主体履行义务，以实现其信赖利益。

（二）行政追认仅产生一次性效果

行政追认仅针对瑕疵行为，而不及于其他事项或行为。瑕疵行为的作出主体并不因追认而获得持续管辖权，无继续行使该管辖权的权力。

（三）行政追认原则上具有溯及力

被追认的行政行为，其管辖权瑕疵自瑕疵行为作出之日起得以消除。关于追认是否有溯及力的问题，主要取决于追认的性质定位——追认是单纯公法上的意思表示还是具体行政行为。如果追认是单纯公法上的意思表示行为，或单纯的宣告行为，则追认具有追溯效力。如果追认是一种具体行政行为，则追认不具有追溯效力。而这时追认的目的是以一个新的行政行为取代违法行政行为，而违法行政行为的违法性无法治愈，并且，该违法行为应先行撤销，使其法律效力溯及既往失去。这样就在违法行为与追认行为之间存在一个行政法无法规范的效力真空，从而不利于行政秩序和法律关系的稳定。因此，正如前述，追认是单纯公法上的表示行为，是一种单纯的宣告行为，并不为相对人创设新的权利义务。追认具有溯及既往的效力，它可以使无权限行为自作出之日起变成有权限行为。

国外也有不同的立法例。将追认视为单纯公法上表示行为而有溯及力的，如《葡萄牙行政程序法》第137条第4款规定：

只要法定制度无任何变更，则追认、纠正及转换的效力，溯及被追认、纠正及转换的行为作出之日。

将追认视为行政行为原则上不承认溯及力的，如《西班牙行政程序法》第53条第3款规定：

有效化行为，由被有效化之日起发生效力。但若有预先承认行政行为之溯及效力之法规者，从其规定。

五　行政追认的限制

行政追认是以事后认可方式治愈行政行为的管辖权瑕疵。对该制度，人们合理的担忧是，它是否造成行政管辖的混乱，影响相对人对行政权力秩序的信赖，是否纵容越权行政的大量发生？事实上，行政追认受许多因素制约，不会造成适用的泛化或泛滥。一般来说，行政追认至少受到如下限制：

内部机制制约。为有效控制行政权滥用，促进依法行政，行政机关应制定详细执法责任制度。如行政主体工作人员出现违法行政的，无论是否被追认，都要追究责任。如果有权行政主体不予追认，则行政行为将面临被撤销或确认违法的后果，这时无疑要追究相关人员的责任。如果有权行政主体予以追认，则行政行为由违法变为合法。即使如此，亦应由作出原违法行为的行政主体追究相关人员的责任。这种内部责任追究制度能有效防止和避免以行政追认为后盾而故意越权行政现象的发生。

适用结果制约。存在管辖权瑕疵的行政行为经行政追认后，由违法状态变为合法，法律效力得以维续。这是适用行政追认的根本目的。如果一个违法行政行为，经过行政追认后，虽然管辖权瑕疵消除，但仍存在其他无法治愈的违法情形，致使行政行为不能由违法变为合法的，行政追认的必要性就无从谈起。因此，适用行政追认的结果必须是行政追认针对的管辖权瑕疵消除后，不存在其他无法治愈的违法情形。或者说，行政行为的违法性可经行政追认以及其他治愈方式予以消除。这种情形方可适用行政追认。

责任归属制约。行政追认是有权行政主体对无权行政主体所作行为管辖权的事后认可，是一种委托。行政追认后，无权行政主体作出的行为法律后果即归属于追认主体。行使追认权的行政主体要承担无权主体作出行为的所有法律后果，包括在行政复议中作为被申请人，在行政诉讼中作为被告，在国家赔偿案件中作为赔偿义务机关等。这种法律后果对追认主体行使追认权是一种巨大考验。因此，从经验或常识判断，有权行政主体一般不会轻易追认其他主体的无权限行为，行政追认的适用空间亦不会无限扩张。

第三节　立法追认

一　立法追认概念

立法追认，又称法律追溯，是指行政行为因无授权依据、授权内容不明确或依据违法而导致权限瑕疵时，为实现、维护或增进公共利益，由有权主体以立法方式溯及既往赋予行为主体相应权限，从而消除行政行为的违法性，使其变为合法行为的制度。

（一）立法追认特点

（1）行政主体作出的行政行为符合公共利益的要求，符合实质正义。这是授权依据瑕疵导致的违法行政行为不被撤销的前提，也是其效力得以维持的基础。

（2）行政行为构成违法的原因在于无授权依据、授权内容不明确或依据违法。这是立法追认或法律追溯的条件。

（3）行政行为尽管违法但其所代表的公共利益值得保护。这是立法追认的正当性基础。

（4）有权主体通过立法规定溯及既往的方式，使行为主体获得合法的授权依据，这是立法追认或法律追溯的主要手段。

（5）与行政追认治愈的是行为的管辖权瑕疵不同，立法追认解决的是行为的授权依据瑕疵，既可能包括事务管辖权，也可能包括权能。如授权内容不明确的依据，既可能涉及事务管辖权的不明确，也可能涉及权能的不明确，即具体处理措施的不明确。

（二）立法追认对象

立法追认并非是对抽象行政行为违法的治愈，而是针对具体行政行为违法的治愈。首先，从目的来看，立法追认是具体行政行为违法时所采取的治愈方式，其适用情形是具体行政行为所依据的规范性文件违法，导致具体行政行为违法，有权机关事后制定新的合法的规范性文件并规定溯及效力，使具体行政行为的依据瑕疵得以消除。可见，立法追认主要目的在于消除具体行政行为的瑕疵，尽管是通过消除具体行为的依据瑕疵来实现。其次，从结果来看，立法追认的结果既可能仅使具体行政行为依据的旧规范性文件的某个或某些法条的瑕疵消除，而旧规范性文件的其他瑕疵仍然存在，也可能使旧规范性文件的所有瑕疵消除，从而使旧规范性文件由违法变为合法。因此，立法追认可以治愈违法的具体行政行为，但并不必然治愈违法的抽象行政行为。

由立法追认之结果可知，抽象行政行为也存在治愈可能。但抽象行政行为具有普遍约束力，可以反复适用。相对具体行政行为而言，抽象行政行为对社会的影响更大，因此，抽象行政行为的作出程序较具体行政行为更为严格复杂。具体行政行为以效率为首要价值追求，抽象行政行为需要在效率与公正之间寻求平衡，或者说抽象行政行为与具体行政行为对于效率的要求是有差别的。而效率是治愈制度（特别是与撤销重作行政行为制度相比）的主要考量因素之一。因此，抽象行政行为违法时，即使可以治愈，其适用治愈的范围应与具体行政行为治愈的范围不同。囿于本书论题，关于抽象行政行为违法时的法律后果问题有待专门研究。

二　立法追认的可能性

立法追认是通过法律的追溯，使违法的行政行为变为合法行为的制度。其核心是法律的溯及既往。但这违背了法治国家所要求的法不溯及既往原则。那么，立法可否溯及追认存在授权依据瑕疵的违法行政行为呢？这个问题实际是行政法律能否溯及既往以及溯及既往的许可界限问题。

所谓溯及既往是指新法对其生效施行前发生的事件或行为也发生效力，而法不溯及既往，则指新法不适用其生效施行前发生的事件或行为。为了保障由过去法律所创造的法律秩序，维护人们的信赖利益和社会关系稳定，法律不应溯及既往。但由于社会关系的复杂多样，有时会出现某些行为或事件没有法律规范情况，此即规范漏洞，有时由于立法技术原因，立法者制定的法律出现了内容不明确或者违反法律体系（如违反上位法等位阶违反）等情况，这些都将导致行政主体的行政行为构成违法。对此，如果绝对禁止溯及既往，则不符合实质正义的要求。因此，即使在西方法治发达国家，法不溯及既往原则也不是绝对的，允许存在例外。

在美国，尽管 1789 年美国宪法第一条中规定，联邦及各州不得制定任何溯及既往的法律。但 1798 年联邦最高法院在 Caldar v. Bull 案中明确了刑事法律不得溯及既往，民事法律的溯及并不违宪。1873 年美国联邦最高法院在 Stockdale v. The Insurance Company 中表明了所得税法有溯及效力的立场。该案涉案的 1869 年所得税法，本应在该年年底失效，但国会却在 1870 年 7 月 14 日立法，决定该法律继续生效至 8 月。这个溯及法律，最高法院认为并不违宪。"国会有权通过法律溯及地重新征税（reimpose this tax retrospectively），有权使已经失效的条款重新生效，有权重新立法。"① 1933 年，美国实施新政后，联邦最高法院更是在大部分涉及所得税法溯及规定的案件中，都判决其是合宪的。从法院的判例中，可归纳出美国法律溯及规定的许可界限：

（1）溯及期限：立法者必须仔细衡量人民的所得及缴税能力，不能够将溯及期限过度延长，应该以一年为限。

（2）紧急性立法：国家为了应付严重危机，包括财经危机，可以获得公益的考量来溯及立法。这是联邦最高法院最容易认同的溯及法律类型。

（3）填补法律漏洞或瑕疵补正：这是涉及补救立法。美国法院实务上广泛利用这种补救法来对于未具有授权基础的行政命令或无效的行政决定，予以溯及的救济。

在德国，法律溯及分为纯粹溯及与不纯粹溯及。纯粹溯及是指法律将其规范的效果延伸到法律公布前已完成的事件及权利之上，不纯粹溯及是指依旧法所成立的法律事实与法律关系在新法生效后仍处于延续状态的，新法可对之加以规范的情况。由法治国理念所导出的法安定性及人民对国家法律的信赖，要求法律的溯及既往原则上应予禁止，例外予以许可。德国联邦宪法法院一再宣称宪法信赖保障原则不能走得太远，只要是立法者考量了过去存续至今的法律秩序与个人权利，如果不变地存续下来会对公共利益造成不利后果时，立法者便有职责加以变更，并不构成违反宪法的信赖保障原则的问题。具体而言，下述四种情形，许可纯粹溯及：第一，须有可预见性：当人民可以预见会有法律秩序变迁时，允许法律溯及既往。第二，消除旧法的不确定性：如果基于旧法立法者的错误，使旧法体系发生不明确及混乱的后果时，可由后法加以溯及的澄清。第三，为填补法律漏洞：如果旧法因各种理由，特别是因违宪被宣告无效后，为填补无效法律所遗留下来的法律漏洞，即可由后法加以溯及的填补之。第四，必

---

① Stockdale v. Insurance Companies, 87 U. S. 323 (1873).

须有极重要公益的考量。对于不纯粹溯及，原则上许可，例外禁止。总之，在许可溯及法律方面，纯粹与不纯粹溯及的许可性正好呈相反态势，前者为原则禁止、例外许可，后者为原则许可、例外禁止，但主要关键为立法者的公益判断。比例原则为判断依据。立法者的公益考量及追求的实质正义，须经得起人民其他基本权利所导源出的信赖利益与法律安定性诉求的挑战。①

综上所述，当法律的溯及后果有利于相对人时，允许法律溯及既往，如现代多数国家刑法规定的从旧兼从轻原则。当法律溯及后果不利于相对人时，则要综合考虑溯及追求的公共利益、相对人有无值得保护的信赖利益等因素，如果溯及追求的公共利益更值得保护，应从法的实质正义出发，允许法律溯及既往。

现代法治国家是指实质意义的法治国家，即不仅要求国家受法律的约束，而且要求法律本身具有社会的正当性。② 作为规范行政关系和行政秩序的行政法律法规等规范性文件，必须对纷繁复杂的行政关系和行政任务作出相应的调整，没有法的调整，行政主体就不能对相关的行政任务作出行政行为，否则将因缺乏授权依据而构成违法。另外，如果行政法律法规等规范性文件本身违法或内容模糊、含混不清，导致据此作出的行政行为违法，那么，有权立法主体可以根据公共利益需要，通过新的法律溯及既往地使违法的行政行为因具有合法的授权依据而变为合法行政行为。如德国学者认为，一般违法行政行为的维持理由就包含了立法追认：由于法律或规章的溯及力授权缺陷得到补正③；在例外情况下，以法律溯及既往的方式宣告一般违法的行政行为合法。④

总之，作为以公共利益为存在基础、以实质正义为主要追求的行政法，在特定情况下，应允许其基于公共利益需要而溯及既往，从而使因授权依据的缺失或瑕疵导致的违法行政行为变为合法行为。

---

① 上述关于美国、德国法律溯及的有关论述，参见陈新民《德国公法学基础理论》，山东人民出版社 2001 年版，第 531—589 页。

② ［德］哈特穆特·毛雷尔：《行政法学总论》，高家伟译，法律出版社 2000 年版，第 105 页。

③ 此处补正实为本书所称追认。

④ ［德］汉斯·J. 沃尔夫等：《行政法》第二卷，高家伟译，商务印书馆 2002 年版，第 95 页。

三 立法追认客体

立法追认的客体是特定形态的违法行政行为，即因无授权依据、授权内容不明确或依据本身违法而导致的违法行政行为。

（一）无授权依据的违法行政行为

依法行政是行政法的基本原则。它要求行政主体的行为不得违反法律，并且应有法律的授权依据。前者为法律优先原则，后者为法律保留原则。在法律出现缺位时，优先原则并不禁止行政活动，而保留原则排除任何行动活动。① 在行政法学上，对于法律保留的最大争执点，不在于是否应该有法律保留的问题，而是法律保留的范围。② 德国联邦宪法法院提出的"重要性理论"可以作为确定法律保留范围和调整密度的标准。按照重要性理论，在法律保留领域，如果行政主体没有授权依据而实施了行政行为，则构成违法。这种违法行政行为的内容如果符合公共利益的要求，即行政主体需要对相关行政事务作出处理，那么，有权立法主体就应该通过新的法律溯及地使该类违法行政行为获得授权依据。如 1906 年的 United States v. Heinzen 案。Heinzen 公司因菲律宾进出口货物，被菲律宾（殖民）政府依总统行政命令课税，Heinzen 公司认为该课税命令无法律授权，而起诉。在此期间，国会发现该命令并无法律授权之基础，遂紧急立法，予以溯及的补救。最高法院认为，国会应拥有这种补救错误的权力。③

如果行政行为逾越了其他行政主体事务管辖权，一般不得通过立法加以追认。

（二）授权内容不明确导致的违法行政行为

授权内容不明确既可能造成法律的规范漏洞，也可能导致行政主体对相关规定的理解偏差，这都可能导致据此作出的行政行为违法。这种违法行政行为与没有授权依据的违法行为是有区别的。没有授权依据的违法行为，如果没有被立法追认，则将被法院宣布为违法或撤销，而授权内容不明确导致的违法行为，如果行政行为的内容符合现时的公共利益，即使没有立法追认，法院也可能行使裁量权将该行为视为合法而予以维持。如

---

① ［德］哈特穆特·毛雷尔：《行政法学总论》，高家伟译，法律出版社 2000 年版，第 104 页。

② 周佑勇：《行政法原论》，中国方正出版社 2005 年版，第 71 页。

③ 陈新民：《德国公法学基础理论》，山东人民出版社 2001 年版，第 578 页。

"四川夹江打假案"。[①] 当然，此种授权依据不明确导致的违法行为完全可以通过立法追认而治愈。

（三）授权依据违法导致的违法行政行为

如果授权依据本身存在违反上位法、与法律体系不和谐、造成法律状态混乱等违法情形，据此作出的行政行为则可能构成违法行为。对这种授权依据，相对人无值得保护的信赖利益可言，有权立法主体可以通过立法追认，治愈该行为的违法性。如依据违法规章作出的收费决定构成违法，但如果违法收费规章被合法的规章所取代，该合法的规章明确规定溯及既往，那么，原来违法的收费决定因此具有了合法的法律依据，应视为合法。再如前述养路费征收行为是否违法案。由于立法者存在法律理想主义的一厢情愿或操之过急、立法技术粗糙和笼统，致使"费改税"条件不成熟时仓促取消了养路费，却未见燃油附加税实施办法同时生效，也未规定燃油税起征时间，这是导致征收行为违法的主要原因。为保证行政管理的连续性，基于公共负担平等原则，违法的征收行为亦应被维持。所以，为维护法律的权威和尊严，避免征收行为处于随时被否定或质疑的风险中，有必要通过立法追认以前的征收行为，即由全国人大常委会通过决议，重新规定"费改税"的过渡期限，在燃油附加费征收办法施行前，仍实行现行的公路养路费征收办法。同时，明确规定该决议具有溯及效力。至于溯及的时间，可以规定溯至决议通过前三个月。因为三个月前的征收行为因过了起诉期限而不再具有可诉争性。

四　立法追认的主体和时间

立法追认的主体通常是有权作出授权依据立法的主体，即有权对行政事务进行分配的主体。具体地说，无授权依据的违法行政行为的追认，由有权对行为所涉行政事务进行分配的主体通过立法加以追认，授权内容不明确或授权依据本身违法导致的违法行政行为，由该授权依据的原作出主

---

① 1995年，该案原告彩印厂未经第三人彩虹公司许可，擅自印制带有彩虹公司标识的电热灭蚊药片包装盒，被告四川省技术监督局对其进行了行政处罚。原告认为，被告的处罚超越了职权，适用法律错误，诉请法院撤销。法院认为，根据《中华人民共和国产品质量法》第四十五条关于"吊销营业执照的行政处罚由工商管理部门决定，其他行政处罚由管理产品质量监督工作的部门或者工商行政管理部门按照国务院规定的职权范围决定"的规定，其行政处罚权限应由有权解释的机关作出明确解释，在未作出解释前根据本案的具体情况，本院确认被告省技监局在本案中所作的行政处罚决定正确。法院遂作出了维持行政处罚的判决。杨小君：《重大行政案件选编》，中国政法大学出版社2006年版，第58页。

体通过立法加以追认。

立法追认时间可以在行政诉讼程序终结前作出。立法追认实际是立法机关行使立法权的活动，立法权的行使应受到法院的尊重。立法活动不属行政诉讼受案范围，法院不得对立法机关的立法活动进行审查，因此，立法追认可以在行政诉讼程序终结前作出。这里也反映了立法权与司法权的关系问题。

五　立法追认的法律效果

（一）立法追认可以使无授权依据、授权内容不明确或依据违法导致的违法行政行为的瑕疵得以治愈

立法追认是通过有权主体行使立法权，将一定行政事务的处理权分配给涉案行政主体，或通过行使立法权将原授权不明确内容予以明确化，或通过行使立法权将原来违法的授权依据加以清理使其造成的体系混乱状态得以清除。可见，立法追认是对涉案行政主体进行的事务授权。因无授权依据、授权内容不明确或依据违法导致的违法行政行为，将因有权主体的授权而获得合法的行为依据，从而使该违法行为的授权依据瑕疵得以消除。

（二）与行政追认不同，立法追认是授予行政主体对相关行政事务处理的权限，是一种持久授权

行政追认是针对瑕疵行政行为作出的一次性个案追认，不适用其他事件或行为。而立法追认既可以针对个案，也可以针对类案作出，更多的是针对类案。立法追认既可以产生一次的授权效果，但更多的是产生长期的持久授权效果，行政主体因立法追认获得的授权可以适用于其他类似事件或行为。

（三）与行政追认直接针对违法行政行为不同，立法追认多数情况下是通过消除违法行为依据瑕疵来达到治愈违法行为的目的

行政追认则直接对违法行政行为的瑕疵进行处理，使违法行政行为的违法性消除，变为合法行政行为。立法追认通过对违法行政行为的授权依据进行处理，使行政主体在相关行政事务的处理上拥有授权依据，或使原有的授权依据的瑕疵得到消除，然后进而使违法行政行为得到治愈。可以说，立法追认对违法行政行为产生的效果是间接的。

第四章　弥补非实质性要件欠缺之治愈方式：补正

第一节　违法行政行为补正概述

一　补正的概念

（一）补正概念界定

关于补正的称谓，无论在法律上还是在学理上均有不同用法。实定法上，《联邦德国行政程序法》第 45 条与中国台湾地区"行政程序法"第 114 条均使用的是补正，《葡萄牙行政程序法》第 137 条以及我国澳门地区《行政程序法》使用的是纠正，《西班牙行政程序法》第 53 条使用的是治疗，但其治疗包括本书所称的补正和追认，《意大利行政程序法（草案)》第 51 条使用的是追认，该追认包括了本书所称的补正和追认两种情况。在学理上，德国有学者称补正的结果是程序违法的治愈，将治愈看作是经补正消除违法的结果①，也有学者将法律追溯消除授权缺陷的情形也称之为补正，将行政程序法规定的补正和关系人通过放弃救济使违法行政行为效力维持的情形一起称之为治愈。② 日本有学者称补正为瑕疵的治愈。③ 我国台湾学者有称补正的结果是瑕疵治愈的④，有称补正为治疗

---

① ［德］哈特穆特·毛雷尔：《行政法学总论》，高家伟译，法律出版社 2000 年版，第 255 页。

② 参见［德］汉斯·J. 沃尔夫等《行政法》第二卷，高家伟译，商务印书馆 2002 年版，第 94—95 页。

③ ［日］盐野宏：《行政法》，杨建顺译，法律出版社 1999 年版，第 116 页。［日］室井力：《日本现代行政法》，吴微译，中国政法大学出版社 1995 年版，第 110 页。

④ 参见许宗力《行政处分》，载翁岳生《行政法》，中国法制出版社 2002 年版，第 711 页。

的①，有将补正与转换统称为治疗的。② 我国学者对补正、转换等问题多是在介绍行政行为或行政决定的效力形态时附带提及瑕疵的补正与转换，即便有所探讨也是以介绍国外行政程序立法规定为主，很少进行专门的研究和论述。

无论是立法还是学理研究，对补正的称谓选择有所不同，但就研究对象和问题而言，并没有给受众带来迷惑和误解。因此，准确地表示和传达研究的问题和研究者的思想，并在不带给受众过多思考负担的基础上为其所理解，是研究者选择称谓或名称的首要标准。

在对追认与补正进行明确区分的前提下，本书所称补正是指通过弥补行政行为所欠缺的程序、形式、方式等非实质性的合法要件，消除行政行为的违法性，使其由违法行政行为变为合法行为，继续维持其效力的制度。补正是违法行政行为治愈的重要方式。

行政行为违法必然会侵害一定的法益，但这种侵害法益的违法行为不仅不被撤销反而经由补正使其变为合法行为，行为的法律效力不受任何影响地继续存在。这种制度必有其坚实的理论基础，此即前文所述的行政法的理论基础——公共利益本位论。当行政行为违法侵害的法益与行政行为体现的公共利益相较，后者更大更值得保护时，就符合适用这种制度条件。因此，补正的理论基础是违法行政行为体现的公共利益相较于其侵害的法益更值得保护。

（二）补正与相关概念的关系

1. 补正与追认的关系

关于补正与追认的关系，有不同的立法例。一种是将追认与补正看作相辅相成的两个行为，或者说将补正看作是追认的前提行为、阶段行为。如《意大利行政程序法（草案）》第51条规定了追认：

行政权者有违法瑕疵之行政行为，得释明其瑕疵并予以除去，而重新以包含宣告追认意旨之行为使该行政行为发生效力。

被追认之行为自为追认行为之日起发生效力。如被追认之行为其违法如仅止于形式之瑕疵时，经追认后得使其效力之发生溯及为该行政行为之当时。

---

① 参见吴庚《行政法之理论与实用》，中国人民大学出版社2005年版，第261页。
② 参见李惠宗《行政法要义》增订二版，（台北）五南图书出版公司，第395页。蔡志方：《行政法三十六讲》（普及版），1997年版，第244页。

如行政行为之瑕疵为权限之欠缺时，其权限得由有正当权限之机关以免责之方式赋予之。

从意大利的规定可以看出，其所称追认，是消除行政行为瑕疵之后，重新做出的使行政行为发生效力的行为。追认本身并不旨在消除行政行为的瑕疵，而重在宣告瑕疵消除后的行政行为的生效。严格地说，意大利行政程序法的这种追认与本书探讨的作为瑕疵治愈手段的追认尚有区别。因此，有学者在探讨追认与补正关系时认为："有追认权的行政机关针对存在轻微程序瑕疵、依法应予补正的情形，可以首先要求原行为机关先予补正，或者直接自行补正，然后予以追认。"[①]

另一种立法例是将补正与追认作明确的区分，将二者看作是违法行政行为瑕疵治愈的两种并列的方式。如《葡萄牙行政程序法》第137条规定了追认、纠正及转换：

一、不允许追认、纠正及转换无效或不存在的行为。

二、规范废止非有效行为的权限的规定，以及规范作出废止的期限的规定，适用于对可撤销的行为的追认、纠正及转换。

三、如属无权限的情况，则有权限作出该行为的机关有追认该行为的权力。

另外，西班牙行政程序法也明确区分了追认与补正。

有些国家或地区没有明确规定追认，仅规定了补正与转换，如德国、我国台湾地区。但这些国家或地区规定了与追认具有相同效果的立法，如对不构成无效的行政行为，不得仅仅以违反地域管辖权的规定为由要求撤销该行政行为。

根据多数国家行政程序立法及通常理解，违法行政行为经补正后即消除了其瑕疵，变为合法行为，无须再经过一个追认的序使之生效。因此，将补正看作是追认的前提行为、阶段行为的立法例，似乎不如将二者看作是并列的两种瑕疵治愈方式更为简便、高效，且符合通常理解。因此，本书观点采第二种立法例。

作为违法行政行为瑕疵治愈的不同方式，补正与追认既有联系又有区别。

二者联系表现为：第一，具有相同的法律效果。二者都是违法行政行

---

① 柳砚涛、孙子涵：《论行政行为的追认》，《行政法学研究》2008年第3期。

为治愈的方式，都旨在消除行政行为的瑕疵，使其变为合法行为，继续维持其法律效力。第二，具有相同的条件和价值追求。二者都是以有值得保护的公共利益为前提的，都以实质正义为价值追求和正当性基础。

二者区别表现为：第一，二者适用的客体或范围不同。追认适用的主要是无权限行为，并且以管辖权瑕疵为主。而补正适用的主要是存在轻微程序、形式、方式瑕疵的行政行为，不包括无权限行为。第二，适用的主体不同。追认的主体是无权限行为所涉事务的有权主体，包括行政主体和立法主体。补正的主体，既包括行政主体、行政相对人，也包括自然补正的情况。第三，方式不同。追认的方式既可以是明示，也可以是默示，但都是主体行为的结果，而补正既可以是主体的行为，即人为补正，又可以是客观情况的变化，即自然补正。

2. 违法行政行为补正与迟到行政行为的关系

迟到行政行为是指行政相对人请求行政主体履行某种法定义务，行政主体在法定期限内不作为，而于法定期限届满后作出的行政行为。迟到行政行为又可分为同意相对人请求的迟到行为与拒绝相对人请求的迟到行为，前者如对相对人的申请作出许可的迟到行为，后者如拒绝相对人请求的迟到行为。行政主体对相对人请求其履行法定义务的申请有义务在法定期限内作出回应，但行政主体却没有作出任何答复，构成行政不作为，属于违法行为。在法定期限届满后，行政主体针对相对人的请求作出的行政行为，即迟到行政行为能否补正前面的行政不作为？

首先，作为补正的客体或对象必须是一个自然存在的行政行为。补正是通过消除行政行为的瑕疵或违法性，使其转变为合法行为的制度。它针对行政行为的某种瑕疵，如果没有行政行为的存在，则补正就失去了发挥作用的空间。而行政不作为，"不具有行为的有形性或者有体性，因而从存在论的角度，它本不是行为。它之所以被看作法律上的行为，只不过是被法律拟制的结果"。① 因此，补正不适用于行政不作为行为。

其次，补正并不为行政相对人带来行政法上的权利义务关系的变化，约束行政相对人的仍是原违法行政行为所设定的权利义务关系。因此，补正本身并非行政行为，而属原行政行为之补充，应视为原行政行为均一部分。而迟到行政行为与行政不作为的关系恰好相反：行政主体的行政不作

---

① 周佑勇：《行政法原论》，中国方正出版社2005年版，第193页。

为一般不会引起相对人行政法权利义务关系的变化，迟到行政行为却能为相对人带来行政法权利义务关系的变化。迟到行政行为是一种具体行政行为。由此观之，迟到行政行为并非补正，不能治愈行政不作为。

最后，从我国立法和司法实践中，也可反映出迟到行政行为不能补正其前面的行政不作为。我国《行政诉讼法司法解释》第50条第3、4款规定：

被告改变原具体行政行为，原告不撤诉，人民法院经审查认为原具体行政行为违法的，应当作出确认其违法的判决；认为原具体行政行为合法的，应当判决驳回原告的诉讼请求。

原告起诉被告不作为，在诉讼中被告作出具体行政行为，原告不撤诉的，参照上述规定处理。

从上述规定可以看出，即使行政主体的迟到行政行为满足相对人的申请要求，如果相对人不撤诉，法院仍然可以确认行政主体的不作为行为违法。这说明我国立法是明确否定迟到行政行为可以补正其前面的行政不作为的。如徐建国诉湖北省黄冈市黄州区交通局政府信息公开不作为案。该案案情如下：

徐建国系北京一家律师事务所在职律师，为办事方便想在黄州购买一辆摩托车，因在政府网站上未查阅到相关资料，于今年（2008年）5月1日用特快专递函请黄州区交通局告知该机关机构设置、职能、办事程序和摩托车养路费征收标准、办理程序等政府信息。5月3日，该局签收了申请书信函。直到6月10日前该局没给其作出答复。6月10日，徐建国向黄冈市黄州区人民法院提起行政诉讼，要求法院确认黄州区交通局行政不作为行为违法，并请求判决被告在一定期限内履行公开相关政府信息的法定职责。同日，黄州区交通局对其作出了书面答复。徐建国对黄州区交通局答复内容未提出异议。鉴于被告已改变具体行政行为，黄州区法院在双方当事人之间做了大量协调工作，但原告不同意撤诉，请求法院作出判决。黄州区人民法院经开庭审理后认为，被告黄州区交通局作为当地交通行政机关，对于原告要求公开相关政府信息的申请不予答复的行为，违反了《政府信息公开条例》第二十一条关于申请公开政府信息应予答复的规定和第二十四条关于答复期限的规定。由于原告徐建国对被告黄州区交通局在案件起诉后作出的答复未提出异议，判决被告向原告重新答复已无实际意义，黄州区法院遂判决确认被告黄州区交通局在法定期限内未答复原告徐建国申请公开相关政府信息行为违法。①

但是，有些国家或地区法律规定，当迟到行政行为作出同意相对人请求处理时，针对行政不作为已经提起的义务之诉（愿）将因不具有诉的利益而被驳回。如我国台湾地区"诉愿法"第82条第2项规定：

受理诉愿机关未为前项决定前（命应作为之机关速为一定之处分），应作为之机关已为行政处分者，受理诉愿机关应认诉愿为无理由，以决定驳回之。

迟到行政行为对于行政诉讼的影响，台湾学说和实务亦持与上述诉愿规定相同的见解。尽管如此，也不能认为行政不作为已被迟到行政行为所补正。前述规定或实务做法仅是从诉愿或诉讼经济角度对诉愿或诉讼所作的限制，而不是因为行政不作为被补正的结果。而当迟到行政行为拒绝了相对人请求时，相对人提起的义务之诉不受影响。②

3. 违法行政行为补正与行政程序或其他程序进行中的补正

作为消除行政行为瑕疵的一种制度，补正针对的是已经作出的行政行为。即行政行为作出后，由于其存在的瑕疵而被法律评价为违法行为，但该违法情形依法可以通过补正手段治愈。因此，补正只能发生在行政行为作出后。在行政行为作出前的行政程序中，行政主体或相对人随时纠正自己不符合法定程序的行为，不属本书所论补正。在司法程序中亦经常使用"补正"概念。无论行政程序还是司法程序进行中的"补正"均非违法行政行为治愈之补正。

我国现行法律中规定补正者，多为行政程序或司法程序中的补正。行政程序中规定补正者，如《中华人民共和国外国人入境出境管理条例》（2013年）第十三条第二款规定：外国人申请签证延期、换发、补发和申请办理停留证件的手续或者材料不符合规定的，公安机关出入境管理机构应当一次性告知申请人需要履行的手续和补正的申请材料。《工伤保险条例》（2010年）第十八条第三款规定：工伤认定申请人提供材料不完整的，社会保险行政部门应当一次性书面告知工伤认定申请人需要补正的全部材料。申请人按照书面告知要求补正材料后，社会保险行政部门应当受

---

① 黄亚东、陈武军：《湖北黄州审结首例政府信息公开案 政府部门败诉》，中国法院网，http：//old. chinacourt. org/public/detail. php？ id＝326618，2015年3月16日访问。

② 类似观点参见蔡志方《行政救济与行政法学（三）》，学林文化事业有限公司1998年版，第297页。

理。《行政复议法实施条例》第二十九条规定：行政复议申请材料不齐全或者表述不清楚的，行政复议机构可以自收到该行政复议申请之日起5日内书面通知申请人补正。补正通知应当载明需要补正事项和合理的补正期限。无正当理由逾期不补正的，视为申请人放弃行政复议申请。补正申请材料所用时间不计入行政复议审理期限。《行政许可法》第七十二条第四项规定：申请人提交的申请材料不齐全、不符合法定形式，不一次告知申请人必须补正的全部内容。《社会保险费申报缴纳管理规定》（2013年）第七条规定：用人单位应当向社会保险经办机构如实申报本规定第四条、第五条所列申报事项。用人单位申报材料齐全、缴费基数和费率符合规定、填报数量关系一致的，社会保险经办机构核准后出具缴费通知单；用人单位申报材料不符合规定的，退用人单位补正。

　　司法程序中规定补正者，如《民事诉讼法》（2012年）第一百四十七条规定：书记员应当将法庭审理的全部活动记入笔录，由审判人员和书记员签名。法庭笔录应当当庭宣读，也可以告知当事人和其他诉讼参与人当庭或者在五日内阅读。当事人和其他诉讼参与人认为对自己的陈述记录有遗漏或者差错的，有权申请补正。如果不予补正，应当将申请记录在案。《刑事诉讼法》（2012年）第五十四条规定：采用刑讯逼供等非法方法收集的犯罪嫌疑人、被告人供述和采用暴力、威胁等非法方法收集的证人证言、被害人陈述，应当予以排除。收集物证、书证不符合法定程序，可能严重影响司法公正的，应当予以补正或者作出合理解释；不能补正或者作出合理解释的，对该证据应当予以排除。《国家赔偿法》（2012年修正）第十二条第四款规定：赔偿请求人当面递交申请书的，赔偿义务机关应当当场出具加盖本行政机关专用印章并注明收讫日期的书面凭证。申请材料不齐全的，赔偿义务机关应当当场或者在五日内一次性告知赔偿请求人需要补正的全部内容。

　　前述规定均为行政程序或司法程序中针对申请人申请或请求特定事项时，欠缺某些书面材料而做的规定，意在告知当事人补齐相关书面材料。该种补正，"主要乃系指人民向行政机关或法院为申请或请求时，对于其书状、程式或要件上之缺失所为之一种补救方式，其目的应在求对人民权利之维护更为周密，并避免程序上不必要之反复。"① 据不完全统计，截至 2015 年 3 月 17 日，我国立法中使用"补正"概念的中央法律法规和司法解释共 1686 篇，地方法规规章共 6561 篇。其中，绝大多数属于申请或请求程序中书面材料不齐全问题的处理。

我国立法中的补正除了用于上述申请程序中材料补正外，还有两类补正，一种类似于违法行政行为治愈之补正，另一类即为本书所论违法行政行为的补正。前者，如《民事诉讼法》第一百五十四条规定的裁定补正判决书中的笔误等。此处补正是针对已经实施的行为之瑕疵作出的处理，旨在消除裁判文书中笔误，使裁判文书合法、正确。后者，如《湖南省行政程序规定》第一百六十四条规定的补正。该条规定：

"具有下列情形之一的，行政执法行为应当予以补正或者更正：

（一）未说明理由且事后补充说明理由，当事人、利害关系人没有异议的；

（二）文字表述错误或者计算错误的；

（三）未载明决定作出日期的；

（四）程序上存在其他轻微瑕疵或者遗漏，未侵犯公民、法人或者其他组织合法权利的。"

除《湖南省行政程序规定》外，《山东省行政程序规定》第一百二十九条以及其他地方行政程序规定也规定了违法行政行为的补正。但从现有法律规定可以看出，我国法律中的补正概念主要是针对行政程序或司法程序中的申请材料欠缺所作的规定，作为治愈违法行政行为手段的补正制度还没有在全国性立法中确立。

4. 补正与更正关系

更正，按照现代汉语词典的解释，是改正已发表的谈话或文章中有关内容或字句上的错误。在法律中，更正是指改正错误，主要针对行为中的错误而言。我国法律中通常在如下几种情形下使用"更正"：一是行政主体或其他国家机关改正公权力行为中存在的非实质性错误；二是相对人改正申请材料、笔录或其他材料中的错误；三是改正声明；四是有时法律会将更正适用于行政相对人的违法行为。当然，从严格规范使用法律概念的角

---

① 洪家殷：《瑕疵行政处分之补正与转换》，硕士学位论文，台湾政治大学法律研究所，1986 年，第 66 页。

度看，第四种立法例中将更正适用于相对人的违法行为的情况应该予以改变。从与《行政处罚法》的规定协调与统一的角度看，第四种情形中的更正应改为"责令改正"或"责令限期改正"。

行政主体或其他国家机关改正公权力行为中存在的非实质性错误的"更正"立法例，如《物权法》第十九条规定：权利人、利害关系人认为不动产登记簿记载的事项错误的，可以申请更正登记。不动产登记簿记载的权利人书面同意更正或者有证据证明登记确有错误的，登记机构应当予以更正。《商标法》（2013年修正）第三十八条规定：商标注册申请人或者注册人发现商标申请文件或者注册文件有明显错误的，可以申请更正。商标局依法在其职权范围内作出更正，并通知当事人。前款所称更正错误不涉及商标申请文件或者注册文件的实质性内容。《居民身份证法》第十一条规定：居民身份证登记项目出现错误的，公安机关应当及时更正，换发新证。《政府信息公开条例》第二十五条规定：公民、法人或者其他组织有证据证明行政机关提供的与其自身相关的政府信息记录不准确的，有权要求该行政机关予以更正。该行政机关无权更正的，应当转送有权更正的行政机关处理，并告知申请人。

相对人改正申请材料、笔录或其他材料中错误的"更正"立法例，如《行政许可法》第三十二条规定：行政机关对申请人提出的行政许可申请，应当根据下列情况分别作出处理：（三）申请材料存在可以当场更正的错误的，应当允许申请人当场更正。《治安管理处罚法》第八十四条规定：询问笔录应当交被询问人核对；对没有阅读能力的，应当向其宣读。记载有遗漏或者差错的，被询问人可以提出补充或者更正。《最高人民法院关于适用〈中华人民共和国刑事诉讼法〉的解释》第三百九十条规定：原判决、裁定认定被告人姓名等身份信息有误，但认定事实和适用法律正确、量刑适当的，作出生效判决，裁定的人民法院可以通过裁定对有关信息予以更正。

改正声明的"更正"立法例，如《广告法》第三十七条规定：违反本法规定，利用广告对商品或者服务作虚假宣传的，由广告监督管理机关责令广告主停止发布，并以等额广告费用在相应范围内公开更正消除影响。第四十条规定：发布广告违反本法第九条至第十二条规定的，由广告监督管理机关责令负有责任的广告主、广告经营者、广告发布者停止发布、公开更正。《产品质量法》第四十一条规定：生产者、销售者伪造产品的产地的，伪造或者冒用他人的厂名、厂址的，伪造或者冒用认证标志、名优标志等质量标志的，责令公开更正，没收违法所得，可以并处罚款。上述规定中的"公开更正"均指的是改正声明。《出版管理条例》（2011年修订）第二十七条规定：出版物的内容不真实或者不公正，致使公民、法人或者其他组织的合法权益受到侵害的，其出版单位应当公开更正，消除影响，并依法承担其他民事责任。报纸、期刊发表的作品内容不真实或者不公正，致使公民、法人或者其他组织的合法权益受到侵害的，当事人有权要求有关出版单位更正或者答辩，有关出版单位应当在其近期出版的报纸、期刊上予以发表；拒绝发表的，当事人可以向人民法院提起诉讼。

更正适用于相对人违法行为的立法例，如《产品质量法》第四十四条规定：伪造检验数据或者伪造检验结论的，责令更正，可以处以所收检验费一倍以上三倍以下罚款；情节严重的，吊销营业执照；构成犯罪的，对直接责任人员比照刑法第一百六十七条的规定追究刑事责任。此处的伪造检验数据或伪造检验结论的行为，已经构成违法，其行为后果是责令更正，可以并处罚款。因此，此处的责令更正实质即是《行政处罚法》第二十三条规定的责令当事人改正违法行为。

第一种情形的更正主要适用于错误行政行为的处理。在这个意义上，更正与补正的区别十分明显：

首先，补正的对象是违法行政行为，更正的对象是错误行政行为。

其次，补正的时间有特别要求，而更正可以随时进行。

最后，不予补正的后果是行政行为的违法性存在，相对人可以诉请撤销或确认违法。而不予更正，则不影响行政行为的合法性及法律效力，相对人如无利益需要保护则不能对之诉讼，如有需要保护的利益，也只能请求更正，而不能请求撤销。

尽管理论上可以作此界分，但实践中二者界限并非十分清楚。如某烟草管理机关接到群众举报，前往某路口对正在运行的一车辆进行执法检查，发现该车装有多种品牌卷烟52件。由于司机拿不出准运证，管理机关对卷烟及车辆予以扣押，并告知司机让货主来接受调查处理。由于货主也不能提供合法的运输凭证，在履行了其他必要程序后，烟草管理机关做出"无证运输卷烟，处以罚款××"的决定并予以送达。几天后，一个不是司机也不是货主的人到有关部门交罚款，由于未出示"行政处罚决定书"，收款人也未要求其出示，结果在问明交款人的姓名后，收款员就收缴了罚款并具名开出了收据。5 天后，这个交罚款的人持罚款单向法院起诉，认为自己没有违法凭什么交罚款，要求法院判决被告返还罚款。[①]由于该案案情并非十分清楚，所以很难笼统判断该行政处罚是否违法。这时，应由烟草管理机关证明交款人交纳的罚款与行政处罚之间具有明显的紧密关系，如交纳数额与罚款数额一致、被扣押的卷烟及车辆的放行是以该案外人交纳罚款为条件等。行政主体如能证明这种关系，则可以认定该案外人履行的就是行政处罚决定书的内容，是代替或代理被处罚人履行义务，该行政处罚行为仅为错误行政行为，不构成违法行为，由烟草机关作出更正——将罚款收据上的交款人改为行政处罚决定书上的被处罚人即可。如果行政主体不能证明这种关系，则应认定案外人交纳的所谓"罚款"构成烟草管理机关的不当得利。该案外人有权请求烟草管理机关返还该款项。这时，行政处罚行为的合法性不受影响，只是其内容未得到执行而已。该案应无适用补正之余地。

5. 补正与纠正、改正的区分

按照现代汉语词典的解释，纠正是指改正（思想、行动、办法等方面的缺点、错误）。改正是指把错误的改为正确的。从我国立法的使用情形看，纠正与改正既有联系，也有区别。纠正既包括改正自己的错误，也包括要求别人改正错误（相当于责令改正）和改正别人的错误。当纠正适用于改正自己的错误时，主体是违法或不当行为的作出者，当纠正适用于要求别人改正错误或自行改正别人的错误时，主体是违法或不当行为作出主体的上级机关或其他有权监督机关。而改正主要指改正自己的错误，主体是违法或不当行为的作出者。因此，当要求别人改正错误和自行改正别人的错误时，只能使用纠正，或责令纠正，也可以使用责令改正，但不能单独使用"改正"；纠正主体既可能是违法或不当行政行为的作出者，但更多是作出违法或不当行为机关的上级机关或其他有权监督机关，而改正主体只能是违法或不当行政行为的作出者。这是纠正与改正的最主要区别。立法中明确区分使用这两个概念的法律规范，如《税收征收管理法实施细则》（2012 年修订）第六条第二款规定：上级税务机关发现下级税务机关的税收违法行为，应当及时予以纠正；下级税务机关应当按照上级税务机关的决定及时改正。

---

① 张弘：《选择视角中的行政法》，法律出版社 2006 年版，第 95—96 页。

　　我国立法通常在如下四种情形中使用纠正"概念": 一是上级机关要求下级机关改正其违法或不当的行为, 此种情形立法常使用"纠正", 也可使用"责令纠正", 此种意义上的纠正在立法中与"责令改正"或"责令限期改正"具有相同的意义; 二是主管机关要求相对人改正其行为, 以符合法律规定, 立法中也常使用"责令改正"或"责令限期改正"; 三是原处理机关改正自己工作中的违法或不当的行为;① 四是主管机关自行改正其下级机关或所管辖事务涉及的相对人的违法或不当行为。

　　上级机关要求下级机关改正其违法或不当行为的"纠正"立法, 如《公务员法》第一百零一条规定: 对有下列违反本法规定情形的, 由县级以上领导机关或者公务员主管部门按照管理权限, 区别不同情况, 分别予以责令纠正或者宣布无效。《传染病防治法》(2013年修正) 第五十七条第二款规定: 上级卫生行政部门发现下级卫生行政部门不及时处理职责范围内的事项或者不履行职责的, 应当责令纠正或者直接予以处理。《行政处罚法》第六十一条规定: 行政机关为牟取本单位私利, 对应当依法移交司法机关追究刑事责任的不移交, 以行政处罚代替刑罚, 由上级行政机关或者有关部门责令纠正; 拒不纠正的, 对直接负责的主管人员给予行政处分。

　　主管机关要求相对人改正其行为以符合法律规定的"纠正"立法, 如《保守国家秘密法》(2010年修订) 第四十三条规定: 保密行政管理部门发现国家秘密确定、变更或者解除不当的, 应当及时通知有关机关、单位予以纠正。

　　原处理机关改正自己工作中的违法或不当行为的"纠正"立法, 如《公务员法》第九十二条规定: 公务员申诉的受理机关审查认定人事处理有错误的, 原处理机关应当及时予以纠正。如《企业名称登记管理规定》(2012年修订) 第五条规定: 登记主管机关有权纠正已登记注册的不适宜的企业名称, 上级登记主管机关有权纠正下级登记主管机关已登记注册的不适宜的企业名称。对已登记注册的不适宜的企业名称, 任何单位和个人可以要求登记主管机关予以纠正。该条中第一个和第三个"纠正"都是原行政机关纠正自己行为的立法例。

　　主管机关自行改正其下级机关或所管辖事务涉及相对人的违法或不当

---

① 类似观点请参见洪家殷《瑕疵行政处分之补正与转换》, 硕士学位论文, 台湾政治大学法律研究所, 1986年, 第67页。

行为的"纠正"立法，如上述《企业名称登记管理规定》第五条中第二个"纠正"，即上级登记主管机关有权纠正下级登记主管机关已登记注册的不适宜企业名称，就是该种立法例。行政机关针对行政相对人的行政违法行为进行纠正的立法例，如《道路交通安全法》（2011年修正）第八十七条规定：公安机关交通管理部门及其交通警察对道路交通安全违法行为，应当及时纠正。

我国立法通常在如下情形使用"改正"概念：一是上级要求下级机关改正违法或不当行为，立法多使用"责令改正"或"责令限期改正"；二是主管机关要求相对人改正其行为，以符合法律规定；三是原处理机关改正自己工作中的违法或不当的行为。

上级机关要求下级机关改正违法或不当行为的"改正"立法例，如《行政处罚法》第五十七条规定：行政机关违反本法第四十六条的规定自行收缴罚款的，财政部门违反本法第五十三条的规定向行政机关返还罚款或者拍卖款项的，由上级行政机关或者有关部门责令改正，对直接负责的主管人员和其他直接责任人员依法给予行政处分。《行政强制法》第六十一条规定：行政机关实施行政强制，有下列情形之一的，由上级行政机关或者有关部门责令改正，对直接负责的主管人员和其他直接责任人员依法给予处分。《民办教育促进法》（2013年修正）第六十三条规定：审批机关和有关部门有下列行为之一的，由上级机关责令其改正；情节严重的，对直接负责的主管人员和其他直接责任人员，依法给予行政处分；造成经济损失的，依法承担赔偿责任；构成犯罪的，依法追究刑事责任。《动物防疫法》（2013年修正）第七十条规定：动物卫生监督机构及其工作人员违反本法规定，有下列行为之一的，由本级人民政府或者兽医主管部门责令改正，通报批评；对直接负责的主管人员和其他直接责任人员依法给予处分。

主管机关要求相对人改正其行为以符合法律规定的"改正"立法例，如《行政处罚法》第二十三条规定：行政机关实施行政处罚时，应当责令当事人改正或者限期改正违法行为。《商标法》（2013年修正）第四十九条规定：商标注册人在使用注册商标的过程中，自行改变注册商标、注册人名义、地址或者其他注册事项的，由地方工商行政管理部门责令限期改正；期满不改正的，由商标局撤销其注册商标。《种子法》（2013年修正）第六十条规定：违反本法规定，有下列行为之一的，由县级以上人民政府农业、林业行政主管部门责令改正，没收种子和违法所得，并处以违法所得一倍以上三倍以下罚款。

原处理机关或相对人改正自己工作中违法或不当行为的立法例，如《行政处罚法》第五十四条第二款规定：公民、法人或者其他组织对行政机关作出的行政处罚，有权申诉或者检举；行政机关应当认真审查，发现行政处罚有错误的，应当主动改正。《税收征收管理法实施细则》（2012年修订）第六条第二款规定：下级税务机关应当按照上级税务机关的决定及时改正。《民用机场管理条例》第二十七条规定：机场管理机构应当依照国家有关法律、法规和技术标准的规定，保证运输机场持续符合安全运营要求。运输机场不符合安全运营要求的，机场管理机构应当按照国家有关规定及时改正。

补正是对违法行政行为欠缺的程序或其他非实质性要件的弥补，借以使行政行为由违法变为合法。而纠正或改正违法的行政行为也可以使行政行为得到治愈。因此，纠正、改正有时具有与补正相同的法律效果。如《行政处罚法》第五十四条第二款规定：公民、法人或者其他组织对行政机关作出的行政处罚，有权申诉或者检举；行政机关应当认真审查，发现行政处罚有错误的，应当主动改正。此处的"错误"应当包括违法行政行为、不当行政行为、错误行政行为，而此条中的"改正"是指一切使瑕疵消除的行为，可见，此条中的改正包括违法行政行为的补正。

但补正与纠正、改正具有明显区别。首先，行为方式不同。补正是通过弥补行政行为欠缺的程序要件或其他非实质性要件的方式治愈违法行为；纠正、改正的方式很多，包括撤销（重作）、变更、履行职责、补正等。其次，适用的主体不同。纠正既可由行政行为作出机关的上级机关、其他有权监督机关、行政行为作出机关适用，也可由行政相对人适用。补正一般可由行政行为的作出主体或行政相对人适用，上级机关或监督机关无权补正行政行为的瑕疵。最后，适用的范围不同。纠正、改正既可适用于行政行为，也可适用于行政相对人实施的行为。补正只适用于行政行为。

6. 补正与违法性的不予考虑

行政法律规范所保护的利益有时是直接相对人的私权，有时是利害关系人的权益，有时是公共利益，或者兼有多种利益。当一个行政行为违反的法律规定仅仅旨在保护一定行政秩序，而这种秩序价值与行政行为所欲实现的价值相比处于从属或次要地位时，或者行政行为的违法对相对人的合法权益并未造成实质性侵害。换言之，即使行政主体遵守被违反的法律规定，仍然会作出同样的行政行为，这时，行政行为可以补正而治愈。但如果补正不可能或者没有意义，则行政行为的违法性可以忽略不计。因此，对于没有对行政决定发生实际影响的程序违法行为，在可以补正时，予以补正；在不可能补正或者补正没有意义时，相对人也不能请求撤销该行政行为。"但是，行政机关自行撤回这种行政行为的权力不受影响。"① 德国《联邦行政程序法》（1976 年）第 45 条和第 46 条即体现了这种精神。该法第 45 条规定了适用补正的情形。而当"程序违法的治愈不可能或者徒劳无益时"②，1996 年修订的《联邦行政程序法》增加规定了第 46 条：对于按照第 44 条不能认定为无效的行政行为，不得仅仅以违反程序、形式或者地域管辖权的规定为由要求撤销该行政行为，如果这种违反明显地没有对决定发生实际的影响。③ 这种做法比较务实和严谨。

治愈多是由行政主体实施的，而违法性的不予考虑实施主体通常是救济机关（包括复议机关和法院）。

违法性不予考虑情形主要包括如下几种：

（1）违法性体现为行政行为作出时实施了"多余的程序"，但结果对相对人的合法权益没有任何影响。这种情形补正没有任何意义。如王聪颖与国家工商行政管理总局商标评审委员会商标异议复审行政纠纷上诉案。④ 该案中，北京市第一中级人民法院认定的基本案情是：

2008 年 7 月 31 日，亚特兰蒂斯公司向国家工商行政管理总局商标局（以下简称商标局）提出第 6872559 号"BOMB 炸弹"商标（以下简称被异议商标）的注册申请。被异议商标经商标局初步审定并予以公告期间，王聪颖提出异议申请，商标局作出（2011）商标异字第 08709 号裁定（以下简称第 8709 号裁定），被异议商标予以核准注册。2011 年 5 月 11 日，身份证号为 120225198612270×××的自然人王聪颖针对第 8709 号裁定向国家工商行政管理总局商标评审委员会（以下简称商标评审委员会）

---

① ［德］哈特穆特·毛雷尔：《行政法学总论》，高家伟译，法律出版社 2000 年版，第 257 页。

② 同上。

③ 该法条引自于安《德国行政法》，清华大学出版社 1999 年版，第 215 页。

④ 北京市高级人民法院（2013）高行终字第 475 号行政判决书。

提出商标异议复审申请（以下简称第二次申请），并引证了在先注册的第6206648号"CHERRY：BOMB"商标（以下简称引证商标一）。2011年5月9日，身份证号为110229198303291×××的自然人王聪颖针对第8709号裁定亦向商标评审委员会提出商标异议复审申请（以下简称第一次申请），其中不仅援引了引证商标一，还援引了第3062186号"炸弹BOMB"商标（以下简称引证商标二）。2012年5月23日，商标评审委员会作出商评字〔2012〕第21916号《关于第6872559号"BOMB炸弹"商标异议复审裁定书》（以下简称第21916号裁定），裁定被异议商标予以核准注册。

北京市第一中级人民法院认为，姓名均为王聪颖、身份证住址均为北京市海淀区北京林业大学清华东路35号的自然人分别针对第8709号裁定，依次向商标评审委员会提出第一次和第二次申请。根据查明事实显示，第二次申请的申请人与本案当事人王聪颖系同一人，且其在第二次申请中仅以引证商标一作为本案引证商标。同时，王聪颖不认可其曾提出第一次申请，商标评审委员会亦无证据证明第一次申请确系王聪颖提出。在此基础上，商标评审委员会以第一次申请中所提及的引证商标二作为本案引证商标，继而用以评价被异议商标是否应予核准注册，超出了复审请求的范围，存在程序违法。但是，鉴于本案异议复审申请系王聪颖提起，其目的在于通过引入引证商标，以阻止被异议商标的核准注册。商标评审委员会虽然在引证商标一的基础上，超出复审请求范围引入了引证商标二，但其上述超范围评审行为的发生确系受客观事实影响，且该行为亦未由此损及王聪颖权益，也并未有悖于其提起异议复审申请的初衷。若仅因此撤销第21916号裁定并责令商标评审委员会重新作出裁定，则其仍将就被异议商标与引证商标一是否构成类似商品上的近似商标进行审查，而此部分内容在第21916号裁定中已有明确认定。因此，从审理效率及减少当事人诉累的角度出发，对商标评审委员会的上述程序瑕疵予以指出，但不再仅以此为由撤销第21916号裁定。此外，法院亦不再对被异议商标是否与引证商标二构成类似商品上的近似商标进行评述。

结合其他理由，法院判决驳回了王聪颖的诉讼请求。

王聪颖不服一审判决，提起上诉，请求撤销一审判决及第21916号裁定，判令由商标评审委员会重新作出裁定。就商标评审委员会的程序违法问题，王聪颖的上诉理由为：第一，王聪颖在本案异议复审程序中并未援引引证商标二，商标评审委员会将被异议商标与引证商标二的近似性进行比对，超出其审理范围，存在程序违法；第二，由于第一次申请系他人伪造身份证件所为，其不能成为商标评审委员会作出裁定的合法依据，故商标评审委员会据此作出引证商标二和被异议商标是否构成近似的认定也存在认定事实错误，应当予以纠正。

对于商标评审委员会的程序违法问题，北京市高级人民法院认为：

根据《中华人民共和国行政诉讼法》第五条规定，人民法院审理行政案件，对具体行政行为是否合法进行审查。《商标评审规则》是商标评审委员会审理商标行政纠纷案件的程序性规范，商标评审委员会依照相关内容执行并无不当。该规则第二十八条规定，商标评审委员会审理不服商标局异议裁定的复审案件，应当针对当事人复审申请和答辩的事实、理由及请求进行评审。由于本案当事人王聪颖在其异议复审申请书中并未将第3062186号"炸弹BOMB"商标（即引证商标二）作为引证商标，但商标评审委员会在作出第21916号裁定中径行援引前述商标，显然超出了当事人复审申请的理由范围，存在程序违法。然而，商标评审委员会在第21916号裁定中已经对王聪颖所提出的全部复审申请事实及理由进行了审理及相应认定，故其前述的程序违法的行为并未损害王聪颖的合法权益；同时，若本院以此为由撤销第21916号裁定，则商标评审委员会仍将就被异议商标与引证商标一是否构成类似商品上的近似商标进行审理，而此部分内容在第21916号裁定中已经进行了明确的确认。因此，一审判决从提高行政效率、减少当事人诉累的角度出发，在指正第21916号裁定程序瑕疵的基础上，并未依据此理由撤销第21916号裁定的认定并无不当，本院予以确认。王聪颖此部分上诉理由缺乏事实及法律依据，本院不予支持。

该案中，商标评审委员会的程序违法对第21916号裁定的作出及内容没有实际影响。即使没有该程序违法，商标评审委员会也不会作出与第21916号裁定不同的裁定。并且，这种"多余的程序"构成的违法，无法补正。如果要消除这种违法，只能撤销然后重作一个内容完全相同的决定。因此，对这种不能通过补正治愈的行政行为，法院采取"忽略"或"不予考虑"的方式处理是正确的。

（2）违法性体现为行政行为作出时缺失"必要的程序"，但对相对人的合法权益没造成任何实质影响。这时补正也没有任何意义。如连州市东陂镇卫民村委会自背冲村民小组等与连州市人民政府林地确权行政纠纷上诉案。① 该案中，针对上诉人以被诉行政行为未经公告程序主张撤销的理由，广东省高级人民法院认为：国家林业局《林木和林地权属登记管理办法》第十条规定："登记机关对已经受理的登记申请，应当自受理之日起 10 个工作日内，在森林、林木和林地所在地进行公告。公告期为 30 天。"虽然被上诉人在诉讼期间未能提供足够的证据证明其于 2006 年 5 月 25 日进行涉案林权登记公告，但是，鉴于二上诉人已经参加了 2006 年 5 月 25 日的现场探查，并在原审第三人的《林权核查登记表》上签字认可，已经清楚涉案登记发证的权属界限范围，因此被上诉人未依据上述规定进行公告可认定为发证程序存在瑕疵，但由于登记结果未侵害上诉人合法权益，故该程序瑕疵并不构成违法，不影响被诉林权证的合法性。法院的这种认定即是对被诉行政确权行为违法性不予考虑。再如马佐里公司（MARZOLI S. P. A）与中华人民共和国国家工商行政管理总局商标评审委员会商标争议行政纠纷上诉案。② 本案中，针对上诉人主张商标评审委员会未告知其商标评审人员的组成情况属于程序违法，应撤销争讼行为。北京市第一中级人民法院认为，法律并未规定提前告知商标评审组成人员，但北京市高级人民法院认为：商标评审委员会在商标争议程序中，应按照相关法律法规及《商标评审规则》等规范其具体行政行为。虽然相关法律法规及《商标评审规则》中并未对商标评审委员会是否应当在商标评审程序中提前告知评审人员的组成情况，但是，在商标争议程序，商标评审委员会是依据双方当事人主张及提交的证据进行审查，并作出商标争议裁定，因此，商标评审委员会在商标争议程序中作为对双方当事人的主张和证据是否发回相关法律法规规定作出判断的机构，在对商标争议案件进行审查时，应当提前告知各方当事人商标评审委员会评审人员的组成情况。本案中，商标评审委员会未将审查本案的评审人员提前告知马佐里公司确有不当。但是，提前告知商标评审委员会评审人员的组成情况的目的是赋予当事人能够对评审人员是否与其所审查的案件有利害关系进行审查的权利，防止与案件有利害关系的人员参加评审工作。因此，在马佐里公司并未提出本案商标评审委员会评审人员与本案有利害关系等应当回避的情况下，商标评审委员会的做法虽有不当，但并未对马佐里公司造成实体

---

① 广东省高级人民法院（2013）粤高法行终字第 100 号行政判决书。
② 北京市高级人民法院（2012）高行终字第 1465 号行政判决书。

权利的损害，故仅以此为由撤销第 09141 号争议裁定没有必要。在驿城区沙河店镇沙东村第五村民小组与泌阳县人民政府等土地行政登记纠纷上诉案中，法院认为：关于泌阳县人民政府办证中没有进行公告问题，应系程序瑕疵，且该土地从 1979—1999 年登记时，一直由棉花加工厂占有、使用，因此该瑕疵尚不足以影响登记行为的合法性。故判决驳回了原告撤销被诉行政行为的请求。[1]

（3）违法性体现为行政行为作出时违反法律规定的程序，但这种违法无法补正。如应当回避的执法人员参与了行政行为的实施过程，这种程序违反无法补正。要想弥补这种程序瑕疵，只能撤销后更换执法人员重作行政行为。这与治愈的理念相悖。再如行政行为没有在法定期限内作出，而逾期作出的情形，也无法补正。如在孙某某与慈溪市公安局治安行政处罚纠纷上诉案中，[2] 上诉法院指出：虽然被上诉人慈溪市公安局于 2011年 4 月 13 日受案后，直至 2011 年 10 月 19 日才作出被诉治安行政处罚决定，不符合《中华人民共和国治安管理处罚法》第九十九条关于办案期限的规定，但并未影响上诉人孙某某在治安行政处罚程序中依法享有的各项权利，该程序瑕疵不足以否定被诉治安行政处罚决定的合法性。[3] 因此，在无法补正情形下，如果行政行为不可能出现其他不同结果时，可以不予考虑其违法性。

我国司法实践中，由于没有治愈的明确立法，法院在审理涉及程序违法行政行为时，即使可以通过治愈消除瑕疵，由于已处诉讼阶段，法院通常也以"不予考虑"方式处理。

二　补正的性质

补正是否是具体行政行为，关涉相对人行政救济权的实现。如果补正是具体行政行为，相对人如对其不服，可以针对补正行为提起行政救济。

---

① 河南省驻马店市中级人民法院（2011）驻法行终字第 138 号行政判决书。

② 浙江省宁波市中级人民法院（2012）浙甬行终字第 112 号行政判决书。

③ 仅以行政处罚超过办案期限主张否定该行为，法院可以对该程序违法不予考虑。这种不予考虑是基于超过办案期限这种违法并不必然影响行政行为的内容。这是不予考虑方式的最根本理由。但有的判决对此并未理解，适用了其他理由。如上诉人张雪飞因被上诉人柘城县公安局治安行政处罚不服一审判决案［河南省商丘市中级人民法院（2012）商行终字第 92 号行政判决书］，二审法院在判断被诉行为的合法性时，虽将超过办案期限这种程序违反行为不予考虑，但其理由却是"被上诉人柘城县公安局办理案件期限属内部程序，对该程序的违反不能作为撤销被诉治安行政处罚之理由"。事实上，公安机关办理治安案件的期限并非单纯内部程序，而属于具有法律性质的行政规范性文件。行政机关应遵守，否则即违法。

反之，如果补正不是具体行政行为，相对人无法对之提起行政救济。

补正是通过弥补行政行为欠缺的合法要件，消除行为的违法性的制度。补正并不为相对人设定新的行政法权利义务，而只是使行政行为欠缺的合法要件得以齐备所进行的补充性行为，这些补充性行为多是程序性行为。对相对人产生拘束力的仍然是原违法行政行为所创设的权利义务关系。因此，补正行为本身并非具体行政行为，而是原行政行为的补充，应视为原行政行为的一部分。相对人对补正行为不服，应视为对原行政行为不服，只能对原行政行为提起行政救济。①

三 补正的条件与范围

补正是将违法行政行为变为合法行为，从而使其不被撤销，而维持其法律效力的制度。该制度是在行政行为体现的公益和其侵害利益之间进行权衡并作价值判断基础上所进行的法律拟制，即把事后的弥补措施拟制为行政主体作出行为时的行为，以此使行政行为欠缺的合法要件得以完备，消除其违法性。这种拟制有一个前提，即行政行为违反或欠缺的合法要件对行政行为结果不产生实质性影响。只有对行为结果不产生实质影响的瑕疵才能够将事后的弥补拟制为当时作出的行为。这种瑕疵主要包括轻微的程序瑕疵以及其他非实质性要件的违反或欠缺。因此，补正适用的条件可归纳为：违反或欠缺对行政行为结果不产生实质性影响的合法要件的行政行为，可以适用补正治愈其瑕疵。台湾学者汤德宗亦持类似观点。如其认为，台湾行政程序法"第一百一十四条应限缩解释为：该条第一项第二款至第五款所列之四种情形，虽于第二项所定时点前，补行欠缺之程序（补申请、补记理由、补予陈述意见之机会、补作决议、补行参与），亦仅于补行程序后，对于行政机关原违反程序所作成之实体决定不生影响时，始得补正（程序违反之瑕疵因补行程序而治愈）。反之，如虽依限补行程序，但行政机关因而应变更其原先违反程序所为之实体决定时，程序违反之瑕疵自不能因此补正，而应认法院得于审查后撤销之。"②

补正旨在消除行政行为的违法性，使其变为合法行为，如果行政行为存在可以补正的瑕疵，同时又存在无法治愈的实体瑕疵的，则无须考虑补正，可径自撤销。但假使行政行为既存在可补正瑕疵，又存在可追认的瑕

---

① 参见李惠宗《行政法要义》增订二版，（台北）五南图书出版公司，第396页。
② 汤德宗：《行政程序法论》，元照出版公司2001年版，第92页。

疵，则亦可同时适用补正和追认治愈其违法性。总之，补正、追认等治愈手段的目的在于最终使行政行为的违法性消除，如果不能达到消除其违法性的目的，则无须适用治愈方式。

补正制度的目的在于维持法律的安定性，提高行政效率，追求实质正义，实现公共利益。这种制度设计并非没有疑问。因为法律规定行政活动应遵循的程序，不仅具有在空间上规制行政权行使的考量，还有从时间上约束行政主体的立法用意，如果允许行政主体以事后的措施代替当时应当采取的行为，那么，程序所具有的从时间上规范行政权的立法目的将无法实现。当然，可能有人会说，立法规定程序规范的主要目的是保证行政行为据以作出的事实得到查明，从而确保行政行为正确，如果行政主体对程序的违反并不影响行政行为内容，就应该允许事后补正。但不可忽视的是，不仅程序的违反是否影响行政行为作出以及影响程度如何，经常会产生争议，而且，程序本身所具有的独立价值也将受到损害。因此，事后补正制度与依法行政原则并非完全吻合。所以，即便为了实现、维护或促进更大的公共利益而需要补正制度，也必须对其适用范围严格限制，而不能泛化补正的适用。

关于补正的范围，域外有不同的立法例。

第一种立法例，是采取完全列举的方式明确规定可以补正的瑕疵情形。如德国《联邦行政程序法》。该法第45条第1款规定：

违反有关程序与方式之规定者，除该行政处分依第44条之规定而无效者外，因下列情形而视为补正：

为行政处分所必要之声请，已于事后提出者。

必须说明之理由，已于事后说明者。

对于当事人必要之听证，已补办者。

作成行政处分时必须参与之委员会之决议，已于事后作成者。

必须参与之其他官署，已于事后参与者。

我国台湾地区行政程序法借鉴德国，也采取了该种立法方式。

第二种立法例，是以排除法规定不得补正的情形。如《葡萄牙行政程序法》第137条第1款规定：

不允许追认、纠正及转换无效或不存在的行为。

我国澳门地区行政程序法因袭了葡萄牙的立法例。

第三种立法例，是概括规定行政主体有权补正瑕疵行政行为，并未明确规定补正的范围，如《西班牙行政程序法》第 53 条第 1 款规定：

行政权力者，得治疗瑕疵行为之缺陷，使之生效。

在法国，原则上，在法律没有规定时，行政行为形式的违法不能事后补正，因为补正行为的效力不能追溯既往。除法律的规定以外，行政法院的判例，允许在某些情况下，行政行为形式的违法可以补正：首先，物质上的遗漏和错误可以补正。例如会议讨论的记录，事后补上负责人的签名，行政决定中条文引证的错误可以改正，但不能修改决定的内容。其次，在某些情况下，相对人的同意，可以消除形式上的违法。当行政机关行使羁束权力，必须作出某种内容的决定，如果行政决定的内容符合法律规定，但作为根据的法律条文或理由错误时，行政法院不撤销原来的决定，而是用正确的条文或理由，代替错误的条文或理由。①

比较上述几种立法例可以看出，第一种立法例对于适用补正的情形进行了严格的限定，可以补正的情形仅限于法律明确列举的情形，其他情形不得补正。第二种立法例规定的补正范围相对宽松，除无效行政行为和不存在的行为不得补正外，其他情形均有适用补正的可能，至少从法律文本上可以作此解读。第三种立法例规定的补正范围最广，仅概括规定行政主体有针对违法瑕疵情形予以补正权力，对于范围未作任何限制。当然，未作限制不等于没有条件限制，但这种立法给有权机关留下了较大的自由裁量空间。由于资料所限以及法国行政法的判例法传统，笔者没有发现法国成文法律关于补正的规定，而行政法院判例显示的补正范围很窄。法国是通过限制不影响行政决定内容的违法行为的撤销，来达到与补正一样的效果。

就域外国家或地区关于补正的规定看，第一种立法方式对于规制行政滥权、促进行政主体依法行政具有重要作用，但同时也可能使某些违法情节并不严重、违反的规定并非行政行为的实质要件或者违反的规定并不影响行政行为内容的行为无法得到补正，而可能面临被撤销的命运。这将有损法的安定性和行政效率，不利于公益之维护。如有学者认为："可补正之行政处分是否以此五款为限，不无商榷之余地。行政处分往往牵涉较广，基于尽量使行政处分有效，以维持公法秩序之安定之考虑，似不应以

---

① 参见王名扬《法国行政法》，中国政法大学出版社 1988 年版，第 671—703 页。

此五款为限"。如"仅属引用法条错误的情形，亦应有补正的机会"。[1] 因此，该种立法例不宜采纳。第二种立法例和第三种立法例虽然为补正的适用留下了广阔空间，但由于其没有一个具体的操作标准，宽泛的规定只会带给实践更大的困惑。这两种立法例也不适合中国目前的法治水平和公务人员素质状况。

笔者认为，补正的范围不应限于德国行政程序法所列举的特定程序瑕疵，还应包括其他瑕疵情形。其他瑕疵情形，应以欠缺该要件对行政行为的结果不产生实质性影响为判断标准。在此基础上，我国行政程序立法宜采取概括加示范列举或不完全列举的方式规定补正的适用范围。

从目前已公布的两个版本的行政程序法试拟稿来看，尽管立法方式不同，但对补正范围的认识却极为相似，即都认为补正的范围不应限于德国法完全列举情形。如姜明安教授执笔的试拟稿采取了列举加概括的立法方式，其在列举的最后一项规定的是概括条款：

行政处理有下列情形之一的，作出处理的行政机关或其他行政主体可主动或应相对人申请予以补正：

（一）处理决定文字表述或计算错误[2]；

（二）处理决定已载明处理主体但未盖章，或已盖章但未载明处理主体；

（三）处理决定未载明日期[3]；

（四）作出处理决定遗漏了某些程序，予以补正对相对人权益没有不利影响的；

（五）具有可撤销情形的行政处理作补正处理对相对人更为有利，且不损害社会公共利益的。

应松年教授主持起草的专家建议稿采取不完全列举的立法方法：

行政决定违反法定程序的，除根据本法规定无效外，存在下列情形之

---

[1]　李惠宗：《行政法要义》增订二版，（台北）五南图书出版公司，第396页。

[2]　该种情况应属错误行政行为，不属违法行政行为，可由行政主体随时更正其错误，不适用补正制度。因为补正与更正的法律后果不同。违法行政行为，如属可补正而行政主体不予补正的，法院可予以撤销；而错误行政行为，即使错误未被更正（错误不利于相对人者除外），法院也不能予以撤销。因此，试拟稿将错误行政行为纳入补正范围做法，值得商榷。

[3]　该种情况并非必然影响相对人合法权益，因此，不属构成违法行政行为，相对人不能因此诉请撤销。如果因此影响相对人救济期限的，则救济期限可予以延长。故，试拟稿将该种情况纳入补正范围的做法，亦值得商榷。

一的，由作出决定的行政机关予以补正：

（一）对依申请的行政决定，当事人在事后才提出申请的，由行政机关事后加以确认；

（二）未说明理由但对当事人的合法权益没有实质性影响的，行政机关可在事后说明理由；

（三）需要进行补正的其他情形。

尽管两个试拟稿采取的立法技术和方法不同，但从内容上看效果是一致的。姜明安教授执笔的试拟稿虽然采取的是完全列举法，但其最后一项列举其实就是补正的兜底条款，是一种概括性条款，与应松年教授主持起草的试拟稿的第三项列举本质上相同。尤其是姜明安教授的试拟稿最后一项概括性条款，已经超越了德国仅可对程序瑕疵进行补正的立法规定，使补正的适用范围由程序瑕疵扩展到实体要件欠缺瑕疵，这因应了纷繁复杂的行政实践，克服了形式主义法治片面追求程序正义的弊端，使形式法治与实质法治有机融合，既能有效维护相对人合法权益，又能促进公共利益。因此，从目前的主流观点看，我国学者倾向于对补正范围作开放式列举。这有利于立法适应复杂多变的社会现实，也给有权主体留下了自由裁量的空间，对于维持法律的安定性、提高行政效率、实现、维护和促进公共利益都具有重要的意义。当然，对补正范围的这种认识和立法方式与我国传统对公共利益的强调和重视不无关系，虽然这符合行政法利益追求和价值取向，但亦应注意补正泛化带来的危害，因此，对补正的适用范围进行必要的控制也是不可或缺的。

四 补正的法律效果与时间

（一）补正的法律效果

（1）消除行政行为的程序瑕疵（不包括管辖权瑕疵）或其他违法情形，使其由违法行为变为合法行为，维持其法律效力。对于因欠缺特定程序或其他非实质要件构成违法的行政行为，通过事后弥补相关程序或要件，使行政行为当初欠缺的合法要件得以齐备，从而使违法行为因补足了合法要件而变成合法，行为的法律效力因之将继续存在。补正并不能解决违法行政行为的管辖权瑕疵，那是追认的客体。

（2）多数补正（针对程序的补正）具有溯及既往的效力，使被补正的行政行为自作出之日起消除违法性，变为合法行为。补正是对行政行为瑕疵所作的事后弥补，其是否有溯及力，关涉行政行为的效力起始。如果补正没有溯及力，则行政行为的效力自补正行为作出之日起生效。行政行为作出之日至补正之日的法律效力将无法维持。反之，如果补正具有溯及力，则行政行为自作出之日起有效。

从国外立法看，多数国家明确规定补正具有追溯效力。如《葡萄牙行政程序法》第 137 条第 4 款规定：只要法定制度无任何变更，则追认、纠正及转换的效力，溯及被追认、纠正及转换的行为作出之日。我国澳门地区行政程序法也作了相同的规定。《西班牙公共行政机关及共同的行政程序法》第 57 条第 3 款规定：

只要必要的事实之假设先于追溯行为效力之日前已存在，并且上述效力不损害其他人的合法权益，则对为替代已取消的行为而作出的行为，在它们产生有利于利害关系人效力时，可以例外地赋予其追溯效力。

但德国和我国台湾地区未明确补正是否具有溯及效力。德国《联邦行政程序法》第 45 条的规定是："违反程序或形式规定的行政行为，按照第 44 条没有认定为无效的，在下列情形中并不特别重要……"① 德国学者毛雷尔的解释是，"有争议的是：治愈是向前生效还是向后生效。联邦行政程序法第 45 条避开这个问题，明确规定：程序违法可以'忽略'，也就是说对行政行为的合法判断不再予以考虑。不考虑的要求虽然只对将来重要，但也涉及过去发生的事件。结果是：不考虑性在结果上产生溯及既往的效果。"②

补正是通过事后弥补方式治愈行政行为存在的瑕疵，使其欠缺的程序要件或其他非实质性要件得以齐备，从而维持行政行为的法律效力，使其创设的法律关系保持稳定。如前述以颁证行为有瑕疵而起诉民政局要求撤销结婚登记案。当事人秦某、唐某为逃避计划生育管理，请求颁证机关将其结婚登记证上的日期提前了一年，这种瑕疵完全可以通过事后补正予以消除。如果补正不具有溯及力，则即使补正该瑕疵，秦某和唐某在补正之前的婚姻关系也无法得到法律认可，这显然不符合婚姻登记制度所维护的公共利益，破坏了法律关系和法律状态的安定。因此，从补正制度的目的来看，法律安定性是首要考量的因素，即为了保持行政行为所创设的法律关系和行政秩序的稳定，存在轻微程序瑕疵或欠缺其他非实质性要件的行

---

① 于安：《德国行政法》，清华大学出版社 1999 年版，第 214 页。

② ［德］哈特穆特·毛雷尔：《行政法学总论》，高家伟译，法律出版社 2000 年版，第 255 页。

政行为可予补正，而使其预期的法律效力继续存在。因此，补正原则上应具有溯及既往的效力。

针对非实质性实体要件的补正不具有溯及效力，其效力自补正之日起发生。该问题将放在后文探讨。

（二）补正时间

补正的作出时间是一个重要问题，它既影响法律关系和法律状态的安定，也会对司法审查产生影响。因此，有必要对补正时间作出法律规定。

德国联邦行政程序法在 1996 年修改前曾规定，除事后提交行政行为所需申请的情形外，其他情形的补正，仅允许在前置程序结束前或未提起前置程序时，在提起行政诉讼之前补作。我国台湾地区"行政程序法"（1999 年）第 114 条第 2 款作了相同规定：补正行为，仅得于诉愿程序终结前为之；得不经诉愿程序者，仅得于向行政法院起诉前为之。翁岳生主持的中国台湾"行政程序法（草案）"（1990 年）立法说明中对此规定的解释是："为确保该等程序规定在程序法上之目的不致落空，并就行政任务与法院审判权作一妥适划分，防止行政机关纯粹为行政权威或机关间团结而非基于合理考量作成事后补正。"①

但是，1996 年德国行政程序法修订时，对第 45 条第 2 项作了修改，将补正时间，延长至行政诉讼程序终结前。

笔者认为，法律规定特定瑕疵的行政行为可以补正，是基于行政行为体现的公共利益比其轻微瑕疵侵害的法益更值得保护所作的价值选择。以补正保护更大公共利益这一立法目的，必须在行政领域内完成，而不能由作为争讼裁决机关的复议机关或法院替代，这是裁决权的中立性以及行政机关与司法机关权限分工的要求。因此，制度设计也应围绕如何促进补正的实现进行。即使违法行为被诉至争讼机关，争讼机关也可以提示行政主体补正的机会或可能，只要这种补正是由行政主体或在行政领域内进行，而不是由争讼机关实施即可。基于此，"（德国）第六次修正行政法院法的法律从诉讼的角度对联邦行政程序法第 45 条作了补充。根据《行政法院法》第八十七条第一款第二项，（主任或者书记）法官在准备程序中可以给行政机关通过补正的机会，也就是说提示行政机关注意可能的程序违

---

① 应松年：《外国行政程序法汇编》，中国法制出版社 1999 年版，第 687 页。

法和治愈机会。"①

综上，补正时间宜限定于争讼程序终结前，即补正应于行政复议程序终结前为之，未经行政复议程序而直接提起行政诉讼的，应在行政诉讼程序终结前作出。

第二节　积极补正

一　概述

补正是违法行政行为治愈的一种重要方式。它对维持法的安定性，提高行政效率，实现、维护和促进公共利益都具有重要意义。但这种事后补正的方法仅是法律基于利益衡量所作的变通之策，是依法行政原则的例外现象而非常态现象，必须将这种变通措施的适用控制在必要的范围内。否则，补正的泛化将无法有效制约行政权之滥用，亦将弱化程序正义理念、架空依法行政原则。因此，补正适用的客体需要仔细研究。

依据补正主体的不同，可将补正分为两种：一是积极补正或人为补正，即作出行政行为的行政主体或者行政相对人所进行的补正；二是消极补正或自然补正，即客观条件的变化使行为违法性自然消除。无论积极补正还是消极补正，无论行政主体补正还是行政相对人补正，都必须受补正适用条件或标准的限制，即行政行为欠缺的合法要件对行政行为的结果不产生实质性影响。本节及下节将以补正的主体为线索对补正适用的客体展开探讨。如无特别说明，探讨可否适用补正的情形时，均以违法行政行为欠缺的合法要件对行政行为的结果不产生实质性影响为限。

二　行政主体补正

积极补正，又称人为补正，是指行政主体或者行政相对人通过采取一定的措施弥补行政行为欠缺的合法要件，消除其违法性，使其变为合法行政行为的方法。积极补正又可分为行政主体补正和行政相对人补正。多数补正是由行政主体实施的。下面将就违反行政程序的几种主要情形是否可以补正逐项加以探讨。

---

① ［德］哈特穆特·毛雷尔：《行政法学总论》，高家伟译，法律出版社 2000 年版，第 255 页。

（一）违反回避规定

无论英美法系还是大陆法系国家，回避制度都是一项重要的程序制度。在英国，自然正义包括公正程序的两项根本规则：一个人不能在自己的案件中做法官；人们的抗辩必须公正地听取。[①] 它是一个最低限度的公正原则。对于所有行使公权力的机关均适用。对于违反这项原则的行政决定，法院根据不同情况有时认为是无效的，有时认为是可撤销的。一般地说，法院对于当事人有重要影响的行政决定，在程序上违反自然公正原则时会认为无效，而对影响较小和违法情况较轻的行政决定，则认为是可撤销的决定。[②] 在美国，如果主持听证或作出裁决的人对拟处理的事件有法律上的偏见，则应当回避。法律上的偏见主要包括两类：利害关系和个人偏见。如果一个行政裁决是由有法律上偏见的裁决官作出的，那么该裁决是无效的。对法律和政策事先采取的立场和预先决定的观点，以及对于带有普遍性的立法性的事实的预定观点，不是偏见。和立法性的事实不同，对司法性事实的预定观点，可以构成偏见。如果对案件的事实仅仅有事先的接触，并没有采取特定的观点，这种接触不构成回避的理由。[③] 另外，回避必须让位于"必需原则"，即"出于案件本身的需要，产生了下述规则：回避不得使行政机关内唯一有审讯权的行政法庭归于瓦解。"在这种情形下，个人的权利应当让位于执法的公共利益。[④]

在德国，《联邦行政程序法》第 44 条第 3 款规定，应当回避而未回避的人作出的或参与作出的行政行为并不当然无效。我国台湾地区行政程序法也作了类似规定。台湾学者汤德宗认为，应回避而未回避的情形包括"半途始回避"与"全程未回避"。公务员在相对人陈述意见或听证后才回避的，应当重新进行陈述意见或听证程序，否则应视同全程未回避。公务员在相对人陈述意见开始前就已回避的，对行政行为的最终作出不产生实质影响。对于全程未回避的，应推定为违法，属可撤销行为。[⑤]

从域外经验看，行政行为违反回避制度的，要么认定为无效，要么属可撤销，均无补正的适用。事实上，回避制度与其他程序制度不同，其他

---

① ［英］威廉·韦德：《行政法》，中国大百科全书出版社 1997 年版，第 95 页。
② 王名扬：《英国行政法》，北京大学出版社 2007 年版，第 123 页。
③ 王名扬：《美国行政法》，中国法制出版社 2005 年版，第 460—461 页。
④ ［美］伯纳德·施瓦茨：《行政法》，群众出版社 1986 年版，第 291 页。
⑤ 参见汤德宗《行政程序法论》，元照出版公司 2001 年版，第 100 页。

程序制度如告知、听证、说明理由等程序给行政主体或公务人员施加的是对相对人应实施积极的作为义务，而回避制度给行政主体或公务人员施加的是对相对人的消极不作为义务。换言之，在其他程序制度下，法律要求行政主体对行政相对人作出一定行为，而在回避制度下，法律要求的是相关公务人员不参与该案的处理和决定。因此，违反回避制度的行政行为的违法性大于违反其他程序的行为的违法性，继而，其法律后果也应不同：其他程序的行政行为有补正的可能，而违反回避制度的行政行为，不能补正，事实上违反回避制度的行政行为也无法补正。

当行政主体没有告知相对人有申请回避权利时，如果这种瑕疵对行政行为的结果没有实质性影响，则该瑕疵可以忽略，或作为不构成撤销事由的瑕疵，从而维持行政行为。这种瑕疵不可补正。

（二）违反行政告知义务

行政主体应将拟作出的行政行为的事实根据、法律依据、决定内容以及救济途径、期限等告知行政相对人，行政行为自告知相对人时起发生效力。行政行为告知的宪政法理基础是行政相对人在行政法律关系中的主体法律地位。它直接导源于现代宪政理论中国家对人权的尊重和保护理念。① 《葡萄牙行政程序法》第 3 章专章规定了行政行为的"通知及期间"。西班牙、德国、日本、我国台湾地区等国家或地区行政程序立法均规定了行政行为的告知义务。如日本《行政程序法》第 30 条规定：

行政机关应于辩明书之提出期限（其赋予言辞辩明之机会时，该时间）前之相当期间内，以书面将下列事项通知将为不利益处分之相对人。一、预定之不利益处分之内容及其法令依据。二、不利益处分原因之事实。三、提出辩明书之处所及期限（赋予言辞辩明机会时，其意旨及应出席之时间及场所）。

行政主体违反告知义务情形主要有如下几种：没有告知，即行政主体没有将作出的行政行为通过法定程序送达行政相对人，即予执行或者申请法院强制执行。对象错误，即行政主体将作出的行政行为告知行政相对人之外的人，从而使行政相对人无法了解行政行为的内容。程序违法，即行

---

① 章剑生：《行政程序法基本制度》，载应松年《当代中国行政法》，中国方正出版社 2005 年版，第 1373 页。

政主体的告知行为违反了法定程序。如超过时限、顺序颠倒、步骤缺损。① 告知内容不完全及告知内容错误。

（1）没有告知。如果行政行为没有履行告知义务，则行政行为对相对人不生效。如德国《行政程序法》第43条第1款规定：

行政行为以对相对人或涉及的人通知的时刻开始生效。行政行为内容的有效以通知为准。

我国台湾地区"行政程序法"第110条第1款规定：

书面之行政处分自送达相对人及已知之利害关系人起；书面以外之行政处分自以其他适当方法通知或使其知悉时起，依送达、通知或使知悉之内容对其发生效力。

可见，行政行为的生效是以行政主体的告知为起点的。如果行政主体不履行告知义务，行政行为应视为未成熟，或者视为行政主体的内部的、阶段性的行为。这样的行为不适用补正。

但是，如果行政主体应该通过书面文书进行告知，但其并未将书面文书送达相对人，就直接将行政行为予以执行。执行完毕后，才将书面法律文书送达相对人。这时，行政行为是否可以治愈？如果行政行为的实体内容正确，那么，事后送达法律文书可以补正前面该行为的瑕疵。

（2）告知对象错误。告知对象错误包括法律文书上的相对人名字或名称出现错别字、误写等不引起误解的错误。如宜昌市妇幼保健院不服宜昌市工商行政管理局行政处罚决定案中，湖北省宜昌市工商行政管理局在对宜昌市妇幼保健院处罚时，将"宜昌市妇幼保健院"写成了"宜昌市妇幼保健医院"，在诉讼中，原告以此作为诉请撤销被告行政处罚行为的理由之一，未得到法院支持。② 将"浙江奥美传播有限责任公司"写成"浙江奥美传播有限公司"，缺少"责任"二字。③ 如将陈凯歌写成陈凯哥，但不引起误解的情况，等等。这样显而易见的错误，只导致行政行为错误，而不构成违法。行政主体可以随时更正，而不适用补正。在诉讼过

---

① 参见章剑生《行政程序法基本制度》，载应松年《当代中国行政法》，中国方正出版社2005年版，第1382—1384页。

② 载《最高人民法院公报》2001年第4期。

③ 章剑生教授认为，这种错误可以适用补正解决。参见章剑生《行政程序法基本制度》，载应松年《当代中国行政法》，中国方正出版社2005年版，第1373页。在国外，也有将类似错误适用补正解决的例子。但严格来说，这种错误不构成违法，不适用补正。行政主体可以随时更正之。

程中，法院在审查被诉行为合法性时，常忽略这种程序瑕疵。如金某等与某区环境保护局等环保行政批准纠纷上诉案中，法院认为："（被上诉人）公示对象为'某区民航路某公寓周边的住户'，属于表述不规范，但不能据此认定公示对象排除了某公寓的住户。……上诉人关于被诉行政行为程序违法的主张，本院不予支持。"[1] 另一种告知对象错误是发生张冠李戴的情形，这时行政行为对于行政主体拟针对的相对人不生效，而对于被错误告知的人，则构成无事实根据的违法行政行为，这种情况不能补正。

（3）告知程序违法。行政主体在法定期限届满后将行政行为告知相对人的，构成迟到行政行为。迟到行政行为不能补正其前面的行政不作为。如果行政不作为对相对人权益造成侵害，相对人可以行政主体不作为提起确认之诉并要求赔偿。告知顺序颠倒，构成违法。单纯告知顺序颠倒，并不影响行政行为内容和相对人合法权益的，该违法无须补正，可以忽略不计。如在金某等与某区环境保护局等环保行政批准纠纷上诉案中，法院认为："被上诉人某区环保局接到涉案建设项目环保审批申请后，未及时向申请人出具书面受理凭证，导致其对涉案项目进行公示的日期早于受理凭证记载的受理日期，属于程序瑕疵，本院予以指正……上诉人关于被诉行政行为程序违法的主张，本院不予支持。"笔者认为，本案应构成程序违法，但该程序违法不足以导致撤销被诉行为后果，在判断被诉行为合法性时可以不予考虑该程序违法。告知步骤缺损，即行政主体告知行政行为在没有完成前一步骤情况下直接进入下一个步骤，从而完成行政行为的告知。[2] 告知步骤缺损，亦是程序违法。如果该违法没有对行政行为的内容产生影响，没有影响相对人的实体权利，则该违法可以补正。但如果补正没有意义时，也可以不考虑这种违法性。如厦门市集美区沁芳源园艺场诉厦门市人力资源和社会保障局社会保障行政确认纠纷案中，关于被告没有穷尽其他送达方式的情况下直接公告送达的程序问题，法院认定：

"关于举证责任通知书的问题，向用人单位送达举证责任通知书的目的在于保障用人单位的知情权和举证责任，虽然没有证据表明被告穷尽了送达措施，但庭审查明，作为用人单位的原告已知悉第三人申请工伤认定的事宜。关于送达工伤认定决定书的问题，被告已将工伤认定决定书直接

---

① 浙江省温州市中级人民法院（2012）浙温行终字第 72 号行政判决书。

② 章剑生：《论行政行为的告知》，《法学》2001 年第 9 期。

送达给第三人；但在未穷尽其他送达方式的情况下，即采公告方式向原告进行送达虽有不妥，但原告在被告公告送达的有效期间内，提起了行政诉讼，因此，被告的公告送达已达到了送达的目的，且未对原告的程序权利产生实际影响。据此，被告的送达工作虽不够细致，但对行政行为整体程序的正当性未产生实质性影响。"①

采用公告方式告知有关事项时，公告期过短是拆迁以及牵涉众多相对人利益行政行为实施过程中经常发生的现象。如有的行政机关在公示拆迁公告时，刚刚把拆迁公告张贴到墙上，马上拍照取证，拍完照后就将公示撕掉。再如《兰州某再生燃料技术公司利用石化企业含油污泥制造再生燃料示范项目环境影响评价邀请公众参与》的公示期限为 2012 年 1 月 7 日至 16 日，其间含 4 天的节假日，实际公示时间仅 6 天。② 公示告知时间短，亦属程序违法。如果尽管公示时间短，但相对人或利害关系人仍然知悉公示所要告知的内容，后续行政行为对相对人的权利未造成实质性影响，该违法可以不予考虑，即不作为撤销的理由。如张峰海与广饶县房产管理局拆迁行政许可纠纷上诉案中，二审法院认为：被上诉人在举行拆迁许可听证前确实存在公告期过短等问题，但综观全案，并未对颁发拆迁许可证的行为产生根本性的影响，属于程序瑕疵，尚不构成根本性违法。③

（4）告知内容不完全及告知内容错误。当行政主体告知内容不完全或告知内容错误时，对相对人生效的仅为告知完全、正确的内容。告知内容不完全及告知内容错误时，一般可以补正。如在张淑芝与沈阳市公安局和平分局公安行政处罚纠纷上诉案中，原审法院认为，"对于被告在向原告张淑芝送达的沈公（和）决字［2010］第 1862 号公安行政处罚决定书时，未能完整、全面地体现处罚决定的全部内容，由于不影响被告作出具体行政行为的正确性，故被告作出的本案被诉具体行政行为程序存在瑕疵，应予补正。综上，对原告要求撤销被告作出具体行政行为的诉讼请求，不予支持，应予驳回。"④

（5）未告知或者告知救济途径、救济机关及期间错误的，可视为错误行政行为。行政主体就其行政行为，如果未告知相对人诉权或救济期限

---

① 福建省厦门市思明区人民法院（2012）思行初字第 151 号行政判决书。

② 周文馨：《市民质疑环评公示无简本期限短》，《法制日报》2012 年 2 月 15 日第 6 版。

③ 山东省东营市中级人民法院（2008）东行终字第 4 号行政判决书。

④ 辽宁省沈阳市中级人民法院（2011）沈中行终字第 178 号行政判决书。

时，并不产生否定该行为的后果，仅产生延长救济期限的法律后果。如我国《行政诉讼法司法解释》第四十一条规定：行政机关作出具体行政行为时，未告知公民、法人或者其他组织诉权或者起诉期限的，起诉期限从公民、法人或者其他组织知道或者应当知道诉权或者起诉期限之日起计算，但从知道或者应当知道具体行政行为内容之日起最长不得超过二年。复议决定未告知公民、法人或者其他组织诉权或者法定起诉期限的，适用前款规定。如果告知救济期限错误，则从更正通知送达之翌日起算法定期间。如果告知的救济期限长于法定救济期限，且相对人对此已有合理信赖时，则该较长的期限视为法定期限。如"台湾行政程序法"第98条即作类似规定。告知救济机关错误，致使相对人向错误的管辖机关救济的，视为自始向有管辖权的机关救济，相对人不因此丧失诉权。"台湾行政程序法"第九十九条作了类似规定。

总之，违反告知义务的行政行为多数无适用补正的余地。具体言之，违反告知义务的行为对于其所针对的相对人要么不生效，要么属于错误行政行为，可更正之，对于被错误告知的人属于违法行政行为，应予撤销。当然，在欠缺法律要求书面告知情况下，如果行政行为已执行完毕，则事后书面法律文书的送达可以补正行为的瑕疵。

（三）违反说明理由义务

行政行为说明理由是促进行政主体正确决策、防止行政滥权、提高行为的可接受性的重要制度，同时，它也为司法审查提供了判断标准。特别是负担行政行为，行政主体的说明理由义务更成为其一项法定义务。如《日本行政程序法》（1993年）第十四条规定：

行政机关为不利益处分时，应同时对其相对人，明示该不利益处分之理由。但有紧急之必要而无须明示该不利益处分之理由时，不在此限。前项但书之情形，行政机关除在相对人之所在不明或其他在处分后明示理由有困难之情事外，应于处分后相当之期间内，明示该项之理由。

1973年，美国哥伦比亚特区上诉法院在重审州际商业委员会的一个案子时说："行政机关必须说明裁决理由。……这是行政法的基本原则。"①

当行政主体违反行政行为说明理由义务时，构成违法行政行为。但行

---

① ［美］伯纳德·施瓦茨：《行政法》，群众出版社1986年版，第391页。

政主体未说明理由并不代表行政行为没有理由，或者说行政主体不说明理由并不表示行政行为没有事实和法律依据。如果仅以行政主体违反说明理由义务而撤销行政行为，则对公共利益恐有不利。因为说明理由义务针对的是相对人的知情权或者申辩权，而这种程序性义务的违反并不必然导致行政行为实质违法。因此，单纯违反说明理由义务的行政行为可以经补正而治愈。如《德国行政程序法》第45条规定，对于不导致无效的对程序或形式的违反的行政行为，可因事后提出所需的说明理由而补正。我国台湾地区"行政程序法"第114条也作了类似规定。

（四）违反行政听证义务

广义行政听证是指行政主体作出行政行为前听取相对人或利害关系人陈述意见的程序。它包括正式听证，或称狭义的听证，即行政主体以正式的听证会的形式听取相对人或利害关系人的陈述或申辩意见的程序；以及非正式听证，或称听取陈述意见的程序，即以听证会以外的其他方式听取相对人或利害关系人的陈述或申辩意见的程序。行政听证可以通过听取相对人或利害关系人的陈述、申辩，使案件事实尽快查明，从而保证行政决定的正确，提高行政效率和行政决定的可接受性。

违反行政听证义务情形主要有三种：（1）没有告知相对人或利害关系人（以下为行文便利，统称相对人）有陈述意见或要求听证的权利，或者告知违法的；（2）没有给予陈述意见的机会或未举行听证；（3）听证程序违反法律规定。

（1）没有告知相对人有陈述意见或要求听证的权利，或者告知违法的。行政主体在作出行政行为前应充分听取相对人的陈述或申辩意见，尤其是即将作出影响其权利的负担行政行为时。如我国《行政处罚法》第四十一条规定，行政机关及其执法人员在作出行政处罚决定之前，不依照本法第三十一条、第三十二条的规定向当事人告知给予行政处罚的事实、理由和依据，或者拒绝听取当事人的陈述、申辩，行政处罚决定不能成立；当事人放弃陈述或者申辩权利的除外。此处"不能成立"应为违法。

如果行政主体不告知相对人有陈述意见或听证权利，则相对人无法陈述意见或参与听证。该瑕疵应与没有给予陈述意见或听证机会具有相同的法律效果，即因此作出的行政行为构成违法，属可撤销行为。对于一般的陈述意见权，如果行政主体事后给予其陈述意见的机会的，则行政行为的瑕疵可以补正。如广州市天河区华大计算机培训学校与广州市天河区教育局责令停止办学决定纠纷上诉案中，法院认定："至于被上诉人在作出决定前虽然没有明确告知上诉人享有陈述申辩的权利，存在一定的瑕疵。但被上诉人提供的 2007 年 4 月 29 日的会议纪要已经表明，被上诉人实际上已经听取了上诉人的陈述申辩。因此，其程序瑕疵不足以影响其行为的合法性。"① 对于法律明确规定的听证程序应告知而没有告知的，不宜允许事后的补正。

如果行政主体在告知相对人有陈述意见或要求听证权利时，没有将与拟作行政行为有关的内容充分告知或告知错误等，则属告知违法，可能导致相对人陈述意见或听证准备不充分，因此作出的行政行为构成违法行政行为。如《美国联邦行政程序法》第 554 条第二款规定：

机关应及时将下列事项告知有权得到机关听证通知的人：（一）听证的时间、地点和性质。（二）举行听证的法律依据和管辖权。（三）所涉及的法律和事实问题。

台湾"行政程序法"第 55 条第 1 款规定：

行政机关举行听证前，应以书面记载下列事项，并通知当事人及其他已知之利害关系人，必要时并公告之：一、听证之事由与依据。二、当事人姓名或名称及其住居所、事务所或营业所。三、听证之期日及场所。四、听证之主要程序。五、当事人得选任代理人。六、当事人依第 61 条所得享有之权利。七、拟进行预备程序者，预备听证之期日及场所。八、缺席听证之处理。九、听证之机关。

可见，如果行政主体告知内容不充分、不完备（如不告知所涉及的事实问题），或者告知错误（如错误告知所涉及的法律问题）等，则行政行为将因相对人的陈述意见或听证权受影响而构成违法。该违法行为属可撤销行为。行政主体事后如果给予相对人充分的陈述意见或听证机会时，则该瑕疵将可以补正。

如果行政主体在告知相对人陈述意见或听证权时，给予相对人的准备时间过短，以致明显不合理时，相对人因此无法有效参与程序、陈述意见的，行政行为构成违法，但行政主体事后再给予充分的陈述意见或听证的机会的，可以补正该瑕疵。如果相对人因为告知的准备时间过短，以致无法陈述意见或参加听证的，与没有给予陈述意见或听证机会的后果相同。

---

① 广东省广州市中级人民法院（2010）穗中法行终字第 402 号行政判决书。

即行政行为违法，属可撤销行为，如果仅侵害相对人的一般陈述意见权，则允许事后补正；如果侵害了法律明确规定的听证权，则不允许补正。对相对人的陈述意见或听证的准备时间，域外行政程序法多有规定。如《美国联邦行政程序法》第 554 条第 2 款规定：

机关在决定听证的时间和地点时应充分考虑当事人或其代理人的方便和需要。

我国台湾地区"行政程序法"第 55 条第 3 款规定：

听证期日及场所之决定，应视事件之性质，预留相当期间，便利当事人或其代理人参与。

我国《行政处罚法》第四十二条第一款第二项规定：

行政机关应当在听证的七日前，通知当事人举行听证的时间、地点。

（2）没有给予陈述意见机会或未举行听证的。行政主体在作出不利于相对人之负担行政行为时，应给予相对人陈述意见或听证机会。如我国《行政处罚法》第三十二条及第四十一条规定了相对人对于拟作出的行政处罚有陈述和申辩的权利。如果行政主体拟作出的行为对相对人权利影响重大，法律往往规定给予相对人通过听证程序陈述意见的机会。如《行政处罚法》第四十二条第一款规定：

行政机关作出责令停产停业、吊销许可证或者执照、较大数额罚款等行政处罚决定之前，应当告知当事人有要求举行听证的权利；当事人要求听证的，行政机关应当组织听证。

但根据行政事务的重要性和对相对人影响程度，法律往往规定有些事项必须举行听证，有些事项由行政主体裁量决定是否举行听证。如韩国《行政程序法》（1996 年）第 22 条第 1 款规定：

行政机关为处分时，符合下列各款情形之一的，实施听证。（1）其他法令等有规定实施听证之情形。（2）行政机关认为必要之情形。

日本《行政程序法》第 13 条规定：

行政机关将为不利益处分时，应按下列各款之区别，依本章规定，对于将为该不利益处分相对人，采行各款所定陈述意见之程序。一、符合下列各款之一者，听证。

（一）拟为撤销许认可等之不利益处分时。

（二）前款规定外，将为直接剥夺相对人资格或地方之不利益处分时。

（三）相对人为法人时，命其解任职员之不利益处分，命其解任从事相对人业务者之不利益处分或命其将会员除名之不利益处分。

（四）除前3款所揭情形以外，行政机关认为相当时。

韩国行政程序法除规定依其他法令必须举行听证情形外，还规定了行政机关对于其他情形是否举行听证自由裁量权。日本行政程序法除明确列举了必须听证情形外，也规定了行政机关在其他情形下有是否举行听证的裁量权。我国《行政许可法》第四十六条作了与韩国行政程序法类似的规定。

行政主体作出行政行为时，是给予相对人一般的陈述意见权还是给予其通过听证程序陈述意见的权利，主要是根据行政行为对相对人权利的影响程度决定的，因此，当行政主体没有给予相对人陈述意见的机会或听证的机会时，由此作出的行政行为法律后果也有不同。

对于一般的陈述意见权，由于拟作的行政行为对相对人权益影响相对较小，如果行政主体没有给予相对人陈述意见机会，则行政行为的瑕疵可因行政主体事后给予相对人陈述意见机会而补正。

对于听证权，由于拟作的行政行为对相对人权益影响重大，如果行政主体没有给予相对人机会的话，则不因事后给予听证的机会而补正。在司法实践中，行政处罚因未举行听证而被撤销的案例很多。如曾某诉进贤县某行政机关行政处罚案。[①] 东丰公司诉苏州市工商局没收违法所得案。[②] 上述案例中的行政行为均因未举行听证而被法院撤销。当然，如果未举行听证并不影响相对人的实体权利，即使经过听证行政行为的结果也不会不同，那么，这时就不宜撤销，应允许通过补正治愈其违法性。

（3）听证程序违反法律规定。行政主体在举行听证程序时，如违反有关法律规定时，相对人可以当场提出。如听证主持人属依法应该回避的人，则不得主持听证，相对人可即时提出。台湾地区"行政程序法"第63条规定：

当事人认为主持人于听证程序进行中所为之处置违法或不当者，得即

---

① 周迎飙、汪菲菲：《行政罚款未听证，处罚决定被撤销》，《人民法院报》2008年4月3日。最高人民法院网站：http://www.chinacourt.org/article/detail/2008/04/id/295906.shtml，2015年3月17日访问。

② 《未经听证没收"违法所得"68万元——法院撤销苏州工商局一处罚决定》，《法制日报》2005年3月23日政府法治版。

时声明异议。主持人认为异议有理由者，应即撤销原处置，认为无理由者，应即驳回异议。

中国台湾学者汤德宗认为，"当事人未即时声明者，应生失权效果（程序违反之瑕疵视为治愈①，嗣后不得主张）。惟当事人即时声明异议后，听证主持人所为之处置，如当事人仍有不服，既载入听证记录，自非不得按第174条之规定，于就实体决定声明不服时，一并声明之。"② 我国大陆地区没有专门规定违反听证程序的处理措施及法律后果的法律。笔者认为，台湾地区行政程序法规定的即时异议措施可资借鉴。但如果听证程序违反法律规定，仍不宜补正。

（五）违反法定形式的行政行为

行政行为形式多样，如书面、口头、手势或者其他方式。但法律为保护特定目的时，可能规定行政行为须采取特定形式。如为简便、快捷、易于辨认，交通警察使用特定的手势指挥交通；为防止相对人轻率决定、保护相对人利益，结婚登记必须以结婚证书为准，离婚登记必须以颁发离婚证书为准；为维护交易安全、提高交易效率、保护第三人利益，法律规定了不动产登记应以颁发权属证书作为其形式要件；其他如学位证书、驾驶执照等的授予；等等。如果行政行为违反了法定的形式要求，则构成违法。这种违法有时可以通过补正治愈。

违反法定形式导致行政行为违法的案例，如王红霞诉郾城县城关镇人民政府宣布其离婚证无效案。该案中，原告王红霞与其夫李成林以感情不和为理由，于1992年9月15日向郾城县城关镇婚姻登记室申请协议离婚。在问清财产分割和子女抚养问题之后，城关镇原婚姻登记员朱林用1990年7月4日以后废止的离婚证明书为其办理了离婚手续。1993年4月28日城关镇婚姻登记室以原告王红霞骗取离婚证为理由，根据河南省《婚姻登记办法实施细则》第十六条第二款规定，宣布王红霞与李成林的离婚证无效。原告王红霞不服，向郾城县人民法院提起行政诉讼，要求撤销城关镇婚姻登记室的"宣布离婚证无效书"。郾城县人民法院经审理认为：原告王红霞所持离婚证书上有"郾城县人民政府婚姻登记专用章"的钢印，并有王红霞、李成林的签名和指印，应属有效的证书，被告方声

---

① 此处严格讲，并非本书所称治愈。因为此处如有违法情形，仅因当事人超过法定异议期不能主张，该瑕疵并非不存在。这与本书所称治愈的目的为消除违法性不同。

② 汤德宗：《行政程序法论》，元照出版公司2001年版，第109页。

称原告骗取离婚证查无证据。该院根据《中华人民共和国婚姻法》第二十四条和《中华人民共和国行政诉讼法》第五十四条第二项第五目之规定于1994年4月30日作出判决撤销城关镇婚姻登记室1993年4月28日作出的对王红霞、李成林"宣布离婚证无效书"。①

该案值得探讨的问题很多。法院以被告没有证据证实原告骗取离婚证为由撤销被诉行为。但被告作出的离婚登记行为的合法性仍值得检讨。无论按照当时的《婚姻登记办法》（1985年）第七条及第十一条规定，还是按照现在的《婚姻登记条例》（2003年）第十三条及第二十条规定，离婚登记行为都是要式行政行为，民政机关必须以发放离婚证为主要形式，并且离婚证书的式样必须由法律规定的民政机关制定或规定，监制或印制也必须由法律规定的机关实施。这说明离婚登记行政行为对形式有极高的要求。违反了形式要求，登记行为即构成违法或无效。本案中，由于被告使用作废的离婚证书，导致离婚登记行政行为违法。但由于王红霞与其丈夫离婚是自愿作出的真实意思表示，离婚证书的作废与否是民政机关的内部管理事项，相对人无法知晓被告是使用作废的离婚证书作出登记行为的，相对人对离婚登记的形式瑕疵没有过错，因此，离婚登记的形式瑕疵使登记行为构成违法行政行为。但该违法既不明显，其危害程度也不重大，该种行政行为应属于可撤销而非无效。② 那么，行政机关应如何处理这种形式违法的行政行为？假如本案的第三人，即王红霞的丈夫以民政机关使用了作废的离婚证书进行登记为由起诉要求撤销登记行为，法院应该如何处理？这才是本案值得深入探讨的地方。笔者认为，这种形式违法的行政行为可以通过补正，即换发新的离婚证书，予以治愈。

（六）需补充行政行为的行政主体独自作出的行政行为

需补充行政行为的行政主体独自作出的行政行为因欠缺上级机关的批准而构成违法已在追认部分予以探讨，此处不赘述。如果该行政行为欠缺其他行政主体的共同参与构成违法的，属于可补正的情形。其他行政主体事后补作其应作的共同参与，可以使行政行为的瑕疵得到补正。如德国

---

① 最高人民法院中国应用法学研究所主编：《人民法院案例选》（行政卷），人民法院出版社1997年版，第428页以下。

② 如果民政机关使用了一个"白条"，即在一张纸上写上两人离婚的相关信息以作证明，并加盖民政部门的公章，则这种登记行为因明显违反了法律对于婚姻登记行为的形式要件要求，且其危害程度重大，应属无效。

《行政程序法》第 45 条第 1 款第 5 项规定，其他行政机关补作其应作的共同参与的可以补正违法的行政行为。我国台湾地区"行政程序法"第 114 条第 1 款第 5 项规定，应参与行政处分作成之其他机关已于事后参与者，可以补正行政处分的瑕疵。

（七）违反行政证据有关规定的行为

《行政诉讼证据规定》第六十条第一项规定：被告及其诉讼代理人在作出具体行政行为后或者在诉讼程序中自行收集的证据，不能作为认定被诉行政行为合法的依据。这说明行政行为的作出必须遵循先取证后裁决程序，否则行政行为将没有证据和事实根据。违反"先取证后裁决"程序是对行政行为重要程序的违反，构成行政行为无事实依据或者无理由，这种违法不能补正。如在谢世榜与上蔡县人民政府等土地行政管理纠纷上诉案中，一审法院认为：2007 年 11 日 2 日上蔡县国土资源局的负责人就已经签发了注销决定的意见，而该被告单位在 2008 年 8 月 18 日才出具调查报告，这使作出的具体行政行为先后顺序颠倒，程序违法。二审法院也认为：上蔡县人民政府的注销决定日期在前，而调查报告在后，属于程序违法。① 此种违法加上其他违法，最终法院撤销被诉行为。即使没有其他违法，仅仅先作决定后取证也不能补正，无论这种违法是否对相对人权益有实质性影响。这是尊重和保护人权的基本要求，是公权力对相对人无罪（违法）推定的必然要求。

三　行政相对人补正

（一）行政相对人补正的可能性

一般认为，行政行为是行政主体单方作出的行为，违法行政行为的补正也应由行政主体自行补正。如有观点认为，行政行为补正主体只能是行政机关，除此之外的任何机关（包括司法机关在内）和任何个人均不拥有行政行为的补正权。② 所谓治愈理论，是针对行政行为的瑕疵，让行政机关自己主动纠正其程序上的瑕疵或错误的一种制度。③ 笔者认为，多数行政行为的瑕疵是由行政主体补正的，但仍有部分违法行政行为的瑕疵可由相对人补正。

首先，补正是通过事后弥补手段消除行政行为瑕疵的一种制度，该制

---

① 河南省驻马店市中级人民法院（2009）驻法行终字第 162 号行政判决书。
② 柳砚涛、刘雪芹：《论行政行为补正制度》，《山东大学学报》2007 年第 5 期。
③ 余凌云：《行政自由裁量论》，中国人民公安大学出版社 2005 年版，第 213 页。

度的设计初衷在于以事后的弥补手段代替事前应作的某些程序行为，避免程序的重复进行，以提高行政效率，防止行政成本和公共资源的浪费。只要能实现上述目的，补正行为由谁作出并不重要。

其次，行政行为以是否可由行政主体主动实施为标准，分依职权行政行为与应申请行政行为。前者指行政主体根据其职权而无须相对人的申请就能主动实施的行政行为。后者指行政主体应当在相对人提出申请后实施而不能主动采取的行政行为。① 依职权行政行为的程序瑕疵一般是由行政主体补正，而应申请行政行为的瑕疵则不尽然。如果行政主体在相对人没有申请的情况下，径直作出了应申请行政行为，则该行政行为属违法行政行为。这种缺少相对人申请程序的行政行为，行政主体是无法补正的，而只能寄望于相对人补作申请行为。如果相对人拒绝补作申请程序，行政行为的瑕疵是无法补正的。另外，即便行政主体不愿补正，如果相对人事后补作了申请程序，则行政行为的瑕疵也因而得到补正。因此，对于应申请行政行为因欠缺申请程序构成违法的，行政主体无法完成补正，其补正只能由相对人完成。

最后，可由相对人补正的行政行为限于授益行政行为。行政行为以其内容对行政相对人是否有利为标准，可以分为授益行政行为和负担行政行为。授益行政行为是指行政主体为相对人设定或确认权利或法律上利益的行政行为。负担行政行为是行政主体为相对人设定义务或限制、剥夺其权利的行政行为。负担行政行为由于给相对人带来不利影响，所以从人趋利避害的本性来说，相对人是不会补正对其不利的行政行为的。从法律原则和精神来看，负担行政行为之相对人，不得自行治愈该行政行为的违法性，其理正如"任何人不得自证其罪"一样。

（二）行政相对人补正的瑕疵范围

（1）可由相对人补正的程序瑕疵。行政行为的程序主要是为规制和约束行政权行使的，是立法为行政主体的行政活动施加的程序性义务，如果行政主体不遵守这些程序性规定，则导致行政行为违法。行政行为的程序性瑕疵主要是由于行政主体违反法定程序导致。一般来说，行政行为的程序性瑕疵的补正主要是由行政主体实施的。但在应申请行政行为的场合，存在例外。由于应申请行政行为的启动不是行政主体主动或积极作为

---

① 周佑勇：《行政法原论》，中国方正出版社 2005 年版，第 191 页。

的结果，行政主体在此处于一种被动和消极的姿态。只有相对人提出申请后，行政主体才能消极、被动地作出相应行为。因此，尽管在欠缺相对人申请情况下，行政主体作出的应申请行政行为存在的程序瑕疵也是由行政主体的原因导致（应该被动实施却主动实施），但这种瑕疵的补正只能通过相对人的程序性行为才能实现。如德国《联邦行政程序法》第45条第一款规定，事后提交行政行为所需的申请可以补正行政行为的瑕疵。我国台湾地区"行政程序法"第114条第1款第1项规定，须经申请始得作成之行政处分，当事人已于事后提出者，可以补正行政行为的瑕疵。

值得注意的是，行政相对人的补正是否需要经过行政主体的确认才能生效。应松年教授主持起草的行政程序法试拟稿中规定：对依申请的行政决定，当事人在事后才提出申请的，由行政机关事后加以确认，才可补正。笔者认为，这样的规定不妥。因为如果行政主体不予确认的话，行政行为将被撤销，符合条件的相对人的利益将无法得到保护，这不符合补正制度的目的。所以，对于欠缺相对人申请程序的依申请行政行为（多数是授益行政行为），相对人事后提出的申请可以直接补正该行为的瑕疵，无须行政主体确认。德国和台湾地区的行政程序法就作了如此规定。如德国《联邦行政程序法》第45条规定，相对人事后提交行政行为所需申请的，即可补正相应瑕疵。

（2）可由相对人补正的非实质性实体要件的瑕疵。对于负担行政行为，行政主体可以补正的情况仅限于该行政行为存在程序瑕疵的情形。因为负担行政行为对相对人权益具有不利影响，而行政权又具有扩张性、压迫性，为防止行政滥权，促进依法行政，保护相对人的合法权益，当负担行政行为欠缺法律规定的实体要件时，无论该要件是否影响行政行为的结果，均不能适用补正。只有欠缺程序要件的负担行政行为才有补正的可能。

授益行政行为具有与负担行政行为不同的性质。负担行政行为通过对相对人施加不利影响实现公益目的，如行政处罚罚款是通过剥夺相对人一定的财产利益达到维护行政秩序的公益目的。授益行政行为是行政主体通过赋予相对人一定的权益来达到维护公共利益的目的。因此，从既有利于实现公共利益又有利于保护相对人利益的角度出发，负担行政行为的瑕疵补正范围应当受到严格的限制，而授益行政行为的瑕疵补正范围可相对宽松。基于此，可补正的负担行政行为的瑕疵应限于特定的程序瑕疵，而可补正的授益行政行为的瑕疵除了特定的程序瑕疵外，还可包括部分非实质性实体要件的欠缺。即对行政行为不产生实质性影响的实体要件的欠缺，可以适用补正。

是否授益行政行为欠缺的非实质性要件均可补正呢？回答是否定的。授益行政行为欠缺非实质性要件的补正，亦应受到条件限制。因为对一个人来讲是授益的行政行为，对于另一个人有可能构成负担。如果一味容许授益行政行为补正，有可能侵害第三人的利益。另外，当法律规定了行政行为的实体要件时，立法者对行政任务的实现已做了充分的考量，即为了最大限度地实现、维护或促进公共利益，立法者在综合考量各种现实条件的基础上，为行政行为设定了一定的实体条件。如果允许欠缺实体要件的授益行政行为补正，则可能对法律所预设的公共利益造成侵害。但是，法律规范的目的是多元的，有些法律规范重在维护法律秩序和法律关系的稳定，有些法律规范重在维护公共资源分配的公平，且法律规范的目的也会随着情况的变化而发生侧重点的变化。换言之，法律追求的公共利益经常穿行在法安性与实质正义之间。因此，尽管有时欠缺非实质性要件的授益行政行为侵害了法律追求的公共资源公平分配这一利益，但为了法的安定性这一公共利益，需要维持该行政行为。那么，维持该行政行为的方式之一就是通过补正治愈其瑕疵。由此，也许可以得出如下结论：欠缺非实质性要件的授益行政行为可以补正，但以不侵害第三人的利益或公共利益为限，或者侵害的利益与维持该行政行为所体现的公共利益相比，后者更值得保护。

陈某诉中山大学撤销学位案就是相对人补正的典型案例（第二章第二节案例）。① 由于陈某在报考研究生时的伪造学历行为，致使中山大学对其作出的授益行政行为——录取行为是违法的。录取行为使陈某获得了入学资格并取得了学籍。如果说陈某刚被录取、刚入学或刚获得学籍时，其学问没有达到大专或与本科毕业生相同程度的话，那么，当陈某入学后经过研究生阶段的努力学习，最终获得研究生毕业证书之时，陈某的学问已经超过大专、本科而达到硕士研究生教育所要求的学业标准。因为从

---

① 此处将陈某读研期间的学习视为具有补正当初录取行为欠缺的学历瑕疵之主观目的。如果从陈某读研期间的学习并非为了补正录取行为所欠缺的学历瑕疵而是为了顺利毕业角度而言，其研究生毕业使得当初录取行为的学历瑕疵自然得到补正，或客观上得到补正，那么，该案就属消极补正或自然补正之情形。

《高等教育法》的规定来看，专科教育、本科教育和研究生教育所要达到的学业标准是前后承接、递进的，① 后一个标准的获得必然包含前一个标准的达致，也只有在前一个标准达致基础上，后一个标准才能实现。由此看来，在陈某获得硕士研究生毕业证书之时，其学问已超过大专和本科毕业生的水平。换言之，中山大学的录取行为、陈某的入学资格和学籍存在的瑕疵经过陈某的主观努力已经补正。当然，这个补正很可能发生于陈某获得毕业证书之前，因为获得毕业证书仅是对其研究生阶段学习成绩的一个最终评定，而其学问的长进却不是一蹴而就的。陈某的学问何时达到或超过本科水平虽然难以作出明确的时间界定，但几乎可以肯定，这个时间应不迟于其获得硕士研究生毕业证书之时。亦即录取行为或学籍存在的瑕疵在陈某毕业之前或毕业时就已获补正。因此，中山大学在陈某毕业后无须再对其做出处理。②

本案中，尽管中山大学的录取行为因陈某不具备报考条件而构成违法，侵害了当年应该被录取的某人的受高等教育权，但法律规范高等教育的目的除了以报考条件和考试成绩为标准公平分配教育资源外，更主要的是"培养具有创新精神和实践能力的高级专门人才"③ 这一公益目的。况且，在陈某毕业之后，高等教育"培养具有创新精神和实践能力的高级专门人才"的目的已获得实现，且录取行为瑕疵也已补正。这时，权衡当年应该录取的某人的权利和维持陈某现状之法的安定性，后者更值得保护，即不应再对录取行为以及由此而生的行为进行非难和否定。④ 一审与再审判决背离了高等教育的目的和任务，值得商榷；同时，该判决也与法律所追求的秩序价值背道而驰。因此，再审判决的生效一定范围和程度上，使得"正义的社会秩序"⑤ 不复存在。

---

① 参见《中华人民共和国高等教育法》第十六条。

② 张峰振：《报考硕士资格造假案的行政法思考》，《南京工业大学学报》（社会科学版）2007 年第 2 期。

③ 《中华人民共和国高等教育法》第五条。该条规定的是高等教育的目的和任务。

④ 当年本应被录取的某人，由于是潜在的、未被特定化和具体化，所以不涉及具体的权利维护问题。

⑤ 博登海默说：法律旨在创设一种正义的社会秩序。参见 ［美］E. 博登海默《法理学法律哲学与法律方法》，邓正来译，中国政法大学出版社 1999 年版，第 318 页。

第三节　消极补正

一　消极补正概述

所谓消极补正，又称自然补正，是指违法行政行为的瑕疵因事后发生的法律事件而消失，从而使该违法行为变为合法行为的情形。

消极补正特点主要有：

第一，行政行为欠缺的合法要件，对于行政行为的结果不产生实质性影响。

第二，法律事件发生在行政行为违法之后。

第三，法律事件消除了行政行为的瑕疵，使行政行为欠缺的合法要件得以完备。

第四，法律事件补正的瑕疵通常是授益行政行为的瑕疵，但在法律有明确规定时，也可以适用于负担行政行为的瑕疵。

消极补正与救济期间经过后违法行政行为不被质疑情况有别。为维护法的安定性，法律为相对人规定了救济期限，如果相对人不在救济期限内申请复议或提起诉讼，那么，超过救济期限的行政行为尽管违法，也不能再受攻击。即违法行政行为可因相对人放弃救济权利而得以维持，其法律效力得以继续存在。有学者称这种情况也属治愈。[1]　其实，这种情况仅是为维护法的安定性而对相对人的诉权或复议权进行限制的制度设计，它并未消除行政行为的违法性，因此不属治愈。行政相对人完全可以通过其他途径再行救济，如直接向行政主体请求撤销，行政主体也有权随时撤销该违法行为。而消极补正尽管也是法律事件的发生，包括时间的经过使行政行为的效力得以维持，但其最根本特征是客观条件的变化使行政行为瑕疵得以补正，治愈了行政行为的违法性。它属于治愈的范畴。消极补正后的行政行为为属于合法行为，行政主体不能撤销。

二　消极补正的客体

如同相对人补正一样，消极补正的客体通常是违法的授益行政行为。

---

[1]　[德] 汉斯·J. 沃尔夫等：《行政法》第二卷，高家伟译，商务印书馆2002年版，第94页。

为相对人设定义务或限制、剥夺其权利的行为应由行政主体实施，行政主体在作出不利于相对人行为时负有举证义务，即先调查取证后裁决，行政主体必须举证证明相对人的行为应当得到负担行政行为之法律后果。行政主体作出负担行为时不能放弃或转移这种举证义务，如果行政主体不能举证证明相对人的行为应该得到负担行为的法律后果，则该负担行为违法。而这种作出时欠缺合法要件的负担行政行为不因事后客观条件的变化而具有合法性。因此，负担行政行为的瑕疵一般不能被消极补正。与负担行政行为不同，授益行政行为是行政主体通过赋予相对人一定的权益来达到维护公共利益的目的，在这种个人利益与公共利益一致的场合，增进个人利益也意味着促进公共利益，因此，在一定条件下，适当扩大违法的授益行政行为的补正范围符合公共利益的需要。

负担行政行为原则上不能通过自然补正予以治愈，但特别情形下，负担行政行为可以适用自然补正。如果负担行政行为欠缺或违反的仅是关于期限的相关规定，这种违反完全可以通过时间自然补正。例如，行政主体作出行政行为时压缩了相对人举证期限，侵害了其合法的举证权利，但随着时间的经过，相对人在其后的足够长（已经超过了被压缩掉的举证期限）的时间内也没有提交任何证据，这时，可以认为其被压缩的举证期限得到了弥补，行政行为的违法性得到治愈，此即为自然补正。

综上，授益行政行为和部分负担行政行为的违法性均可自然补正。但可自然补正的负担行政行为范围受到严格限制。可以适用自然补正的负担行政行为瑕疵通常是因为违反了关于举证期限等关于期限的规定，在时间自然经过后，该行为的瑕疵可以自然补正。

三　消极补正的方式

消极补正是与行为人的主观意志没有任何关系的补正方式。它是因事后发生的法律事件使行政行为的违法性消除的补正方式。消极补正方式主要包括两种：一是自然事件导致行政行为的违法性消除。自然事件是指地震、洪水、人的生老病死、时间的流逝等不以人的意志为转移的自然现象。是否所有的自然事件都能补正行政行为的瑕疵，值得研究。二是人的行为。这种行为的行为人对于行政行为违法性的消除没有任何主观意志，正是基于行为人对于行政行为违法性治愈的无意识，才称这种行为是法律事件，由此导致的补正才与行为人主动追求补正的积极补正不同，因此称为消极补正或自然补正。

（一）自然事件之消极补正

自然事件可以补正行政行为的瑕疵。这种补正主要适用于授益行政行为和部分违反举证期限的负担行政行为。人的年龄增长可以补正行政行为的瑕疵。如对未达法定婚龄的人进行结婚登记行为，其违法性可随着时间的流逝自然补正。详言之，男女双方自愿结婚，因未达法定结婚年龄而伪造年龄骗取结婚证，由于符合婚姻的实质要件——自愿结婚，所以婚龄要件的欠缺属于非实质性实体要件的欠缺。待时间自然经过，当事人达到法定结婚年龄，其结婚证的瑕疵即因客观原因而消失，结婚证即由违法状态变为合法。具有相同效果的立法，如《最高人民法院关于适用〈中华人民共和国婚姻法〉若干问题的解释（一）》第八条规定：当事人依据婚姻法第十条规定向人民法院申请宣告婚姻无效的，申请时，法定的无效婚姻情形已经消失的，人民法院不予支持。《婚姻法》第十条规定：有下列情形之一的，婚姻无效：（一）重婚的；（二）有禁止结婚的亲属关系的；（三）婚前患有医学上认为不应当结婚的疾病，婚后尚未治愈的；（四）未到法定婚龄的。尽管该司法解释是针对无效民事行为的。但是，一旦婚姻由无效变为有效，原来具有瑕疵的结婚登记行为也由违法行政行为变为合法行政行为，相对人诉请撤销结婚证或确认登记无效的主张亦将得不到支持。如蒋月珍诉句容市天王镇人民政府解除非法婚姻案。①

江苏省句容市人民法院经公开审理查明：原告蒋月珍与第三人陈伯平于1991年5月20日在被告处登记结婚，结婚证号为天政字第145号，结婚证上记载第三人陈伯平出生年月日为1969年5月12日。后被告以蒋月珍、陈伯平弄虚作假、骗取结婚证为由，于2001年1月10日作出《关于解除天王村陈伯平、蒋月珍非法婚姻的通知》，原告蒋月珍于2002年10月28日起诉要求撤销被告通知，赔偿精神抚慰金20000元。后被告于2002年12月23日撤销了原来通知，并于同日重新作出了《关于解除天王村陈伯平、蒋月珍非法婚姻的通知》，原告蒋月珍于2002年12月26日申请撤诉，句容市人民法院裁定准予撤诉。原告蒋月珍于2003年2月21日再次向句容市人民法院起诉，要求撤销被告2002年12月23日作出的"关于解除天王村陈伯平、蒋月珍非法婚姻的通知"，并赔偿各类损失30000元。审理中，原告蒋月珍放弃要求被告赔偿的诉请。另查明，第三

---

① 江苏省句容市人民法院（2003）句法行初字第2号行政判决书。

人陈伯平的出生日期为 1970 年 12 月 26 日，婚姻解除后第三人陈伯平于 2002 年 4 月 8 日与他人登记结婚。

该案中，被告婚姻登记机关以第三人年龄造假、骗取结婚证为由，撤销了结婚登记（解除婚姻关系实为撤销登记行为）。根据瑕疵自然补正理论，2001 年 1 月 10 日，被告第一次撤销登记时，原告与第三人的婚姻无效原因——未达法定婚龄已经消失，登记行为的瑕疵也得到补正，登记行为已经由违法变为合法。故被告的撤销行为是违法的。但鉴于第三人在撤销婚姻登记后已经与他人结婚的事实，被诉撤销行为无法撤销，只能确认其违法。法院最终判决确认被诉具体行政行为违法。

时间流逝可以补正行政行为的瑕疵。如徐州中福商贸有限公司诉徐州市人力资源和社会保障局工伤行政确认案。2012 年 10 月 10 日，被告受理第三人周某提出的工伤认定申请，在被告向原告两次邮寄工伤举证通知书均被退回的情况下，因无法联系到原告，被告于 2012 年 11 月 26 日向原告公告送达了《工伤认定举证通知书》。公告载明：

徐州中福商贸有限公司：周某申请的 2012 年 7 月 1 日受伤一案，本机关于 2012 年 10 月 10 日作出受理决定。请你公司自公告之日起 60 日内，到徐州市人力资源和社会保障局（徐州市新城区元和路 1 号），领取《工伤认定举证通知书》，逾期视为送达。

而在被告作出的《工伤认定举证通知书》中载明：当事人在收到本通知书后，应当在 15 日内向我局提交证据。当事人应当在举证期限内向我局提交证据，举证期限内不提交的，视为放弃举证权利。

后被告于 2013 年 1 月 31 日作出了第三人周某所受事故伤害属于工伤的《工伤认定决定书》。2013 年 2 月 28 日，被告在无法联系到原告的情况下向原告公告送达了《工伤认定决定书》。原告以被告作出工伤认定没有证据为由，诉请撤销工伤行政确认决定。本案在审理过程中，被告主动撤销了被诉具体行政行为。原告申请撤诉。①

本案被告在审理过程中主动撤销被诉行为原因是，被告发现了自己在作出工伤认定决定时的期限错误。被告向原告公告送达《工伤认定举证通知书》的时间为 2012 年 11 月 26 日，公告期为 60 日，《工伤认定举证

---

① 江苏省徐州市云龙区人民法院（2013）云行初字第 0054 号行政裁定书。该案的主要案情来源于本案的案卷材料。

通知书》载明的举证期限为 15 日。据此，原告的举证期限最迟于 2013 年
2 月 8 日结束，被告作出工伤认定决定的时间最早应在 2 月 9 日。而被告
公告送达的《工伤认定决定书》上载明的时间为 2013 年 1 月 31 日。这说
明工伤认定决定书作出时，原告的举证期限尚未结束。被告作出决定的程
序违法。因此，被告自行撤销了被诉行政行为。但据笔者了解的案件情况
是，被告撤销被诉决定后，在重新给予原告举证权利后，又作出与被诉行
为结果相同的工伤认定决定。

　　笔者认为，假如本案被告在作出工伤认定的过程中，已经收集了足够
的证据可以认定第三人所受伤害属于工伤的话，由于本案不存在其他瑕
疵，被告完全可以不予撤销被诉行为。因为被诉行为存在的限缩原告举证
期限的瑕疵（从工伤认定决定书表面载明的时间判断）已经被补正。在
原告提起诉讼时，该瑕疵已经消除。被告作出工伤认定决定的时间应在
2013 年 2 月 9 日以后，虽然被告《工伤认定决定书》上载明的作出时间
为 2013 年 1 月 31 日，但该时间对原告及第三人周某并不产生实际意义。
因为被告公告送达《工伤认定决定书》时间是 2013 年 2 月 28 日。第三人
周某接到《工伤认定决定书》的时间为 2013 年 3 月 6 日，被告知悉或收
到该决定书的时间肯定晚于 2013 年 2 月 28 日。而《工伤认定决定书》上
载明的作出时间表面上压缩了原告的举证期限，侵害了其举证权利，但由
于直到 2013 年 2 月 28 日公告送达工伤认定决定书时，原告都没有进行任
何举证。而公告时间是晚于原告的举证期限届满时间（2013 年 2 月 8 日）
的。这可以视为原告放弃了自己举证权利。因此，原告举证权利受到侵害
的瑕疵在公告送达工伤认定决定书时已经被补正。这种瑕疵是时间的自然
经过被补正的。因此，本案被告无须撤销被诉行政行为。如果原告不申请
撤诉的话，法院亦无须撤销被诉行为。

　　违反教示制度行政行为的法律后果中，也可以隐约看到时间流逝自然
补正行政行为瑕疵理论的适用。行政主体作出行政行为（尤其是负担行
政行为）时，应当告知相对人不服行政行为时的救济方法、救济期限及
救济机关，这是保证相对人诉权的基本要求。我国《行政处罚法》第三
十九条第一款第五项规定，行政处罚决定书应当载明："不服行政处罚决
定，申请行政复议或者提起行政诉讼的途径和期限"。我国台湾地区"行
政程序法"（1999 年）第 96 条规定，行政处分以书面为之者，应记载
"表明其为行政处分之意旨及不服行政处分之救济方法、期间及其受理机

关"。这说明当行政行为违反了上述教示制度时，即构成行政行为的瑕疵。① 但这种瑕疵行政行为并不会被撤销或否定，法律对此做了专门规定。我国《行政诉讼法司法解释》第四十一条规定：行政机关作出具体行政行为时，未告知公民、法人或者其他组织诉权或者起诉期限的，起诉期限从公民、法人或者其他组织知道或者应当知道诉权或者起诉期限之日起计算，但从知道或者应当知道具体行政行为内容之日起最长不得超过二年。复议决定未告知公民、法人或者其他组织诉权或者法定起诉期限的，适用前款规定。我国台湾地区"行政程序法"也有类似规定。这说明违反教示制度的行政行为的瑕疵在延长相对人的救济期限后，已经消失。这种行政行为瑕疵消失的情形类似于自然补正。当然，这种自然补正是基于法律的规定。但法律的这种规定，恰恰契合了违法行政行为的自然补正理论。

其他自然事件能否补正行政行为瑕疵，如能，其案型有哪些，这些问题有待于继续挖掘和研讨。

（二）行为之消极补正

人的行为之所以构成消极补正，主要在于这种行为不是以补正行政行为的瑕疵为目的，而瑕疵的消除仅是行为人意志以外的结果，或者说是其意料之外之事。人的行为构成消极补正的情况包括两种：一是相对人以外的其他人的行为无意中使行政行为欠缺的合法要件得以弥补；二是相对人自己的无意识（并非意在补正）的行为客观上产生补正行政行为瑕疵之结果。举例如下：

前者如有些地方规定，申请烟草专卖零售许可证条件有：

城区主要街道原则上相隔 30 米一摊，300 米内不得超过 8 摊。非主要街道和小巷原则上相隔 50 米一摊，500 米内不得超过 8 摊；宾馆、饭店、商场、超市不受上述限制。②

如果烟草专卖局对甲商户发放的许可证因甲与早已领取许可证并在营业的乙商户相隔距离不符合要求，而导致甲的许可证属违法发放。这时，甲的许可证的瑕疵属非实质性实体要件瑕疵。因为对经营者而言，具备必

---

① 违反法律教示制度的瑕疵是否属于违法有争议。德国学者认为，该瑕疵属于不正确，而非违法。

② 《浙江省台州市烟草专卖零售许可证管理暂行规定》（2005）第三条。该规定是否违反《行政许可法》、是否属于滥设许可条件，已超越本书论旨，此处不作探讨。

要的权利能力和行为能力，能够独立承担相应的法律责任，是获得许可证的实质要件，而分布距离则属非实质要件。在此情况下，如果乙商户因个人原因不再从事烟草经营，那么，甲的许可证的瑕疵将因此消除。这种消除属于乙意志之外的结果。因此，乙的行为属于消极补正了甲的许可证的瑕疵。

再如，王某诉某房管局房屋行政登记案。2001年12月10日，王某与某房产公司签订房地产买卖契约，公司经王某同意办理了房地产买卖申请审批书。同月28日，某市房管局在该房产公司未取得该房屋土地使用权（未有土地使用权证明文件）的情况下，为王某办理了房产证。2002年6月，房产公司办妥了土地使用权相关手续，取得土地使用权。2003年9月，王某以市房管局为被告向法院提起行政诉讼，诉称被告在房产公司没有土地使用权证明情况下为其办理房产证，未尽到审查职责，严重违法，要求撤销自己的房产证。一审法院认为，被告为原告办理房产证不符合法律规定的颁证条件，但涉案房屋所占用的土地事后房产公司已合法取得使用权。涉案房产证是在原告与房产公司双方同意，产权没有异议，房屋已交付的情况下办理的。因此，被告的颁证行为在程序上存有瑕疵，实体上并未侵犯原告的合法权益，原告要求撤销涉案房产证的诉求已无实际意义。为此，依据《最高人民法院关于执行〈中华人民共和国行政诉讼法〉若干问题的解释》（以下简称《解释》）第五十七条第（四）项的规定，判决驳回原告的诉讼请求。王某提出上诉，二审法院维持原判。① 本案中被诉房产登记行为的违法性被第三人的行为消极补正了，即房产公司在被告进行房产登记之后，"办妥了土地使用权相关手续，取得土地使用权"，它弥补了房屋产权登记时欠缺土地使用权手续的缺陷。之所以说是消极补正，是因为相对于被告而言，该种补正是出乎其意料的，是被告无法期望，其意志无法控制之事。

后者如陈某诉中山大学撤销学位案。如果陈某被录取后，在读研期间努力学习并非为了补正录取行为所欠缺的学历瑕疵，而仅是想顺利毕业，那么，其研究生毕业使得当初录取行为的学历瑕疵得到补正的情况，即属消极补正，是相对人无意识行为使录取行为的瑕疵得到自然补正。

---

① 资料源于互联网《一个违法的行政行为为何不被撤销》，"110"法律咨询网（http://www.110.com/ziliao/article-134580.html），2015年3月17日。

再如，奇怪的重婚案。1996 年 12 月 15 日，原告付梅法与第三人谷安彪二人一同到民政局要求离婚，民政局对二人填写的离婚申请、财产分割协议、子女抚养协议进行了审查，因手续不齐全，当天未办理离婚登记。同年 12 月 17 日，原告付梅法、第三人谷安彪再次到民政局办理离婚登记，并出示了 1996 年 9 月 23 日中国人民解放军陆军第 13 集团军政治部复第三人谷安彪与原告付梅法申请离婚批复、1996 年 12 月 15 日中国人民武装警察 8740 部队政治部婚姻状况证明。没有女方的单位介绍信、户口证明、身份证，民政局为原告付梅法、第三人谷安彪办理了离婚登记手续，双方领取了离婚证。1997 年 8 月 1 日，第三人谷安彪与杨某结婚。后付梅法以民政局离婚登记违法为由提起行政诉讼，要求撤销离婚登记。一审法院认为，民政局未严格要求原告出具上述证件，属工作疏忽。但考虑到离婚登记后，时间长达 5 年之久，双方也无法相处，况且第三人谷安彪又与他人结婚，家庭生活已稳定，鉴于本案实际情况，遂判决维持民政局的离婚证。二审法院认为，被上诉人民政局无上诉人付梅法的户口证明、居民身份证明、所在单位的介绍信和付梅法、谷安彪双方结婚证等法定证件，在不具备离婚登记必备条件的情况下进行离婚登记，其行为违反了《婚姻登记管理条例》（1994 年）第十四条的规定，民政局为付梅法和谷安彪登记离婚的具体行政行为违法。遂撤销了一审判决和民政局颁发的离婚证。再审法院认为：民政局为谷、付二人办理离婚登记、颁发离婚证的行为符合我国《婚姻法》的规定，民政局在办理谷、付二人的离婚登记中，虽然存在一些形式要件上的瑕疵，如无女方单位介绍信、户口证明、身份证等，但因谷、付二人系自愿达成离婚、子女抚养、财产分割等协议，签字是真实的，并亲自到婚姻登记机关申请离婚，该二人行为符合法律规定离婚的实质要件，因此该瑕疵不足以成为撤销民政局离婚证的理由，结合本案民政局为谷、付二人办理的离婚登记已发生法律效力及谷安彪离婚后又重新结婚多年情况，民政局颁发的离婚证不应撤销。再审法院遂判决撤销了二审判决。①

该案再审判决结果无疑是正确的。在现有法律制度下，再审判决的说理亦可圈可点。但，如果按照补正理论，再审判决的说理可以更进一步阐明颁证行为存在的瑕疵已经得到补正，这样说理就更加充分、透彻、到

① 杨小君：《重大行政案件选编》，中国政法大学出版社 2006 年版，第 302—306 页。

位。本案中，民政局颁证行为存在的瑕疵是缺少了女方的单位介绍信、户口证明、身份证、结婚证。女方的结婚证、单位介绍信无非是证明女方的婚姻状况以及其他自然情况，户口证明和身份证明亦是证明女方的自然状况，这些均是办理离婚登记要求的非实质性实体要件。尽管民政局在办理离婚登记时没有要求女方出具上述证件或证明，但原告申请离婚当时及其后的一系列行为，已经证明了上述证件或证明所需要证明的内容：原告付梅法与谷安彪申请离婚时确实存在婚姻关系，原告的配偶身份、户籍情况、身份证明等均没有虚假之处。这说明颁证行为的瑕疵已经被其后的情况自然补正。如能说理至此，将使得维持民政局离婚证的结果更加令人信服。因为该离婚登记符合离婚的实质要件，而当初欠缺的非实质性要件又于事后得到了弥补。

　　法律的变化也可补正部分行政行为的瑕疵。如李建华诉南京市玄武区民政局不予撤销婚姻登记决定案。[①] 原告诉称：第三人周珊弄虚作假，擅自篡改婚姻状况证明，其行为已构成弄虚作假骗取婚姻登记，被告应当根据《婚姻登记管理条例》（已失效）第二十五条的规定，撤销婚姻登记。法院认为：被告准许原告与第三人结婚登记的行为符合《婚姻法》的规定。被告在审查时，未发现第三人提交的婚姻状况证明已被涂改，审查工作有疏漏但是此工作中的疏漏并不构成行政行为违法。案件审理期间，国务院发布《婚姻登记条例》，并于 2003 年 10 月 1 日开始施行，1994 年 2 月 1 日发布的《婚姻登记管理条例》同时废止。在《婚姻登记条例》中，婚姻状况证明已经不再是办理结婚登记应当具备的证明材料。该案中，被上诉人作出的结婚登记行为存在着对婚姻状况证明审查不严的瑕疵，但在新的行政法规取消婚姻状况证明后，结婚登记行为的瑕疵就得到补正，并被治愈。2010 年施行的《最高人民法院关于审理行政许可案件若干问题的规定》第一次明确规定法律的变化可以治愈行政行为的瑕疵。该解释第十条规定：被诉准予行政许可决定违反当时的法律规范但符合新的法律规范的，判决确认该决定违法；准予行政许可决定不损害公共利益和利害关系人合法权益的，判决驳回原告的诉讼请求。

　　四　消极补正的效力

　　消极补正消除的是授益行政行为的非实质性实体要件的瑕疵。实体要

---

　　① 江苏省南京市中级人民法院（2003）宁行终字第 158 号行政判决书。

件通常有实质性实体要件与非实质性实体要件。尽管非实质性实体要件对行政行为的作用力比实质性实体要件作用力小，但作为实体要件，二者对行政行为的结果均会产生影响。因此，非实质性要件瑕疵的补正，并不能使行政行为的瑕疵视为自始不存在，补正的效力不能产生溯及既往的效果。经消极补正的授益行政行为自补正之日起变为合法行为，其效力自补正之日起发生。当然，相对人补正的非实质性要件瑕疵的情形，其效力发生时间同消极补正。

第五章　求同存异之治愈方式：转换

第一节　违法行政行为转换概述

一　转换的民法学解读

作为私法自治的工具，法律行为是民法体系中具有基础性地位的概念。法律行为的本质属性是一种设权的意思表示。[①] 私法主体可以通过法律行为自由设立、变更或终止其与他人之间的法律关系。但法律在为私法主体提供自治空间的同时，也为其设立了规制措施，即如果当事人的法律行为违反法律的强制性或禁止性规定，或者违反公序良俗、损害社会公共利益时，则该行为不能产生当事人预期的法律效力，构成无效法律行为。但是，毕竟无效法律行为与私法自治精神相悖，为贯彻私法自治原则、维护交易安全、节省交易成本，许多国家在规定法律行为无效制度的同时，也提供了弥补措施——无效法律行为转换制度。

按照《德国民法典》第 140 条规定，一个完全无效的法律行为，如果具备另一法律行为的要件，而且可以认为，当事人知道此行为无效即愿意另一行为有效的，可以"作为另一法律行为"而生效。把一个无效的法律行为转变为一个其他有效的行为，即无效法律行为的转换。[②]

大陆法系许多国家或地区民事立法及司法实践中均有无效法律行为的转换制度。如《德国民法典》第 150 条规定："（1）迟延的承诺，视为新要约。（2）将要约扩展、限制或者作其他变更的承诺，视为拒绝原要约而发出新要约。"我国台湾地区民法第 1193 条规定："密封遗嘱，不具备

---

① 马俊驹、余延满：《民法原论》，法律出版社 2005 年版，第 180 页。
② ［德］卡尔·拉伦茨：《德国民法通论》，王晓晔等译，法律出版社 2003 年版，第 646 页。

前条所规定之方式，而具备第 1190 条所定自书遗嘱之方式者，有自书遗嘱之效力。"

我国《合同法》第二十八条规定："受要约人超过承诺期限发出承诺的，除要约人及时通知受要约人该承诺有效的以外，为新要约。"该法第三十条规定："承诺的内容应当与要约的内容一致。受要约人对要约的内容作出实质性变更的，为新要约。"这是我国《合同法》将无效的承诺行为转换为要约行为的立法例。

二　转换的行政法释义

（一）违法行政行为转换的概念

与法律行为在民法上的地位类似，行政行为是行政法的基础性概念，是国家实现行政任务的重要工具。行政主体主要通过行政行为完成行政任务、达致公益目标。为确保行政权依法行使，维护相对人合法权益，法律规定了行政权违法行使的法律后果：无效、可撤销。过多地否定行政行为预期的法律效力，有时不利于公益之维护，因此，对于特定形态的违法行政行为予以一定的治疗措施，使其转变为合法行政行为，也是法律出于公益需要而设计的变通之策。违法行政行为的转换就是这样一种制度。

所谓违法行政行为的转换，是指违法行政行为包含了另一合法行政行为的要件，且具有相同的目的时，将违法行政行为转变为另一合法行为的制度。

（二）行政法转换与民法转换的异同

行政法上的转换是借鉴民法上的转换而来。二者既有相同之处，也有各自不同的特点。

1. 二者的主要共同点

（1）二者都是治疗瑕疵行为、挽救行为预期法律效力的变通措施。行政法上的转换是治疗违法行政行为、挽救行政行为效力的变通措施。民法的转换是治疗无效法律行为、挽救法律行为效力的变通措施。

（2）二者都有维护法的安定性的目的考量。无论是无效法律行为转换还是违法行政行为转换，都使行为主体预期的法律效力得以发生和存续，这在一定程度上维护了法律关系和法律秩序的安定性。违法行政行为的转换维护了行政法律关系和行政秩序的安定，无效法律行为的转换维护了交易安全和经济社会的稳定。

（3）二者都有经济与效率的功利考量。违法行政行为转换为合法行政行为旨在避免行政资源的浪费，提高行政效率。无效法律行为转换为有效法律行为旨在节约交易成本，提高经济效率。二者都具有功利主义的价值考量。

2. 二者的主要区别

（1）转换的基本价值取向不同。行政法上违法行政行为的转换制度主要是基于公共利益本位，民法上无效法律行为的转换主要是基于私法自治的理念。行政法的转换是在违法行政行为侵害的法益与其体现的公益之间进行权衡，主要是侧重于对公益的保护。民法的转换主要是舒缓法律加诸的强制（无效）与私法自治之间的紧张关系，主要是从私益着眼的。

（2）转换形式不同。行政法的转换主要是通过解释的方式进行的，民法上的转换既有法律明确规定的转换，又有通过解释的方式进行的转换。民法上法律明确规定的转换，如《德国民法典》第150条规定的"迟延的承诺视为新要约"，我国《合同法》第二十八条的规定。民法通过解释进行的转换，主要是依当事人的意思进行解释，实现转换。如不具备票据方式之发票行为虽为无效，但在法理解释上可认为普通之债权证券或凭证者，其行为仍属有效。地上权设定契约无效时，可转换为租赁契约。① 行政法的转换形式则不同。目前承认行政法转换制度的国家或地区，多是对转换制度作一般性的规定，尚没有对具体情形明确规定转换的特别规定。因此，行政法的转换主要是依照法律的一般规定，通过解释进行的。

（3）转换的适用范围不同。民法上的转换适用于无效法律行为，可撤销行为不适用转换。而违法行政行为转换既适用于可撤销行政行为，也适用于无效行政行为。当然，有些国家不承认无效行政行为的治愈，如《葡萄牙行政程序法》第137条第1款规定：不允许追认、纠正及转换无效或不存在的行为。

（三）违法行政行为转换与追认的关系

1. 转换与追认的共同点

（1）二者都源自民法上的制度。违法行政行为的转换制度源自民法上的无效法律行为的转换，违法行政行为的追认源自民法上效力待定法律行为的追认制度。

---

① 武忆舟：《民法总则》，三民书局1985年版，第393页。

（2）二者都是违法行政行为治愈的手段。转换与追认都可以消除行政行为的瑕疵，使其由违法行为变为合法行为。

（3）二者都以保护公共利益为目的，以追求实质正义为价值取向。无论是转换还是追认，都是在行政行为体现的公共利益比其违法侵害的利益更值得保护的条件下适用的制度。二者都不拘泥于行政行为的表面瑕疵或对形式正义的违反，而是透过行政行为的表面形式去探求其是否体现法律所追求的实质正义，并以行政行为所体现的实质正义作为制度的价值追求。

（4）二者都维护了法的安定性，有利于程序经济和行政效率的提高。通过转换和追认，行政行为由违法变为合法，行政主体预期的法律效力得到维持，行政行为创设的法律关系和行政秩序得以安定。通过转换和追认，可以使违法行政行为不被撤销，不必重新进行相关程序，节约行政成本，提高行政效率。

（5）二者都发生溯及既往的效力。除个别国家规定追认的效力原则上不具有溯及力外，多数国家立法和实务上都采取转换和追认具有溯及力的观点，即转换与追认的效力都溯及至行政行为作出之日。

2. 转换与追认的区别

（1）二者治愈的瑕疵类型不同。可以追认的行政行为通常是存在管辖权瑕疵的行政行为，即无权限行为。可以转换的行政行为通常都不是无权限行政行为，即行政主体对于原行政行为和转换后的行政行为都有管辖权。

（2）二者适用范围不同。构成行政行为无效的管辖权瑕疵一般不能追认。而转换的适用范围有争议，可撤销行政行为可以转换没有争议。对无效行政行为是否也可转换问题有争议。德国学说和中国台湾地区立法都采无效行为也可转换观点。

（3）二者适用的顺序不同。从转换与追认、补正的适用关系来看，对于行政行为瑕疵，如果可以追认的，先予追认。如果可以补正的，先予补正。只有在行政行为的瑕疵既不能追认也不能补正的情形下，才考虑是否可以转换的问题。

（4）主体不同。转换主体，在德国有作出行政行为的行政机关、复议机关以及行政法院①，在我国台湾地区，依照其《行政程序法》第116条的规定，转换的主体只能是作出行政行为的行政机关。追认的主体有行政主体和有权立法主体。

（5）行为的同一性不同。追认前后的行为是同一的，而转换前后的行为却并非一样。

（四）违法行政行为转换与补正的关系

1. 二者的相同点

（1）二者都是违法行政行为治愈的手段。二者都可以使违法行政行为的瑕疵消除，使行政行为由违法变为合法。

（2）二者都以公共利益的保护为目的，以追求实质正义为价值取向。无论是转换还是补正，都是在行政行为体现的公共利益比其违法侵害的利益更值得保护的条件下适用的制度。二者都不拘泥于行政行为的表面瑕疵或对形式正义的违反，而是透过行政行为的表面形式去探求其是否体现法律所追求的实质正义，并以行政行为所体现的实质正义作为制度的价值追求。

（3）二者都维护了法的安定性，有利于程序经济和行政效率的提高。二者都使行政行为由违法变为合法，使行政主体预期的法律效力得到维持，行政行为创设的法律关系和行政秩序得以安定。通过转换和补正，可以使违法行政行为不被撤销，不必重新进行相关程序，节约行政成本，提高行政效率。

（4）二者都具有溯及效力。转换与补正的效力溯及至行政行为作出之日，以使行政行为预期的法律效力得以存续，维护法的安定性和信赖利益。

（5）实施时间相同。如果认为转换可由法院实施的话，则转换的实施时间原则上无限制。但笔者认为，转换宜只由原行政主体实施，此种情况下，转换时间应限定于诉争程序终结前，即应在复议或诉讼程序终结前实施转换。当然，在诉争程序进行中，复议机关或法院可以提示行政主体有进行转换的机会。补正实施时间一般也应在复议程序终结前，或直接提起诉讼的，在诉讼程序终结前作出。

---

① ［德］哈特穆特·毛雷尔：《行政法学总论》，高家伟译，法律出版社2000年版，第260页。

2. 二者的区别

（1）概念起源不同。违法行政行为的转换源自民法无效法律行为转换之概念，补正是行政法本身固有概念。① 与转换、追认不同，补正主要适用于轻微的程序瑕疵的治愈。而行政法与民法的一个明显区别就是，作为公法，行政法主要是通过程序规制和约束行政权，因此，尽管行政法是实体法，但是行政程序法却是其核心。作为私法，民法主要强调意思自治，程序对于民事实体法的作用远没有其对公权力的规制作用重要。因此，程序违法是公法上常见违法现象，而民法上因程序使法律行为无效或可撤销的现象极为少见。进而，作为治愈程序瑕疵行为的制度，补正成了行政法的重要制度而却没有形成民法的重要制度。

（2）适用的瑕疵类型及范围不同。补正主要适用于存在轻微程序瑕疵以及欠缺非实质性要件的行政行为。补正适用于可撤销行政行为，无效行政行为不能补正。而适用转换的行政行为，既可能是无效行政行为也可能是可撤销行政行为。但补正与转换的适用顺序不同。违法行政行为只有在不能适用追认或补正治愈其瑕疵的前提下，才可以考虑适用转换。

（3）主体不同。转换的主体，德国有作出行政行为的行政机关、复议机关以及行政法院②，我国台湾地区只能是作出行政行为的行政机关。为确保权限分工和诉争裁决机关的中立性，笔者认为，转换应由作出行政行为的原机关实施，而不应由复议机关或法院实施。因此，台湾地区的做法值得借鉴。而补正的主体有行政主体、行政相对人以及自然补正。

（4）行为的同一性不同。补正前后的行为是同一的，而转换前后的行为却并非一样。在治愈违法性时，行政行为内容和性质发生变化的为转换，行政相对人发生变化的为转换，而行政行为的内容和性质未发生变化，仅程序或事实理由变化的，为补正。

（五）转换与改变、变更的关系

违法行政行为的转换，是指违法行政行为包含另一合法行政行为的要件，且具有相同的目的时，将违法行政行为转变为另一合法行为的制度。违法行政行为的转换可以表现为行政行为结果的改变、行政行为适用依据的改变、事实定性的改变等。在行政法上，转换是一个有着特定含义的法

---

① 张正：《行政法——体系重点整理》，保成文化出版公司1996年修订版，第457页。
② ［德］哈特穆特·毛雷尔：《行政法学总论》，高家伟译，法律出版社2000年版，第260页。

律概念，它是违法行政行为治愈的一种方式。而改变、变更都或多或少与转换有着重叠关系，也有不同的适用条件和语境。

改变，按照《现代汉语词典》解释，指事物产生显著的差别；改换，更改。在我国法律和法学研究中，改变并未被作为一个专有的法律词语。但在个别法律中，改变有时被法律明确规定了具体的含义。如我国《行政诉讼法司法解释》（2000）第七条规定：

复议决定有下列情形之一的，属于行政诉讼法规定的"改变原具体行政行为"：（一）改变原具体行政行为所认定的主要事实和证据的；（二）改变原具体行政行为所适用的规范依据且对定性产生影响的；（三）撤销、部分撤销或者变更原具体行政行为处理结果的。由此可以看出，改变使具体行政行为发生了显著的变化，这种变化除了包括行政行为认定的主要事实和证据、对定性产生影响的规范性依据外，还包括对行政行为的撤销、部分撤销，以及变更处理结果。

综上，作为治愈方式的转换与《行政诉讼法司法解释》第七条规定的"改变"并不完全相同。

变更，指改变、更动。我国立法中的变更主要使用在如下情况：

一是登记内容的改变，即变更登记。如《税收征收管理法》（2013年修订）第十六条规定：从事生产、经营的纳税人，税务登记内容发生变化的，自工商行政管理机关办理变更登记之日起三十日内或者在向工商行政管理机关申请办理注销登记之前，持有关证件向税务机关申报办理变更或者注销税务登记。《动物防疫法》第五十二条第二款规定：动物诊疗许可证载明事项变更的，应当申请变更或者换发动物诊疗许可证，并依法办理工商变更登记手续。《社会保险法》第五十七条第二款规定：用人单位的社会保险登记事项发生变更或者用人单位依法终止的，应当自变更或者终止之日起三十日内，到社会保险经办机构办理变更或者注销社会保险登记。

二是不当行政行为结果由不适当改为适当。如《海关法》（2013年修正）第七十七条规定：上级海关应当对下级海关的执法活动依法进行监督。上级海关认为下级海关作出的处理或者决定不适当的，可以依法予以变更或者撤销。《行政诉讼法》第五十四条第四项规定：行政处罚显失公正的，可以判决变更。《行政复议法》第二十八条规定，具体行政行为明显不当的，复议机关可以变更。《行政监察法》第三十九条规定：监察机关对受理的不服主管行政机关处分决定的申诉，经复查认为原决定不适当的，可以建议原决定机关予以变更或者撤销；监察机关在职权范围内，也可以直接作出变更或者撤销的决定。

三是一般的改变。如《地方各级人民代表大会和地方各级人民政府组织法》第四十四条第五项规定，县级以上地方各级人民代表大会常务委员会有权根据本级人民政府的建议，决定对本行政区域内的国民经济和社会发展计划、预算的部分变更。《行政诉讼法司法解释》第二十三条规定：原告所起诉的被告不适格，人民法院应当告知原告变更被告；原告不同意变更的，裁定驳回起诉。《水土保持法》第二十五条第三款规定：水土保持方案经批准后，生产建设项目的地点、规模发生重大变化的，应当补充或者修改水土保持方案并报原审批机关批准。水土保持方案实施过程中，水土保持措施需要作出重大变更的，应当经原审批机关批准。《居民身份证法》第十一条规定：国家决定换发新一代居民身份证、居民身份证有效期满、公民姓名变更或者证件严重损坏不能辨认的，公民应当换领新证；居民身份证登记项目出现错误的，公安机关应当及时更正，换发新证；领取新证时，必须交回原证。居民身份证丢失的，应当申请补领。①

由上可以看出，变更除了适用于登记内容改变以及其他一般内容改变外，在具体行政行为瑕疵的消除方面，变更主要指不当行政行为的处理结果由不适当变为适当。转换虽然也是行政行为瑕疵消除的一种方式，但其与变更具有明显的区别。转换针对违法行政行为，变更适用于不当行政行为。转换一般使行政行为发生较大改变，而变更则仅将不当行政行为的结果改变为适当，发生于裁量领域，一般不会使行政行为结果发生质的变化。

综上，转换属于行政行为的改变，但转换与变更具有质的差别，前者适用于违法行为，后者适用于不当行为。基于此种梳理，我国立法时应尽可能考虑法律概念的约定俗成与使用规范，做到立法时尽量协调一致，不致因法律概念的理解偏差减损体系一致性和法律体系内部的系统性。

三　转换的法律性质

转换是具体行政行为，还是单纯公法的意思表示，对此有不同观点。

---

① 此条款中明确区分了变更与更正，也是对二者差别的立法规定，即更正适用于错误行政行为，变更则指一般的改变。

持具体行政行为说者认为，"转换是以无瑕疵且具相同目的之行为，溯及地代替瑕疵之行政处分，具备行政处分之要件，且是一种形成处分。"① 中国台湾学者林锡尧认为，"盖所谓转换，乃指行政处分之转换，应以行政处分方式为之。尤其，转换之结果，撤销原有瑕疵之规律，并基于相同目的，以合法行政处分代替之，其效果，直与行政处分相同。正因将转换行为看成行政处分，故受行政处分瑕疵理论之拘束，换言之，如果转换行为有瑕疵，基于法安定性与信赖保护原则，仍应维持其效力。反之，如果将转换看成是单纯的公法上意思表示，将无法适用有关行政处分瑕疵之理论，且若该转换之意思表示有瑕疵，类推适用民法之结果，极可能构成无效，则原来有瑕疵之处分依然存在，遇有转换是否合法之争执时，原行政处分是否存在，势将发生疑义，必待法院判决，始告确定，造成长期之不安定。"②

采单纯公法上意思表示说者认为，转换行为为公法上之意思表示，为一种单纯之说明。理由如下：（1）法无明文规定其系行政处分。（2）由转换之外观上并无新之附带措施或处分被做成。（3）倘采行政处分说而可对其争讼，将造成法律长期不安，且使法律关系更为复杂。该观点为德国通说。③ 中国台湾学者吴庚也认为："行政机关所为转换行为性质为何，学理上素有争论，应认为系单纯之认知表示而非新的行政处分。"④

笔者认为，既然违法行政行为包含另一行政行为的合法要件，且与其具有相同目的，那么，通过一种观念的表示或认知表示将该违法行政行为转换为合法行为，比将转换行为视为一种独立行政行为更符合程序经济与效率的目的考量，也有利于法律关系的安定和信赖利益的保护。况且，如果将转换行为视为独立的行政行为，则转换行为无溯及效力，其效力应自转换行为作出之日起生效，这样就等于否定了违法行政行为作出之日至转换之日期间的行为效力，不利于法律关系的稳定和信赖利益的保护，也与转换制度的本来目的相悖。因此，转换的法律性质采单纯公法上意思表示

---

① 张正：《行政法——体系重点整理》，保成文化出版公司1996年修订版，第454页。

② 林锡尧：《行政法要义》，1991年版，第229页。转引自张正《行政法——体系重点整理》，保成文化出版公司1996年修订版，第454页。

③ 张正：《行政法——体系重点整理》，保成文化出版公司1996年修订版，第453—454页。

④ 吴庚：《行政法之理论与实用》，中国人民大学出版社2005年版，第261页。

说更为可取。

转换法律性质的界定具有重要意义。首先，对转换主体具有影响。如果采单纯公法意思表示说，则转换行为仅为一种认知表示，根据需要有权作出这种认知表示的可以是行政主体，也可以是法院。德国通说观点采此说。基于此，德国学说认为，转换的主体可以是作出行政行为的行政机关、复议机关和行政法院。如果采行政行为说，由于有权作出行政行为的主体只能是行政主体，行使司法权的法院无权作出行政行为，那么，法院就不能作出转换行为。其次，对相对人选择救济有影响。如果采单纯公法上意思表示说，由于转换行为并不为相对人直接设定行政法上的权利义务，相对人对转换行为不服时仍须以原行政行为为对象提起行政救济。如果采行政行为说，则由于转换行为本身是一种为相对人设定行政法权利义务的行为，相对人对转换行为不服当然应当以转换行为而不是以原行政行为为对象提起行政救济。

四　转换的重要性

有学者以"（转换）案例纵然在德国亦难得一见，盖行政机关可采取他种途径（譬如撤销、更正、重新处分等）达到相同目的，何必选择转换"为由，认为转换"在实务上并无重要性"。[①] 这种观点值得商榷。

首先，案例多少不能作为一项制度重要性的评价标准。只要一项制度有其适用的空间，能解决现实问题，就有存在的价值，即使该制度的适用案型很少。

其次，即使某些问题可由现行制度解决，但如一项新的制度比现行制度更有优势，如可以节约行政成本、提高行政效率、维护法律的安定性等，则也不应固守陈规。

最后，转换具有现行制度无法替代的功能。撤销是对行政行为效力的否定，无法达到转换所要实现的维持行政行为效力存续之目的。更正是针对错误行政行为的处理措施，其无法解决违法行政行为的瑕疵。在现行制度中，与转换制度的目的或功能最为接近的当属重作行政行为制度。那么，转换制度与重作制度的关系如何，转换可否由重作制度取代呢？

转换与重作制度均能实现行政行为的合法状态。一定程度和范围内，二者具有相同作用。但是，二者的区别亦很明显。第一，程序的繁简与成

---

① 吴庚：《行政法之理论与实用》，中国人民大学出版社 2005 年版，第 261 页。

本的消耗不同，此为程序经济与行政效率的考量。重作行政行为有一个撤销原行政行为之必经程序，即重作行政行为必须先撤销原违法行政行为，再重开程序作出一个新的行政行为，而转换则无须撤销原行政行为，亦无须重开程序，其较重作行为的程序更为简捷。在行政法上，程序的烦琐意味着行政成本的高昂和公共资源的浪费。重作行政行为的程序比转换繁琐，表明重作制度不利于节约行政成本、妨碍行政效率的提高。第二，对法律关系和法律状态的稳定性影响不同，此为法律的安定性考量。重作行政行为时要先撤销违法的行政行为，行政行为被撤销后，其效力溯及自作出时失效，重作的行政行为自作出时有效，无溯及效力，这样原行政行为所欲规范的行政关系，将在原行政行为作出时至重作行为期间产生法律效力的盲点，该段期间原行政行为创设的法律关系和法律状态的安定性将遭到破坏。转换制度恰好可以弥补重作制度的这一缺陷。转换是将违法行政行为转变为另一具有相同目的的合法行政行为的制度。转换具有溯及效力，可以使原行政行为的法律效力得以维持和存续，使原行政行为创设的法律关系和法律状态得以维持。因此，转换有利于维护法的安定性。第三，相对于转换，重作制度受更多条件的限制。在很多情况下，重作行政行为时，作为原行政行为基础和对象的事实，已经丧失，不可能再恢复了，这时行政主体无法重作行政行为。此即事实的限制。重作行为时原行为所依据的法律规范的变化以及行政主体职权权限的变化，都将构成重作行为的限制条件。[①] 基于上述分析，转换制度具有重作制度无法替代之功能，以重作制度否定转换制度重要性的观点难以成立。

综上所述，转换制度的重要性已充分彰显。作为违法行政行为治愈制度之一种，其既有存在的理论基础，又有现实意义。转换制度的功能和价值是其他制度无法替代的。

五　转换方式

转换的方式，是条件具备后经行政主体或相对人主张，就当然发生转换的效果，还是需要由行政主体另外作成一个正式的转换的行为，才发生转换效果，在德国学说及法院均有争议。[②] 但转换条件是否具备，通常很难判断，极易发生争议，因此，为法安定性及法明确性起见，以采后种观

---

① 参见杨小君《程序违法撤销与重作行政行为的限制》，《天津行政学院学报》2005 年第 3 期。

② 参见许宗力《行政处分》，载翁岳生《行政法》，中国法制出版社 2002 年版，第 714 页。

点为宜。即若认为具备转换条件，行政主体必须作出一个明确的形成性之表示——转换行为，才发生转换效果，并且使转换后行为发生溯及既往之效力。[①] 笔者认为，这种观点值得采纳。另外，转换前，应给予相对人陈述意见之机会，转换后，应将转换行为送达相对人。

第二节 违法行政行为转换适用范围

尽管域外行政程序立法规定了转换制度，学说上对转换也多有探讨。但从域外的著作或文献中，我们能找到的转换案例并不多见。德国学者毛雷尔认为转换在实践中很少适用。不过，他还是列举了几个案例，如根据《联邦建设法典》第 125 条第 2 款，将建设计划的许可转换为建设开发设施的同意。拜因行政法院的案例：将持有武器禁止转换为武器经营许可和武器持有许可的废止或者撤销。巴登—符腾堡州行政法院的案例：将撤销转换为确认性行政行为。[②] 从这些案例中，我们无法归纳出转换的适用范围和情形。

转换适用对象是违法行政行为。而违法行政行为包括可撤销行为与无效行为，这两类违法行为是否都可以适用转换治愈其瑕疵，需要进行研究。可撤销行为与无效行为又有不同的表现形式，哪些可撤销行为或者无效行为可以转换为合法行为，也需要进行逐一检讨。

一　转换适用对象

可撤销行政行为与无效行政行为是否均可适用转换治愈其瑕疵，域外有不同立法例。从《西班牙行政程序法》的规定看，无效行政行为和可撤销行政行为均可转换。《葡萄牙行政程序法》和我国澳门地区《行政程序法》均规定无效行政行为不得被追认、纠正与转换。德国和我国台湾地区的行政程序立法仅规定违法或瑕疵行政行为可以转换，没有明确无效行政行为是否可以转换。从违法行政行为包含可撤销与无效行为看，似乎立法并未排除无效行政行为的转换。但学说上仍有不同理解。

行政法的转换制度是借鉴民法无效法律行为转换制度而来的。因此，

---

①　参见许宗力《行政处分》，载翁岳生《行政法》，中国法制出版社 2002 年版，第 714 页。

②　［德］哈特穆特·毛雷尔：《行政法学总论》，高家伟译，法律出版社 2000 年版，第 261 页脚注。

行政法的转换制度最初只适用于无效行政行为。但现在通说认为，可撤销行政行为也可转换。近来学者对无效行政行为可否转换提出了不少疑义。对于无效行政行为是否可以转换，有否定说与肯定说。否定说认为，无效行政行为自始、当然、确定不生效力，如果承认其可以被转换为合法行为而具有溯及效力的话，将使相对人无法预料，危害法的安定性。如果不承认其溯及效力而仅认可其自转换时起生效的话，则有违转换之本意，使转换行为不具任何意义，并剥夺转换之特有目的。另外，否定说认为行政法应发展出独立的原则，而不应一味继受民法的概念。肯定说认为，违法行政行为的转换制度是借鉴民法无效法律行为转换制度，无效行政行为应可以转换成其他行政行为。转换是原有行政行为目的的维持，不是重新作出新的行政行为，因此，不存在效力溯及既往之问题。原则上，德国学者对转换采单纯说明者大多支持无效行政行为可以转换，采行政行为说者多支持无效行政行为不得转换。[①]

笔者认为，可撤销行政行为因违法程度较轻，对法益的侵害相对较小，当该违法行政行为包含了另一合法行政行为，且该另一行为与原行为具有相同的目的时，经过利益权衡，行政行为的目的，即法律所追求的公益目的，更值得保护。这时，基于法律安定性和行政效率考量，应允许行政行为转换。无效行政行为因其违法程度的明显、重大，法律对其效力进行了否定评价：自始、当然、确定无效。但如果无效行政行为包含了另一合法行政行为，且该另一合法行为与原行为具有相同的目的，将无效行为转换为合法行为的利益比将之确认为无效的利益更值得保护的话，那么，应该给予无效行政行为转换的机会。"另外，行政程序法的产生历史与民法典第140条——其法律思想被行政法吸收——相比较、转换的意义等均支持尽可能地以无异议的形式'挽救'错误作出的法律行为。"[②] 因此，在一定的条件下，可撤销行政行为与无效行政行为均应允许通过转换治愈其瑕疵。

二　程序违法行政行为

行政行为的程序违法从广义上说，包括管辖权瑕疵、程序瑕疵（狭义）、形式瑕疵。行政行为必须由具有相应资格和能力的主体，在法定管辖权限内作出。如果行为主体不具有行政主体资格，或者行政主体超越法

---

① 参见张正《行政法——体系重点整理》，保成文化出版公司1996年修订版，第454页。

② ［德］哈特穆特·毛雷尔：《行政法学总论》，高家伟译，法律出版社2000年版，第261页。

定管辖权限作出了某种行为，则该种行为构成无权限行为。该种行政违法行为不能通过转换治愈，在条件允许时可以通过追认治愈其瑕疵。

行政行为存在单纯程序瑕疵，而实体结果正确，一般不适用转换。如果实体结果因程序瑕疵而受影响，如行政主体违反证据收集、审核和认定规则，举证责任分配违法等导致行政行为实体错误的，则属于认定事实错误方面的问题。此种情况可否转换，参见下文关于事实认定错误的处理方法。

从理论上说，形式违法的行政行为中也可能包含另一个合法的行政行为，也有适用转换的空间。但其具体的适用案型需要继续研究。

三　适用法律错误的行政行为

行政主体作出行政行为时，如果适用的法律错误，将导致行政行为违法。法律适用错误主要有三种情况：一是行政行为的内容正确但却将法律依据写错了，或者行政行为依作出时的法律依据是违法的，但若根据其他法律则是合法的，此即单纯的法条引用错误。二是引用了错误的法律依据，致使行政行为的内容错误。三是无法律依据。

对于第一种情况，单纯法条引用错误可以转换。如对虚假出资的股东进行处罚时本该依据《公司法》第一百九十九条，而行政处罚决定书上却将依据写成了第九条。如果行政机关可以证明这种错误书写是意思表示的显然错误的话，则该行政行为属于错误行政行为，行政机关可以随时更正这种错误。但如行政机关不能证明属于显然错误的话，则对于这种单纯的法条引用错误，可以通过转换消除行政行为的瑕疵。日本在实务中，在农地收买计划中，按照当初适用的根据条款是违法的，而根据其他根据条款却被认为是合法的①，此时可以将违法行为转换为合法行为。再如在台湾地区，公务员因案被法院以贪污罪判刑确定，本应依公务员任用法第二十八条予以免职，如果该管行政机关原误依考绩法第十二条予以免职，其结果正属相同，故原依考绩法所为之免职即可转换成为依任用法之免职。② 由于缺少法律规定，我国实务中尚没有适用转换的案例。在李建民诉北京市昌平区阳坊镇政府强制拆除决定案中，被告阳坊镇政府作出的《强制拆除决定书》本应适用《土地管理法》第六十三条、第七十三条和《城乡规划法》第四十一条、第六十五条，但却错误地表述为《城乡规划

①　［日］盐野宏：《行政法》，杨建顺译，法律出版社1999年版，第117页。
②　李惠宗：《行政法要义》（增订二版），（台北）五南图书出版公司，第398页。

法》第六十三条、第七十三条和《行政处罚法》第四十一条、第六十五条。被告于强制拆除执行完毕后作出了《更正通知》："由于工作人员失误，已经送达的《强制拆除决定书》中将"依据《土地管理法》第六十三条、第七十三条和《城乡规划法》第四十一条、第六十五条"误写成"依据《城乡规划法》第六十三条、第七十三条和《行政处罚法》第四十一条、第六十五条，现予以更正。"原告起诉要求确认强制拆除决定违法。法院认为被告作出的《强制拆除决定书》系属适用法律错误，虽然被告于 2009 年 8 月 28 日对适用法律的错误进行了更正，但该更正系于被诉决定已经实际执行后作出，故不能抵消被诉决定的违法性。故该行为应当被确认违法。① 该案应为单纯的法条引用错误，可以适用转换理论。被告可以作出转换通知，将强制拆除决定的法律适用转换为正确的法律适用。而本案中，虽然被告作出的是更正行为，法院也可以视之为转换行为，而以原行为已经治愈为由判决驳回原告的诉请。

第二种情形，如工商管理机关对于虚假出资股东进行处罚时，本应依据《公司法》第一百九十九条，而行政处罚决定书上以相对人抽逃出资为由依据《公司法》第二百条对其进行了处罚。由于两个法条的处罚幅度都是涉案金额的 5% 以上 15% 以下，相对人存在的违法情形是虚假出资，因此，通过转换将工商机关对抽逃出资的处罚转变为对虚假出资的处罚，既可以维持原行政处罚行为不被撤销，又通过转换达到制裁相对人虚假出资违法行为目的。再如在澳门地区，一助理技术员被处以解职处分，后其部门领导根据该当事人的请求，用强迫退休替代了原先的解职处分。原行政行为解职处分的事实认定没有错误，只是适用法律有错误。新的行政行为保留了原行为中正确的部分，并在此基础上转换为一个新行为。②

第三种情形，无法律依据的行政行为，如果包含了另一个具有相同目的的合法行政行为时，也可以适用转换。如李某不服劳动部门关于退休改为退职的批复行政复议案。该案李某出生于 1958 年 2 月，1975 年 11 月参加工作，1995 年 8 月 15 日原地区劳动能力鉴定委员会作出李某为完全丧失劳动能力的鉴定。后经本人申请，单位申报，劳动部门于 1995 年 8 月

① 北京市第一中级人民法院（2011）一中行终字第 3398 号行政判决书。源于北大法宝司法案例库。
② 朱林：《澳门行政程序法典》，澳门基金会 1996 年版，第 143 页。转引自应松年《比较行政程序法》，中国法制出版社 1999 年版，第 150 页。

31 日作出关于同意李某退休的通知。该文件下发后在核拨养老金时，社保经办机构发现李某年龄不符合国发（1978）104 号文件规定的退休年龄，遂对李某的退休做了更改，改为退职，并按退职待遇一直发放至今。根据《国务院关于工人退休、退职的暂行办法》（国发〔1978〕104 号文件）第一条第一款第三项："男年满 50 周岁，女年满 45 周岁，连续工龄满十年的，由医院证明并经劳动能力鉴定委员会确认，完全丧失劳动能力的应当退休"的规定，企业女职工必须年满 45 周岁，连续工龄满 10 年，由医院证明并经劳动能力鉴定委员会确认，完全丧失劳动能力才能退休。根据被申请人查阅李某有关资料，均证明李某的出生年月是 1958 年 2 月，1995 年 8 月批准退休时年仅 37 周岁，很显然不符合国发〔1978〕104 号文件规定企业女职工因病提前退休必须年满 45 周岁的条件。因此，李某不符合办理因病退休的条件，原劳动部门虽然作出了《关于同意李某同志退休的通知》的文件，但是在执行其待遇时发现李某不符合退休条件，不能享受退休待遇，只能按退职办理。被申请人认为，原劳动部门作出李某退休的通知，该文件下发后发现不符合退休条件，遂对其作了更改，当时虽然没有下文件予以更正，但申请人的养老待遇却一直按退职的标准发放。为了纠正工作失误和给被答辩人一个更明确的答复，2006 年 12 月，被申请人劳动局又作出了《关于撤销〈关于同意李某同志退休的通知〉的决定》和《关于李某同志退职的批复》。李某对撤销决定和退职决定不服申请复议。① 该案被申请人劳动局决定的撤销决定和退职决定，完全可以通过违法行政行为转换予以实现，即直接作出一个将原来的退休转换为

---

① 白伟、冯宝玲：《权利救济原则在纠正行政行为错误中的法律魅力》，《甘肃法制报》2010 年 8 月 25 日举案说法栏目。该案中，复议机关认为被申请人作出的被申请行政行为违法，通过协调，促使被申请人改变了被申请的行政行为，申请人撤销了申请。笔者认为，复议机关的认定值得商榷。被申请人对于自己作出的违法行政行为有权主动予以纠正。当然，这种纠正除应遵循一定的正当程序外，还应受到一定的限制，即如果纠正将对公共利益有重大危害或者授益行政行为的当事人存在信赖利益并且信赖利益显然大于纠正所欲维护的公益的，则不应纠正。在不存在上述限制的情况下，行政主体可否在纠正时作出更不利于相对人的行政行为呢？这主要取决于纠正程序的启动主体。如果纠正程序是相对人启动的，则纠正应受到更不利决定禁止原则的拘束，不得作出对相对人更不利的纠正决定。相对人启动的程序包括行政复议、行政诉讼、相对人向行政主体或有权监督机关进行投诉、申诉等。在这些程序开始后，行政主体的纠正行为不应更不利于相对人，否则将与法律赋予相对人救济权、申诉权的初衷背道而驰。如果纠正程序是行政主体自己发现错误并主动启动的，则为维护行政行为的合法合理状态，促进依法行政，应允许行政主体作出更不利于相对人的行政行为。本案中被申请人是自己发现错误并主动启动纠正程序的，因此，被申请人的行为应合法有效。

退职的决定。

再如《中华人民共和国道路交通安全法》第九十一条规定：

饮酒后驾驶机动车的，处暂扣一个月以上三个月以下机动车驾驶证，并处二百元以上五百元以下罚款；醉酒后驾驶机动车的，由公安机关交通管理部门约束至酒醒，处十五日以下拘留和暂扣三个月以上六个月以下机动车驾驶证，并处五百元以上二千元以下罚款。

饮酒后驾驶营运机动车的，处暂扣三个月机动车驾驶证，并处五百元罚款；醉酒后驾驶营运机动车的，由公安机关交通管理部门约束至酒醒，处十五日以下拘留和暂扣六个月机动车驾驶证，并处二千元罚款。

一年内有前两款规定醉酒后驾驶机动车的行为，被处罚两次以上的，吊销机动车驾驶证，五年内不得驾驶营运机动车。

如果某相对人一年内出现两次醉酒后驾驶机动车的行为，并被处罚了两次，公安机关交通管理部门对该相对人作出了禁止驾驶的处理决定。该行政行为因无法律依据构成违法，这时，由于该处罚行为包含相同目的的另一个合法行政行为的要件，所以，禁止驾驶的行政处理行为可以转换为另一个合法行政行为，即吊销机动车驾驶证（第九十三条第三款）。

四　事实认定错误的行政行为

认定事实错误包括对事实本身的认定错误、对相对人的认定错误。行政主体认定事实错误将直接导致行政行为因无事实根据而违法。但事实错误的情形多样，其法律后果也不能一概而论。当行政相对人根本不存在行政主体认定的事实，或者行政行为所涉事实与相对人无关时，该行政行为将因无事实根据或无理由而被撤销。如公安机关对没有违反治安管理行为的相对人进行处罚的行为、民政机关对不具备救助条件相对人进行救助的行为。当行政相对人存在行政主体所认定的事实，或者行政行为所涉事实与相对人具有一定的关联时，行政行为事实认定错误的后果并非一概导致该行为被撤销。

因欠缺事实要件导致的行政行为事实认定错误。行政行为的事实认定错误，如果属于非实质性实体要件或次要事实要件的欠缺，则该错误不影响行政处理结果，这时有通过补正事实理由方式治愈行为瑕疵的可能性（参阅前文补正部分的相关论述）。如果该事实错误属于实质性实体要件或主要事实要件的欠缺，欠缺的主要事实要件并未包含在原行政行为中，这时该违法行政行为将被撤销。如果欠缺的主要事实要件已包含在违法行政行为之中，只是该违法行为并未将其作为处理的主要事实根据，这时，可以通过变更主要事实根据或主要理由方式将违法行为转换为合法行为。当然，这种转换必须符合转换的其他各种条件。英国法院存在类似案例。如"对于某一基于事实的错误而颁发的规划许可而提出的救济就没有获得法院的支持，因为法院认为即使不基于该错误的事实也应当颁发同样的规划许可。"① 该案例实质是法院对于违法行政行为的转换。我国台湾地区"诉愿法"第79条第2款的规定可以看作是对不当行政行为适用转换的立法例。该条第1款规定：诉愿无理由者，受理诉愿机关应以决定驳回之。第2款规定：原行政处分所凭理由虽属不当，但依其他理由认为正当者，应以诉愿人为无理由。尽管该条针对的是不当行政行为，但可以看出其对违法行为转换制度之借鉴。这也可看作立法中隐含或间接规定转换制度的例子。

因对事实性质定性错误或者其他原因导致的行政行为事实认定错误。事实定性错误导致行政行为法律依据错误时，如果违法行政行为内容与事实定性正确情况下的行政行为内容相同或者违法行政行为包含了事实定性正确情况下的合法行为内容，在具备其他条件的情况下，可以通过转换治愈行为的违法性。如在徐州市民建结构工程加固有限责任公司诉徐州市人力资源和社会保障局工伤行政确认纠纷案中，就存在转换的适用情形。该案案情是，2012年7月31日5时45分左右，第三人袁某到原告承建的施工工地准备上班（上班时间为早上七点）。在上班前，原告去厕所途中从楼梯上摔下受伤。后袁某申请工伤认定，被告作出如下认定：袁某受到的事故伤害，符合《工伤保险条例》第十四条第一项之规定，属于工伤认定范围，现予以认定为工伤。原告认为，第三人在试用期，尚未与原告正式建立劳动关系，并且其所受伤害不是在工作时间和工作地点，因此不应认定工伤，遂提起本案行政诉讼，要求撤销被告的工伤行政决定。诉讼过程中，被告发现其认定工伤依据的法律条文错误。《工伤保险条例》第十四条第一项规定：在工作时间和工作场所内，因工作原因受到事故伤害的，应当认定为工伤。第二项规定：工作时间前后在工作场所内，从事与工作有关的预备性或者收尾性工作受到事故伤害的，应当认定为工伤。本案第三人受伤的时间是在上班前，去厕所属于上班的预备性工作。因此，

---

① 张越：《英国行政法》，中国政法大学出版社2004年版，第661页。

被告应当依据第二项而非第一项作出工伤认定。基于此种考虑，2013年8月6日，被告在诉讼过程中撤销了被诉行政决定（《关于撤销徐人社工认字［2012］第1798号〈工伤认定决定书〉的决定》）。其理由为："（被诉行政决定）存在不当之处，现决定予以撤销，并经重新审查后作出新的工伤认定决定。"[①] 后原告申请撤诉。该案是典型的因事实定性错误导致的适用法律错误的案例。被告撤销被诉行政行为后，重新审查还会作出同样结果的行政决定，即第三人所受伤害认定为工伤。这样只会使程序更加烦琐，浪费行政成本，降低行政效率。被告完全可以通过一个转换决定书或转换通知将原认定书中的法律依据予以替换，使原行为的违法性得到治愈，使被诉行政决定得以继续存在。再如工商管理机关将股东的虚假出资行为认定为抽逃出资而依据《公司法》第二百条加以处罚的情况。由于虚假出资与抽逃出资的法律责任相同，即相同的处罚种类与幅度，该种违法行政行为可以转换，即将原行政行为转换为依据《公司法》第一百九十九条对相对人虚假出资进行处罚的行政行为。事实定性错误或其他原因导致事实认定错误时，如果违法行政行为的内容与事实定性正确情况下的行政行为内容不同，或者违法行为并不包含事实定性正确情况下的合法行为内容，则不能通过转换治愈其瑕疵。

一般情况下，如果行政行为针对的相对人错误导致违法时，该行政行为将不得不被撤销。因为行政主体所预期的法律效力是针对特定相对人的。但在特殊情况下，尽管行政行为针对的相对人错误，但根据行政行为所涉事实和各种情况，有时也可以允许行政行为转换为针对另一相对人行为。如对死者之土地进行征收，虽属违法，但亦无妨将之转换为对继承人征收。此种情形通常发生于土地所有人死亡，继承人无法缴交遗产税，遂致土地所有人名义无法变更登记，甚或被行政机关代管，而行政机关进行征收时，仍以土地登记簿原所有人为被征收人。[②] 还有一种相对人错误的情况，就是行政相对人身份改变而行政行为仍对原来身份的相对人作出等。如在台湾地区，某法规规定教师与公务员每年均应接受健康检查，若主管机关依此规定命令"甲教师至指定医院接受健康检查"，此时甲已转任公务员，则主管机关得将该处分转换为《甲公务员至指定医院接受健

---

①　江苏省徐州市云龙区人民法院（2013）云行初字第0055号行政裁定书。本案的案情主要源于该案的案卷材料。裁定书中反映的信息相对较少。

②　李惠宗：《行政法要义》增订二版，（台北）五南图书出版公司，第397页。

康检查》之行政处分。①

五 处理结果违法的行政行为

如果行政行为适用法律依据正确、程序合法、事实认定也正确，仅是处理结果违法或不当的，则可具体分析如下：如果行政行为处理结果属于违法的，则可以通过转换变为结果合法的行政行为。如果行政行为处理结果属于不当的，则可以通过变更使不当的结果变为适当。后者不属于违法行政行为，因此，也不称之为转换。

第三节　违法行政行为转换的适用条件

行政法上的转换是治愈行政行为瑕疵、维持行政行为法律效力的一种重要制度，既可以适用于可撤销行政行为，也可以适用于无效行政行为；既可以适用于程序违法，也可以适用于实体违法。尽管转换的适用范围很广，但真正可以适用转换的情况并非很多，因为转换要受到许多条件的限制。

一　域外关于转换条件的立法

从域外行政程序立法看，关于行政行为转换的条件，共有三种不同立法例。

第一种立法例，明确规定行政行为转换的各种条件，包括积极和消极条件。以德国和我国台湾地区为代表。

《联邦德国行政程序法》第47条规定：

（1）具瑕疵的行政行为与另一行政行为目的相同，作出前者的行政机关依已发生的程序和已采取的形式也可能合法作出后者，且具备作出要件的，可将前者转换为后者。

（2）具瑕疵行政行为拟转换的行政行为，明显有悖其作出机关的初衷，或其法律后果会对相对人造成较具瑕疵行为更大不利的，不适用第1款规定。不允许撤销的具瑕疵的行政行为，同样不允许转换。

（3）仅可依羁束决定为之的决定，不得转换为裁量决定。

（4）准用第28条规定。

---

① 张正：《行政法体系重点整理》，（台北）保成文化出版公司1996年10月版，第453页。

台湾地区"行政程序法"第116条规定：

行政机关得将违法行政处分转换为与原处分具有相同实质及程序要件之其他行政处分。但有下列各款情形之一者，不得转换：

一、违法行政处分，依第一百十七条但书规定，不得撤销者。

二、转换不符作成原行政处分之目的者。

三、转换法律效果对当事人更为不利者。

羁束处分不得转换为裁量处分。

行政机关于转换前应给予当事人陈述意见之机会。但有第一百零三条之事由者，不在此限。

第二种立法例，明确规定行政行为转换的积极条件，未规定消极条件。以《意大利行政程序法（草案）》、《西班牙行政程序法》等为代表。《西班牙行政程序法》第51条规定：

纵然为无效之行为，但若具备他种行为之构成要件时，关于该行为之效力，仍应发生。

第三种立法例，仅规定转换的消极条件，未规定积极条件。以《葡萄牙行政程序法》、澳门地区《行政程序法》为代表。《葡萄牙行政程序法》第137条第1款规定：不允许追认、纠正及转换无效或不存在的行为。

与其他治愈制度一样，转换也是依法行政原则的一种例外制度。这种制度抛弃严格的形式主义法治理念，对行政主体的部分违法行为予以宽宥，给予其事后弥补机会和措施，以使其转变为合法行为。这种制度本身就有"偏袒"或"纵容"公权力之嫌，况且，相对于追认、补正而言，转换对依法行政原则的"背离"更为严重，因为它为达到维持违法行为效力之目的，而不惜将违法行政行为转变为另一个行为。这种制度很容易遭致相对人批评或不满，所以有必要严格限制其适用条件，压缩转换适用的裁量空间。基于此种考虑，立法有必要明确规定转换适用的各种条件。因此，第一种立法例值得我们借鉴。下文关于转换条件的分析将以第一种立法例为基础。

二　转换的积极条件

（一）对象条件：违法的具体行政行为

行政法转换适用对象是一种具体行政行为。转换是治愈具体行政行为瑕疵的一种制度。转换的制度设计旨在消除行政主体在实施具体行政行为时的程序或实体方面的违法情形。行政主体作出的抽象行政行为或规范性文件制定行为不适用转换，即既不能将规范性文件制定行为转换为具体行政行为，也不能将其转换为另一个规范性文件制定行为。行政合同是行政主体与相对人之间为实现一定行政目的而设立、变更或消灭行政法律关系的合意。既然是合意，无论是行政主体还是法院均无权予以单方转换。因此，行政主体不能将行政合同转换为具体行政行为。但无效的行政合同可否转换为有效行政合同呢？从域外行政程序立法看，行政合同除有自己的特定规则外，还可以准用民法规范。而民法有无效法律行为转换制度，因此，无效行政合同亦有转换制度适用之余地。只是无效行政合同转换的适用规则应援引民法的转换制度，与此处探讨的具体行政行为的转换制度尚有不同，囿于本书主旨，此处不予探讨。

行政法转换适用对象是一种违法的具体行政行为。行政行为不构成违法的，不适用转换。错误行政行为、不当行政行为、假行政行为均不适用转换。转换适用的违法行为包括无效行政行为与可撤销行政行为。无效行为中，所要求或许可的行为构成犯罪的，不能转换。行为内容违背公共秩序、善良风俗的不能转换。行为内容对任何人均属不能实现的，不能转换。其他无效行为在符合条件时，可以适用转换。可撤销行政行为在符合条件时，原则上均可以适用转换。

（二）目的条件：违法行政行为与另一合法行政行为具有相同的目的

行政主体作出的行政活动都代表或体现一定的公益目的。原行政行为因违法而无法实现法律追求的目的时，如果将原行政行为转换为另一行为，必须是原行为与另一行为具有相同的目的，即追求的公共利益相同。只有两个行政行为追求的公共利益相同的情况下，将违法行为转换为另一合法行为才符合法律之意图。如《联邦德国行政程序法》第47条规定转换的积极条件是：具瑕疵的行政行为与另一行政行为目的相同。

值得考虑的是，何为目的相同？如何判断原行政行为与另一行为目的是否相同？在判断主体方面，是由行政主体、法院还是其他主体作为判断主体？在判断的时间方面，是以原行政行为作出时的事实及法律状态作为判断时点，还是以拟转换时的事实及法律状态作为判断时点？在判断的标准方面，是以行政主体的主观目的作为判断标准，还是以客观情况作为判断标准？这些问题都将影响目的是否相同的判断，进而影响转换的适用。这些问题的解决都取决于有关主体对于行政行为目的的判断或解释。

目的是否相同的判断主体。立法机关通过法律对公共利益进行分配和确认，行政主体通过依法行政将法律体现或追求的公共利益予以实现，行政主体由此成为公共利益代表。在纷繁复杂、变动不居的社会关系中，为维护公共利益，何时需要行政主体干预，何时需要行政权介入，行政主体是首次的、最主要的判断者和决定者。因此，行政主体对于其实施的行政行为目的理应最为清楚。那么，违法行政行为目的是否与拟转换的行政行为的目的相同，行政主体有权作出判断和选择。因此，作出违法行为的行政主体可以成为转换目的是否与原行为相同的判断和决定者。基于此，作出违法行为的行政主体可以成为转换的主体。接下来，复议机关和法院可否成为目的相同的判断者呢？复议机关和法院是解决行政争议、监督行政主体是否依法行政的机关。作为裁判机关和监督机关，复议机关和法院当然拥有对行政行为是否符合法律追求的公益目的的判断权，因此，复议机关和法院也拥有转换后的行为是否与原行为目的相同的判断权。基于此种认识，复议机关和法院也可以成为转换主体。德国即采取这种观点，即作出行政行为的行政机关、复议机关和行政法院均可作为转换的主体。但是，如果复议机关和法院是裁判机关，中立性是其根本属性考虑的话，尽管复议机关和法院有权对转换行为与原行为目的是否相同作出判断，但在相对人私益和公益之间保持中立才能确保裁判结果的公正，增强裁判结果的可接受性。基于此种认识，复议机关和法院不宜作为转换或治愈的主体，充其量复议机关和法院可以在复议或诉讼程序中提示行政主体有转换或治愈的机会。我国台湾地区行政程序法即明确规定转换的主体是行政主体。

目的是否相同的判断时点。行政行为是否违法的判断，应以行政行为作出当时的事实与法律状态作为判断时点。嗣后事实及法律状态变更一般不影响对原来作出的行政行为的合法性判断，除非事后法律有溯及既往之规定。因此，对于行政行为目的的判断也应以行为作出时的事实及法律状态为判断时点。但拟转换行为目的的判断时点是以原行为作出时，还是以转换时的事实及法律状态为标准呢？由于转换制度之设计旨在消除原行政行为的违法性，使预期的法律效力得以维持和存续，如果以转换时的事实及法律状态作为判断标准的话，则转换之前由原违法行为所创设的法律秩序和法律关系的存在将受到质疑或否定，这不利于公共利益之维护，也将破坏法律的安定性和当事人的信赖利益，有违转换制度的设计初衷。因此，对于拟转换行为的目的也应以原违法行政行为作出时的事实与法律状态作为判断时点。

目的是否相同的判断标准。民法上的转换是以私法自治为基础。当一个法律行为无效时，要想将其转变为另一有效的法律行为，除无效的法律行为具备另一法律行为的要件外，尚须探求当事人的意思，即是否可以认定当事人知道此行为无效时愿意使另一行为有效。如果可以认定当事人具有此意思，则另一行为有效；如果当事人没有此意思，则无效法律行为不能转换为另一有效行为。德国联邦最高法院指出，法律行为的转换"不应该导致一个和私法自治相违背的对当事人的约束，并完全无视当事人特别意思倾向以及当事人特别的想法"。① 法官不应以自己的价值观或他认为具有某种目的的价值观来代替当事人的价值观；法官必须从他知道的当事人主观上的价值基础出发，尽管法官认为，当事人的这种价值基础是不合理的，而且是基于不能解释的利益上的，但仍然必须这样做。② 由此确立了法律行为可以转换的界限是基于对当事人的推测意思的考虑。③ 与私法自治不同，作为公法的行政法，以依法行政为基本原则。行政主体行使行政权力时不应以自己的主观意志为标准，而应以法律为其设定的目的为标准。为规制行政主体以自己的主观意志代替立法旨意的行政恣意和滥权行为，法律为行政权行使设立了程序和实体要件，并且为保护相对人权利及监督行政之需要，对重要行政事项法律往往规定行政案卷制度。因此，当行政行为违法而考虑是否可以转换时，对原行政行为与拟转换行为之目的的探求，不应以行政主体的主观价值基础为出发点，而应以行政案卷记载的事实以及法律规定作为判断标准。民法转换时对当事人意思的探求，是以保护当事人的经济利益或主观上的特别追求为标准，是一种主观标准；而行政法转换时对行为目的的探求，是以保护公共利益或法律追求的特定价值为标准，是一种客观标准。在立法例上，《意大利行政程序法（草案）》规定转换时，就是以客观标准作为探求行为目的的标准。如该草案第52条规定：无效或违法之行为，如该行政权者为行为之初明知其无效或违法，客观上能被认为其目的系欲为个别行为者，如具备与其所意欲发生之行为相当之形式及内容时，以具有该个别行为之效力论。

---

① ［德］卡尔·拉伦茨《德国民法通论》，王晓晔等译，法律出版社2003年版，第647页。
② 同上书，第648页。
③ 同上书，第651页。

（三）合法要件条件：违法行政行为中包含另一行政行为的合法要件

转换是把违法行政行为转变为另一合法行政行为，以使其法律效力得以维持和存续的制度。法律允许转换制度存在的正当性基础，在于原违法行政行为中包含了具有相同目的的另一行政行为的合法要件，为了程序经济和法律的安定性，只需转换而无须重作行为即可达到法律追求的公益目的。如果原违法行政行为中不包含另一行政行为的合法要件，那么，就不存在转换的基础和可能。

原违法行政行为必须包含的另一行政行为的合法要件主要有：另一行政行为合法作出所需的程序、形式及实体要件。另外，行政主体必须具有作出转换后行为管辖权。这些要件是保证转换后行为合法必需的要件。

民法上转换并不要求无效的行为本身应包含有作为有效的"其他的"行为的内容。如一个设立无限公司的公司设立合同可以变为一个设立民法上的合伙的合同，但我们不可能说，在无限公司的设立中就已包括有设立合伙合同的内容。① 而行政法转换则需要在原违法行为中包含另一行为的合法要件，即包含作成另一行为所必需的程序及实体内容。这主要是因为民法转换是以维护私法自治为主，以推测的当事人意思为基础，只要转换能实现当事人的经济目的且不违背其意愿即可。而行政法的转换是以原行为的行政案卷所记载的事实以及法律规定作为探求行为目的的标准，进而决定可否转换。因此，原违法行政行为中必须包含另一行为的合法要件。

既然违法行政行为必须包含转换后行为的合法要件，那么，可否把转换看作是使违法行政行为部分有效部分无效的制度呢？或者说二者有何区别？

行政行为存在部分违法时，其法律后果是影响行为的全部还是仅影响其违法的部分？通说认为，行政行为部分违法的法律后果并不必然影响行为全部，行为合法的部分仍然有效。但条件是：行政行为的全部处理内容必须是可分的；在没有违法部分的情况下，行政机关必须有权作出剩余部分的行为。② 我国台湾地区"行政程序法"第112条也规定：行政处分一部分无效者，其他部分仍为有效。但除去该无效部分，行政处分不能成立

---

① 参见［德］卡尔·拉伦茨《德国民法通论》，王晓晔等译，法律出版社2003年版，第649—651页。

② ［德］哈特穆特·毛雷尔：《行政法学总论》，高家伟译，法律出版社2000年版，第262页。

者，全部无效。这种部分无效制度与转换既有相同之处又有明显区别，不可混淆。

二者相同之处，在于二者都不一概否定违法行政行为及其法律效力，而是对其作了灵活处理。

但二者有明显的区别：

（1）部分无效制度只能针对可分的行政行为，转换既可针对可分行政行为，也可针对不可分行政行为。

（2）部分无效制度仅使违法行政行为部分有效，转换既可以使违法行政行为部分有效，也可能使其全部有效。当转换针对可分行政行为时，如果可分行为中仅有部分可以转换，而其他部分不能转换时，则转换只能使该行政行为部分有效，不能转换部分仍无效。当转换针对不可分行政行为时，转换可使行政行为全部有效。

（3）部分无效制度不能消除违法行政行为所具有的瑕疵，其是通过将行政行为的违法部分与合法部分分离，来达到使合法部分有效之目的。而转换则是通过消除行政行为的瑕疵来达到维持其法律效力之目的。

（四）相对人程序权利条件：转换前应给予相对人陈述意见之机会

民法上的转换通过推测的当事人的意思维护私法自治和当事人经济利益，即民法的转换对当事人的主观意思已作充分的考量并且是以之为主要基础的。而行政法的转换则是以行政案卷记载的事实和法律规范作为转换的基础，相对人的主观意思对转换行为的影响甚微。但是，为保障相对人合法权益，促进依法行政，转换前亦应给予相对人陈述意见之机会。

行政主体作出行政行为前应给予相对人陈述意见机会。这一规则渊源于自然公正原则。行政听证制度是陈述意见的正式程序。无论大陆法系还是英美法系国家均将给予相对人陈述意见的机会作为公权力行使时必须遵守的重要程序。违法行政行为转换时，由于原行为转变为另一行为，行为的内容、法律依据或其他方面将发生变更，因此转换后的另一行为对于相对人而言是一个新的行为，有必要在转换前给予相对人就拟转换行为陈述意见的机会。这样既可以充分听取相对意见以保障相对人合法权益，又可以确保转换后行为的合法正确。与陈述意见适用通常情形一样，下列情况下，转换前可以不给相对人陈述意见的机会：

情况急迫，如给予陈述意见的机会有违公益的；

行政主体大量作成同类行政行为，或借助自动设施颁布行政行为的；

受法定期间限制，如给予相对人陈述意见的机会，显然不能遵守的；行政强制执行过程中采取的措施；

转换后的行为对相对人的自由或权利不构成不利，或限制自由或权利之内容及程度，显属轻微，无事先听取相对人意见必要的；

行政行为所根据的事实，客观上明白足以确认的；等等。①

二　转换的消极条件

（一）目的限制条件：转换后行为之目的不得与原行政行为相抵触

转换是通过将违法行为转变为合法行为之方式，达到维持原违法行为预期的法律效力、维护原违法行为创设的法律关系和法律状态之目的。要达到这一目的，必然要求转换后的行为之目的与原违法行为之目的相同，至少转换后行为的目的不得与原行为目的相抵触。目的限制是对违法行政行为转换施加的最主要的限制条件。它可以避免转换适用的泛化，限制行政滥权，有利于相对人权益之保护。如果不从目的上加以限制，可以转换的违法行政行为范围将变得非常宽泛，依法行政原则的内容将被架空，行政滥权将有了冠冕堂皇之理由，相对人权利之保护亦将十分困难。

判断转换后行为的目的是否与原行为相抵触，仍以客观判断为主，即前述以行政案卷记载的事实和法律规范为依据。

（二）内容限制条件：转换后的法律效果对相对人更为不利者不得转换

在违法行政行为具备转换的积极条件时，一般而言，转换即可进行。但转换毕竟是行政行为存在违法前提下，为维护其法律效力所作的一种变通措施，是以公共利益为本位的一种制度，是从法律安定性和行政效率角度考虑而对违法加以"纵容"的一种权宜之计。如果按照严格依法行政观点，行政主体依法行政就是对相对人权利的最大尊重和最好保护，进言之，当行政行为违法时，将其予以撤销是当然之结果。而转换制度却将违法行为变为合法行为，这本身就有侵害相对人权利之虞，因此，这种以公益为本位的制度，在具体实施时必须对相对人的权利予以更充分的尊重，即这种制度不得使相对人处于比原来更为不利的境地。这也可以称之为转换的不利结果禁止原则。

转换之不利结果禁止原则的另一个理由，是转换行为毕竟是在原违法

---

① 无须给予相对人陈述意见之情形，参见德国及我国台湾地区"行政程序法"相关规定。

行政行为基础上通过解释或认知表示的形式，使原行为转变为另一行为的。转换后的行为并未经过一般行政行为作出所必须遵循的各项程序，特别是如果对相对人作出不利行为时所应采取的各项程序，因此，为保证行为的合法性、妥当性，维护相对人权利，应禁止转换后的法律效果对相对人更为不利。

（三）公益限制条件：不得撤销的行政行为不得转换

行政主体行使行政权时应遵守依法行政原则，严重违反该原则的行为应予撤销。但是，行政行为的撤销尚须受到下列情形限制：如果行政行为体现的公益重大，撤销该行为将会对公益造成重大危害时，不得撤销。授益行政行为的受益人对行政行为的信赖利益明显大于撤销所欲维护的公益时，不得撤销。违法行政行为的转换是将原行为转变为另一行为，通过另一行为的法律效力实现原行为的目的。尽管转换前后的行为目的相同，但是转换却是以抛弃原违法行政行为，转而以另一行为的形式实现相同的目的的，这种制度实际包含了对原行政行为的撤销或废弃。如果原违法行政行为不得被撤销或废弃，则原行为的态样不得改变，不能将其转变为另一行为。因为转换尽管是实现了相同的目的，但毕竟原行为与转换后的行为有许多不同。如果依照公共利益考量，原违法行为不得撤销，则说明原行为所追求的各项程序或实质之法益需要得到特别保护，故应在维持其原样的基础上使其法律效力得以维持和存续。对该类行政行为的争讼，可以用情况决定或情况判决解决之。如我国公民通过弄虚作假从护照签发机关骗取护照后，已持照出国。按我国《护照法》第十六条第二款规定，该护照应为无效。但如撤销或宣布无效，则该公民将无法受中国保护，有违我国国家利益。这时就不能撤销或宣布无效。如果第三人诉请撤销，则应采用情况决定或情况判决方式解决。由于该种颁发护照的许可行为属于不得撤销的行政行为，该行为也不得转换，而只能以原始态样继续存在，并使其法律效力得到存续。

（四）类型限制条件：不得将羁束行政行为转换为裁量行为

所谓羁束行政是指依照法律规定，当构成要件具备时，法律仅规定单一的法律效果，行政主体只能严格依照法律规定作出行为的情况。所谓裁量行政是指依照法律规定，当构成要件具备时，行政主体可以决定是否作出行政行为，或者在法律规定的多种效果中选择作出哪一种行为的情况。在裁量行政中，行政主体有权决定是否作出行政行为的情况，称为决定裁量，行政主体有权在多种法律效果中选择其一作出行政行为的情况，称为选择裁量。

行政事务的复杂多变决定了行政权本质是一种裁量性的权力，羁束行政只在少数情况下适用。法律赋予行政主体裁量权限的目的是保证行政主体能随时应变复杂的现实需要，以实现个案正义和公平。行政主体在裁量权限范围内作出的行政行为，仅发生合理性或合目的性问题，不涉及合法性问题。即使是司法机关也应对行政主体在裁量权限内的行为予以尊重，而不得以不合目的为由加以否定。换言之，行政主体的裁量权应受到尊重。基于此种考虑，当羁束行政行为违法，具备转换条件时，如果将之转换为裁量行政行为，则可能限制或剥夺行政主体的裁量权，违背法律授予裁量权的目的。

第六章　结论

前述几章探讨了治愈制度的理论基础和具体适用情形。违法行政行为治愈是行政法上一个重要制度。它既可以完善行政法理论体系，又能直面实践需要，有效解决现实问题。治愈制度的确立，必将引起行政复议、行政诉讼等行政救济制度的相应变化。同时，将违法行政行为治愈制度化、法律化，是理论和实践的必然要求，也是本书的研究落脚点。

第一节　基本结论

违法行政行为法律后果是行政法的重要课题，由于依法行政原则的强大影响，理论与实务界对违法行政行为多呈现"老鼠过街，人人喊打"的否定态度，但这种机械的、形式主义的法治观显然与行政行为的瑕疵情节、危害程度不相适应，无法匹配行政行为复杂多样的瑕疵形态，造成实践困惑。本书的论述即在此背景下展开。行文至此，有必要将前文的基本论述与观点作一总结，以作为本书基本结论。

一　瑕疵行政行为形态多样，法律后果多元

行政行为的合法要件既包括程序要件，也包括实体要件，违反合法要件的行政行为即属瑕疵行政行为。根据瑕疵程度，可将瑕疵行政行为分为违法行政行为、不当行政行为、错误行政行为。行政行为构成瑕疵的原因既可能是程序要件的欠缺或违反，也可能是实体要件的欠缺或违反，即使同样是程序或实体要件欠缺或违反，其对行政行为结果的影响也不相同。有的瑕疵可能影响行政行为的结果，有的瑕疵可能不影响行政行为结果，换言之，有些瑕疵，如果行政主体没有违反规定，不存在这些瑕疵，行政行为的结果可能会发生变化，而有些瑕疵，即使行政主体没有违反规定，不存在这些瑕疵，行政行为的结果也不会发生变化。这说明瑕疵行政行为

的瑕疵情节与危害程度千差万别。瑕疵行政行为的法律后果应与瑕疵情节、瑕疵的危害程度相适应。我国法律对于违法行政行为基本否定的规定显然不符合上述要求。

我国法律基本否定违法行政行为的规定受形式法治主义影响，是一种机械的依法行政观。在形式法治与实质法治关系上，古今中外有过很多争鸣。但无论如何，单纯重视形式不问实质价值的形式法治论者已经很少，无论冠以什么名称，一个普遍可接受的观点是，法治既不是与实质价值无涉的单纯形式法治，也不是忽略形式正义的单纯实质法治，现代法治应该是形式法治与实质法治的有机统一。法治应该在追求形式正义与实质正义上达到高度契合。我国立法对于不需要、不适宜撤销的违法行政行为采取与其他违法行政行为一样，一概否定的立场，显然走入只强调程序价值、忽略实体价值的误区，过分强调形式正义，忽视了实质正义，是一种片面的形式法治观。在违法行政行为法律后果上，我们应在坚持形式正义基础上，考量并追求个案中的实质正义。通过个案考量，矫治片面形式法治观的局限和弊端。在这样的理念基础上，违法行政行为的法律后果自然是多元的：通过撤销、确认无效等手段否定违法行政行为法律效力；通过追认、补正、转换等手段治愈违法行政行为的违法瑕疵，继续维持其法律效力。而违法行政行为治愈正是在坚持形式正义的基础上权衡实质正义的一种制度。该制度的依据就是，违法行政行为仍能体现法律所追求的公共利益，并且该种公益比违法侵害的法益更值得保护。这种公益不仅包括违法行政行为预期的法律目的，也包括当的安定性、行政经济与效率等价值。

二　域外并非一概否定违法行政行为法律后果

无论是大陆法系还是英美法系国家，法律的追求是一致的。对于违法行政行为的处理也有相同的规律可循。从域外经验看，对违法行政行为的处理，均不是一概撤销，从而否定其法律效力。基本一致的做法是，对违法行政行为体现的公益与其侵害的法益比较，根据优先保护的利益决定违法行政行为的法律后果。在此基础上，除法国外的大陆法系国家或地区多采取成文立法规定治愈的进路，而法国及英美法系国家则依靠判例形成了另一条进路。殊途同归，行政行为所追求的行政法目或公共利益始终是决定违法行政行为的法律效力能否维持的判断基准。

三　违法行政行为在一定条件下可以治愈

违法行政行为的违法情节、危害程度有很大差别，并不能一概撤销或确认无效。对于不需要、不适宜撤销或确认无效的违法行政行为，可以通过追认、补正、转换等方式治愈其违法瑕疵，以继续维持该行为的法律效力。对于因欠缺管辖权或因法律依据本身违法导致行政行为违法时，可由有管辖权的行政主体或有权立法主体对该违法行政行为予以事后认可，此即行政法上的追认。追认可以溯及至违法行政行为作出之日生效，这样可以治愈违法瑕疵。根据追认主体，可将追认分为两类：一是行政追认，即有权行政主体对无管辖权主体所作部分行为的追认。并非所有权限瑕疵行为都可追认。被追认行为的作出主体不因追认而获得持续管辖权。二是立法追认，即有权立法主体以新的合法的规范性文件取代旧的违法的规范性文件，并明确规定新规范溯及既往至旧规范实施之日，以此使依据旧规范作出的违法行政行为变为合法行政行为的制度。立法追认可以使无授权依据、授权内容不明确或依据违法导致的违法行政行为的瑕疵得以治愈。立法追认对行政主体相关行政事务的授权，是一种持久授权。立法追认是通过消除违法行为依据瑕疵来达到治愈违法行为之目的。

对于行政行为欠缺的程序、形式、方式等非实质性的合法要件，可以通过弥补的方式，消除行政行为的违法性，使其由违法行政行为变为合法行为，继续维持其效力，此即补正。补正分为两种：行政主体和行政相对人进行的补正是积极补正，客观条件的变化使行为违法性自然消除的情形是消极补正。相对人补正和消极补正仅针对授益行政行为的瑕疵。补正必须受严格的条件限制，即行政行为违反或欠缺的合法要件对行政行为结果不产生实质性影响。对轻微程序或形式要件欠缺之瑕疵的补正具有溯及效力，对于非实质性实体要件欠缺之瑕疵的补正，自补正之日起发生效力。

转换是违法行政行为包含了另一合法行政行为的要件，且具有相同的目的时，将违法行政行为转变为另一合法行为的制度。撤销重作行政行为虽能达到转换制度之目的，但转换具有撤销重作无可替代之优势。可撤销行政行为与无效行政行为均可适用转换方式。可转换的行政行为瑕疵类型包括程序违法、适用法律错误以及认定事实错误。转换需受到严格的条件限制。追认、补正、转换都是单纯公法上的表示行为，非具体行政行为。因此，治愈方式本身不会对相对人权益产生实际影响。

第二节　治愈适用范围的扩张

违法行政行为与不当行政行为同属瑕疵行政行为，在现行立法中，二者的法律后果均是否定性的。根据前述，违法行政行为在一定条件下可以治愈，那么，不当行政行为是否可以治愈？关于不当行政行为的现行立法还存在哪些问题？本节将对此作初步探讨。①

一　不当行政行为含义与表现形态

不当行政行为，又称失当行政行为，指不符合合理行政、良好行政标准的行政行为。"失当行政行为不仅仅是指法律规定幅度内的行为，而且指行政机关自由裁量权范围内所有不恰当、不合适的行为。"②

行政实践中，不当行政行为表现形态主要有如下几种：

第一种，行政行为仅内容不当。行政行为内容应与待处理的相对人行为或事实相适应。否则，即违反比例原则。如洛阳国税局因奖励举报者1元钱成被告案③，举报发票违规仅获15元奖励案件，奖金还不够去领奖的路费。④ 陆妙寿不服房屋拆迁裁决诉上海市松江区房屋土地管理局案。⑤

第二种，行政行为方式不当导致无法实现行政目的的。行政主体本该选择与待处理事实相适应的行为方式，但却选择了不相适应的方式。如2005年6月4日，安徽省和县一名16岁少年溺水，赶来处警的民警不识水性仅站在岸上处置，后少年溺亡。⑥ 该案公安机关积极履行了救助义务，但因其采取的救助方式不适当，无法实现行政目的。再如河南警察当场击毙持砖嫌犯。该案中对一个"涉嫌盗窃、看起来疯疯颠颠"并被围困在院子里的持砖人，采取开枪结束其生命的执法方式，以实现群众不被

---

　　① 错误行政行为的更正也可借鉴违法性治愈理论，如更正本身不是具体行政行为，是一种单纯公法上的意思表示行为，对更正不服，不能以更正本身为对象起诉，只能起诉原错误行政行为。另外，抽象行政行为也有适用治愈的空间和可能。基于本书论题，对抽象行政行为的治愈问题本书不作研究。

　　② 林莉红：《行政诉讼法问题专论》，武汉大学出版社2010年版，第17—18页。

　　③ 孔璞：《奖举报者1元洛阳国税局成被告》，《新京报》2011年9月24日A17版。

　　④ 杨媛：《举报发票违规仅获15元奖励》，《羊城晚报》2011年10月27日A7版。

　　⑤ 胡建淼主编：《论公法原则》，浙江大学出版社2005年版，第266—269页。

　　⑥ 《民警要不要全能》，《法制日报》2005年7月27日第3版。

其砖头砸伤的行政目的，显然违反了比例原则，造成了过度侵害。①

第三种，行政行为违反平等原则的不当。前述两种情形是违反比例原则的不当。当行政行为违反平等原则时，也可能构成不当。如马随意与咸阳市秦都区沣东镇人民政府行政奖励纠纷案。该案中，马随意认为自己在抢险救人过程中贡献最大，却没有像其他人一样既得奖金又得荣誉证书，而只是获得了通报表扬，故提起行政诉讼。法院经审查认为，被诉行为合法，但存在合理性问题，遂判决驳回原告诉讼请求。② 该案中，镇政府对马随意的行政奖励，如果仅就马随意一人的情况而论，并无不当之处。甚或，镇政府也完全可以不对救人者进行奖励。但如果镇政府对参与救人的其他人奖励，原告就应获得相对于其他人的公平奖励。原告认为其贡献最大，所获奖励却少于比其贡献小的人，故引发争议。该案是典型的违反平等原则，构成不当行政行为的案例。

第四种，行政行为内容适当，但方式或过程不当。前述三种不当行为关注的是行政行为的结果或行政目的的实现与否。但即使行政行为内容适当、行政目的获得了实现，行政主体在作出行为的过程中，也可能有不恰当、不合适的行为，如拖延、无礼、不说明理由，甚至包括态度不好、衣冠不整、不合理的程序等。③ 如某市地税局工作人员让前来交税的人自备零钞，某纳税人不得不紧急筹措，依照要求备齐了零钞，办理完业务后，他对要求自备零钞的行为进行了投诉。地税局领导对该工作人员进行了内部处理，并将结果告知了纳税人。

二　我国不当行政行为法律后果的立法

明确规定不当及其法律后果的统一立法，主要是《行政复议法》与《行政诉讼法》。虽然这两部法律规定的不当及其法律后果，主要针对明显不当行为，但基于不当行为法律后果的共通性特点，这些法律后果亦可适用于其他不当行为，不论不当行为的不当程度如何。

对明显不当行政行为，《行政复议法》规定的法律后果是撤销、变更。该法第二十八条第一款第三项规定：具体行政行为有下列情形之一的，决定撤销、变更或者确认该具体行政行为违法；决定撤销或者确认该

---

① 《河南警察当场击毙持砖嫌犯网友质疑开枪必要性》，载人民网，http://pic.people.com.cn/GB/159992/159998/10541779.html，2011年6月4日。

② （2001）咸行终字第12号行政判决书。

③ 林莉红等：《行政诉讼法问题专论》，武汉大学出版社2010年版，第18页。

具体行政行为违法的，可以责令被申请人在一定期限内重新作出具体行政行为；5. 具体行政行为明显不当的。《行政诉讼法》第七十条第六项规定了明显不当行政行为的撤销、第七十七条规定了明显不当行政行为的变更。

我国法律关于不当行政行为法律后果的规定均是否定性的，这与不当行政行为复杂形态不相适应。有些瑕疵轻微的不当行政行为不需要、不适宜否定。对这些不当行为，可以通过矫治消除其不当瑕疵，继续维持其法律效力。

三　治愈适用范围的扩张

作为行政行为瑕疵矫治的治愈，主要适用于违法行政行为。这可以从域外瑕疵行政行为矫治理论及立法得到佐证。这主要是因为只有违法行政行为才可以接受司法审查，才是法律规制的重点和理论研究对象。不当行政行为仍是合法行为，司法权无权干预。因为是合法行为，其对行政相对人的权益影响一般也较小（与违法行政行为相比）。当然，在《行政诉讼法》将明显不当行政行为纳入救济视野后，明显不当行政行为的违法性已经确立，那么，不构成违法的一般不当行政行为的法律后果仍需关注和完善。对于不需要、不适宜否定的一般不当行政行为，可否借鉴违法行政行为的治愈制度予以矫治？这实质上是治愈适用范围的扩张问题。下面将对一般不当行政行为可否适用治愈问题展开探讨。

从追认、补正与转换适用条件看，三者适用的共同点是：行政行为的违法瑕疵对行政行为结果不产生影响；行政行为尽管违法，仍然能体现法律追求的公共利益目的；行政行为违法情形轻微，侵害的法益较小；行政行为体现的公益（法律追求的法益）较违法侵害的法益重要，更值得优先保护。这也是治愈制度适用的条件。

不当行政行为适用治愈不具有理论障碍。违法与不当，是根据瑕疵程度对行政行为所作的区分。一般地，不当瑕疵较违法瑕疵为轻。而治愈制度适用的条件之一就是行政行为瑕疵轻微，侵害的法益较小。行政行为的违法瑕疵可以治愈，举重以明轻，较违法瑕疵更轻微的不当瑕疵没有不可治愈的理由。因此，当不当行政行为符合治愈适用的条件时，也应可以治愈。不当行政行为适用治愈的条件也可以总结为：行政行为的不当瑕疵对行政行为的结果不产生影响；行政行为尽管不当，仍然能体现法律追求的公共利益目的；行政行为不当瑕疵情形轻微，侵害的法益较小；行政行为体现的公益（法律追求的法益）较不当瑕疵侵害的法益重要，更值得优先保护。

治愈适用范围扩张既是对传统理论的超越，也是对社会现实的回应。不当行政行为在符合条件时可以治愈，符合行政行为不当形态的复杂多样性和法律后果的多元性，可以完善不当行政行为法律后果理论，为不当行政行为纠纷处理和救济解决提供了理论指导。

四　部分程序不当行政行为可以补正

追认适用于管辖权瑕疵或因法律依据本身违法导致的瑕疵情形，凡管辖权瑕疵或法律依据本身瑕疵导致行政行为瑕疵的，均属违法行政行为，不会出现不当行政行为。因此，不当行政行为无法适用追认消除不当瑕疵。根据不当行政行为表现形态，转换亦不适用于不当行为。不当行政行为的瑕疵程度本属轻微，在合法性范畴之内，如果将该合法行为转变成另一行为，乃小题大做，实无必要。况且，因极轻微的不当瑕疵而将一个合法的行政行为转变成另一行为，乃得不偿失。补正由于不改变原行政行为，是在维持原行政行为的基础上消除其不当瑕疵，因此，不当行政行为有适用补正的可能。

以违法行政行为补正为参照，不当行政行为的补正是指通过弥补行政行为所欠缺的程序、形式、方式等非实质性要件的不当，消除行政行为的不当瑕疵，使其由不当行政行为变为合法、适当行为，继续维持其效力的制度。不当行政行为的补正可以借鉴违法行政行为的补正理论。

哪些不当行政行为可以补正？根据不当行政行为的表现形态，逐一分析如下。第一，仅内容不当的行政行为。内容不当是行政行为结果的不当，这种不当直接影响行政行为所追求的目的，不符合补正适用的条件，无法补正。第二，方式不当导致无法实现行政目的的行政行为。如果不当行政行为无法实现行政目的，说明其不当瑕疵已经严重影响了行政行为的结果，不能体现法律所追求的公共利益这一法益，这样的行为也不符合补正适用的条件。第三，违反平等原则的不当行政行为。违反平等原则的不当行为，既可能表现为行为内容不当，也可能表现为行为方式或程序不当。如行政机关对于贡献相同的两个见义勇为者给予的奖金数额有明显差别，属于行为内容不当。如果行政机关同时查处两个同样情节的交通违章者时，对一个相对人文明执法，如敬礼，但对另一个相对人却没有敬礼。

这属于行为方式不当。对于行为内容的不当，如第一种不当瑕疵一样，无法补正。对于行为方式的不当，可以适用补正予以治愈。第四，内容适当，但方式或过程不当的行政行为。与违反平等原则的不当不同，此种不当属于单个主体或行为的不当。这种不当行政行为，其行为方式或程序的瑕疵不影响行政行为的内容，即使方式适当或遵守了被违反的程序，行政行为的内容也不会发生变化。如果一概否定这种不影响行政行为内容，或不影响行政相对人实体权益的不当行为，则不利于行政目的的实现；如果重作相同行为，又破坏法律的安定性、损害行政经济与效率。因此，对于这种不当行政行为，可以补正。如法律没有规定说明理由，但不说明理由显属不当时，可以事后补正。再如行政行为内容适当，但作出行政行为过程中，公告程序过短构成不当，该不当可以通过重新予以公告予以补正，从而消除其不当，使不当行为变为合法、适当行为。

值得注意的是，不当行政行为的变更，也可以使不当行政行为的不当消除，但变更后的行政行为已经异于原行政行为，原行政行为经变更后已经不复存在，其效力灭失，故变更不属于治愈。

五 不当行政行为补正的其他问题

不当行政行为补正的方式也包括两种：积极补正与消极补正。积极补正主要是行政主体补正，消极补正指客观条件变化使行为不当瑕疵自然消除的情况。前者如行政主体为消除公告期过短的不当瑕疵，重新公告，后者如行政行为因公告期过短而不当，如果该公告内容的接受方（相对人）在公告期满，又经过了合理的时间（这一时间加上过短的公告期已经足够长，以至于超过了行政主体本来应该遵守的合理的公告期），均没有提出任何异议，这时可以认为行政行为公告期过短的不当瑕疵已经被自然补正。

不当行政行为的补正行为本身并非具体行政行为，而是原行政行为的补充，应视为原行政行为的一部分。因为补正并不为相对人设定新的行政法权利义务，只是为消除行政行为的不当瑕疵，对相对人产生拘束力的仍然是原不当行政行为所创设的权利义务关系。故，对补正行为不服不可以以补正为对象寻求救济（如申请复议），只能对原不当行政行为提起救济。

第三节　违法行政行为治愈之司法审查

治愈是一个实体法问题，但治愈必然引起行政救济制度的变化。对于具有瑕疵的行政行为，行政主体不予撤销而是通过治愈手段使其继续存在。如果相对人对治愈本身行为不服，就会产生以哪个行为为复议对象或起诉对象、以谁为被申请人或被告、复议期限或起诉期限等问题。并且，在审理经治愈的行政行为时，针对应否治愈的问题如何分配举证责任、如何正确处理程序及实体问题等，均值得认真讨论和对待。本节讨论将围绕经治愈行政行为或可治愈行政行为的诉讼问题展开，但本节的讨论同样适用于行政复议相关问题。

一　对治愈行为不服时的起诉对象

行政行为是行政主体执行法律、实现法律规定公益目的的主要手段。行政行为是以公共利益为目的和归宿的。因此，多数违法行政行为的治愈是由代表公共利益的行政主体实施的。仅在行政行为追求的公益与相对人私益存在重合的情况下，才存在相对人治愈违法行政行为的可能。当行政主体实施治愈时，若行政相对人不服，就会产生起诉对象的选择问题。相对人是对治愈行为本身起诉，还是对原违法行政行为起诉，抑或对治愈后的行政行为起诉呢？

行政相对人起诉对象的选择受行政诉讼受案范围的制约，即相对人选择的起诉对象必须属于我国法律规定的行政诉讼受案范围。那么，相对人对行政主体的治愈行为不服，以治愈行为本身作为起诉对象是否属于行政诉讼的受案范围呢？如相对人对甲民政局追认乙民政局作出的结婚登记行为不服，而对甲民政局的追认行为可否起诉？相对人对行政主体事后给予说明理由的补正行为可否起诉？相对人对行政主体将一行政行为转换为另一行政行为的转换表示行为可否起诉？

能够进入行政诉讼受案范围的行为必须是行政行为，即行政主体针对某个具体事件作出的对行政相对人权利义务产生实际影响的行为。从前文分析可知，治愈不是行政行为，仅是单纯公法上的表示行为。作为治愈方式之一，追认是通过消除违法行政行为的管辖权瑕疵，使违法行政行为变为合法行政行为的一种制度。追认仅仅是对违法行政行为的管辖权瑕疵或法律依据本身的违法采取的治理措施，有权追认的主体并不直接针对行政相对人作出处理措施，对行政相对人产生拘束力的仍是先于追认作出的违法行政行为。因此，追认不是行政行为。补正是通过弥补行政行为所欠缺的合法要件，消除行为违法性的制度。补正并不为相对人设定新的行政法上的权利义务，而只是使行政行为欠缺的合法要件得以齐备所进行的补充性行为，这些补充性行为多是程序性行为。对相对人产生拘束力的仍然是原违法行政行为所创设的权利义务关系。因此，补正行为本身并非具体行政行为，而是原行政行为的补充，应视为原行政行为的一部分。至于转换性质，尽管有行政行为说和单纯公法上的意思表示说两种观点，但笔者认为，既然违法行政行为包含了另一行政行为的合法要件，且与其具有相同目的，那么，通过一种观念的表示或认知表示将该违法行政行为转换为合法行为，比将转换行为视为一种独立的行政行为更符合程序经济与效率的目的考量，也有利于法律关系的安定和信赖利益的保护。况且，如果将转换行为视为独立的行政行为，则转换行为无溯及效力，其效力应自转换行为作出之日起生效，这样就等于否定了违法行政行为作出之日至转换之日期间的行为效力，不利于法律关系的稳定和信赖利益的保护，也与转换制度的本来目的相悖。因此，转换的法律性质采单纯公法上意思表示说更为可取。总之，治愈本身不是行政行为，而是单纯公法上的表示行为，因此，治愈本身不能成为行政诉讼的受案范围。即相对人不能对追认、补正及转换这种单纯的表示行为提起行政诉讼。

相对人对治愈不服，可否对治愈后的行政行为起诉呢？从治愈的三种方式来看，由于追认、补正均不产生新的行政行为，故不存在该问题。而转换是将一行政行为转变为另一具有相同目的的行政行为。转换前后似乎有两个行政行为存在。因此，对转换性质有单纯公法上意思表示说与行政行为说之争。但如前所述，笔者认为，将转换视为单纯公法上意思表示更为可取。按照单纯公法上意思表示说，转换仅是将违法行政行为通过一种意思表示将其变为另一行为，没有创设新的行政行为，或者说转换前后的行为是"合体"的，因此，相对人起诉时仍应起诉原行政行为。

综上，相对人对行政主体的治愈行为不服时，应视为对原行政行为不服，应以原行政行为为对象提起行政诉讼，可以治愈行为本身的违法作为诉讼理由。

二　对治愈行为不服时的被告选择

相对人对治愈行为不服时，应以原行政行为作为起诉对象。相应地，该诉讼的被告应为原行政行为的作出主体。在补正及转换场合，原行政行为主体亦是补正主体、转换主体，相对人对补正、转换不服时，起诉的被告就是原行政行为的作出主体。而在追认的场合，由于追认主体与原行政行为主体并非同一主体，这时被告的确定就要具体分析，不能简单地以原行政行为的作出主体作为被告。

根据我国行政授权理论和实践，除职权行政主体外，授权行政主体只能由法律、法规和规章授权。当行政行为的作出主体不具备行政主体资格时，行政主体的追认行为仅使违法行政行为变为合法行为，而不具有使非行政主体获得行政主体资格的效力。这时的追认应视为有权主体对无权主体的一种委托。根据行政委托理论，相对人对追认行为不服而提起行政诉讼时，应以委托主体即有权追认的行政主体作为被告。具体如下：

无委托权限的主体以行政主体名义作出行为，构成表见代理的，作出追认的被代理机关应作为被告。不具有行政主体资格的内设机构或派出机构以自己名义行使所属行政主体的权限作出的行为，由作出追认的所属行政主体作为被告。

在立法追认的场合，立法主体对于不具备行政主体资格的主体，可以通过规范性文件方式或者法律、法规、规章的形式使其获得行政主体资格。因此，在立法追认的情况下，相对人如果对追认不服，应以原行政行为的作出主体为被告。

当行政行为的作出主体具备行政主体资格，但却不具备所涉事项的管辖权时，如果有权行政主体予以追认，则该追认的效力原则上应视为委托。因为根据我国的行政法理论，目前仅承认职权行政主体和法律、法规、规章授权的行政主体。有权行政主体的追认仅具有一次性、个案效力，不具有普遍适用的效力，被追认的行政主体以后不享有对同类事件的管辖权。此时的追认仍应视为委托性质，违法行政行为的法律后果应由委托主体，即追认主体承担。据此，相对人对追认不服，应以追认主体，即有权行政主体为行政诉讼的被告。但是，有时这样会造成行政行为的作出地与受理案件的法院所在地不一致甚或相距很远的情况，特别是在逾越地域管辖权情形出现时。由此既不利于法院对行政诉讼案件的审理，也可能不利于相对人诉讼。如两个户籍均在四川的青年，在其打工地广东办理结婚登记，事后四川省的有权登记机关对广东的登记行为进行了追认。如果因该登记行为而涉诉的话，相对人如果在追认机关所在地的四川省起诉，则受理案件的四川省某法院对于在广东发生的案件的审理，不如广东的法院更方便、快捷。同时，对相对人而言在广东诉讼也会更经济。因此，当无权行政主体的行为被有权行政主体追认时，可以根据方便相对人的原则，由相对人在原行政主体和追认主体中选择其一作为被告。但相对人一旦选择，即不得变更被告。

其他行政主体事后补作其应作的共同参与的行政行为，相对人不服的，应以原行为的作出主体和补作参与的行政主体作为共同被告。

三　对治愈行为不服时的起诉期限

根据《行政诉讼法》规定，行政诉讼起诉期限一般规则是：

公民、法人或者其他组织直接向人民法院提起诉讼的，应当自知道或者应当知道作出行政行为之日起六个月内提出。法律另有规定的除外。因不动产提起诉讼的案件自行政行为作出之日起超过二十年，其他案件自行政行为作出之日起超过五年提起诉讼的，人民法院不予受理。

行政诉讼起诉期限性质是诉的合法性要件。[1] 相对人认为具体行政行为侵犯其合法权益的，应在起诉期限内提起诉讼。逾期起诉的，该诉即不合法。法院应裁定不予受理，已经受理的，裁定驳回起诉。这是行政行为不可争力或形式确定力的必然要求。所谓形式确定力，是具体行政行为对相对人的一种法律效力，指除无效具体行政行为外，在复议或起诉期限届满后相对人不能再要求改变具体行政行为。[2]

下面结合两则案例，讨论经治愈的行政行为，相对人对治愈行为不服时的起诉期限问题。例：某行政机关于 2008 年 1 月 1 日对甲公民作出行政行为的同时告知了诉权和起诉期限（六个月），甲未在起诉期限内提起诉讼。由于行政行为存在瑕疵，该行政机关于起诉期限经过后（2008 年 7 月 10 日）实施了治愈行为。公民甲对该治愈行为不服，可否提起行政诉讼？假如该行政机关作出行政行为后，很快发现了行为存在的瑕疵，于 2008 年 2 月 1 日实施了治愈行为。甲对该治愈行为不服，可否起诉？应

---

① 赵清林：《论我国行政诉讼起诉期限的立法完善》，《河南省政法干部管理学院学报》2004 年第 6 期。

② 叶必丰：《具体行政行为》，载姜明安主编《行政法与行政诉讼法学》，北京大学出版社、高等教育出版社 2005 年版，第 241 页。

在什么期限内起诉？

第一种情况，治愈行为发生在起诉期限届满后，行政行为对相对人的形式确定力不受影响，相对人对该行政行为效力不能再行争讼。相对人对治愈行为不服时，由于治愈行为本身并非直接为相对人设定权利义务，相对人如果救济仍须以原行政行为为起诉对象。而原行政行为既已发生形式确定力，当然，具有不可争辩力。因此，如果治愈发生在起诉期限届满后，相对人对治愈不服时，不能再行争讼。

第二种情况，治愈行为发生在起诉期限之内，如果相对人对原行政行为不服时，仍应遵守原行政行为的起诉期限规定。但如果相对人对治愈行为不服时，其起诉期限应当如何起算，则是应当讨论的问题。如前所述，相对人对治愈行为不服，亦视为对原行政行为不服，应以原行政行为为起诉对象。但由于治愈行为发生时间晚于原行政行为，如果将相对人对原行政行为不服时起诉期限的起算点视为对治愈行为不服时起诉期限的起算点，则无疑缩短了相对人的起诉期限、限制了相对人的诉权，不利于相对人权利救济。

对治愈行为不服，视为对原行政行为不服，是从诉讼实益角度考量所作的拟制。从保护相对人诉权角度考虑，相对人对治愈行为不服时应以治愈行为的作出时间作为计算起诉期限的基础。但由于对治愈行为不服，是以原行政行为为起诉对象，而以治愈行为的违法作为诉之理由，故，对治愈行为不服时仍应考虑原行政行为对相对人的效力是否已经确定。如果治愈发生在原行政行为的起诉期限内，原行政行为的形式确定力尚未发生，从保护相对人诉权角度考虑，可将治愈行为发生时间视为原行政行为的最终作出时间，而以此作为计算对治愈不服时起诉期限的起点。台湾亦有学者认为，对补正行为不服应视为对原行政行为不服，但计算复议或起诉期限时，应以补正行为为准。[1] 笔者基本赞成该观点。但如前所述，若治愈发生在原行政行为的起诉期限届满后，则亦不应允许相对人以不服治愈为由而起诉原行政行为。否则，对于起诉期限届满的瑕疵行为，行政主体可能为避免当被告而拒绝实施治愈行为，这样将使违法行政行为的违法性持续存在而影响法律的权威。

---

① 李惠宗：《行政法要义》，（台北）五南图书出版公司2005年版，第396页。

四　对治愈行为不服起诉时之证明责任分配

相对人对治愈行为不服提起诉讼时，所产生的证据问题主要有两个：一是行政主体超过举证期限或在行政案卷外提出的治愈行为的证据，是否具有证据能力或证据资格问题；二是关于治愈行为的举证责任分配问题。前一个问题通过行政诉讼证据有关规定的修改已经解决。下面着重探讨后一个问题。

证明责任，又称举证责任、立证责任。以德国为典型代表的大陆法系诉讼理论一般认为，证明责任包含两层含义：一是指当事人在具体的诉讼过程中为了避免败诉的危险而向法院提供证据的必要性；二是指在口头辩论结束之后，当事人因要件事实没有得到证明而要承受败诉的法律后果。日本学者通常将前者称为主观的证明责任、形式上的证明责任、立证的必要性、提供证据责任以及证明履行责任；将后者称为客观的证明责任、实质上的证明责任、证明的必要性、证明责任以及确定责任。① 证明责任分配的理论和学说有很多种。以德国为例，曾经出现的影响较大的证明责任理论就有待证事实分类说（包括消极事实说、外界事实说、推定事实说）、法律要件分类说（包括特别要件说、因果关系说）、罗森贝克的规范说、莱昂哈特的全备说、危险领域说、盖然性说等。② 至今为止，罗森贝克的规范说仍然具有很大影响力。该说认为，关于证明责任的分配，只存在一条原理，即"不适用特定法条，就无法获得其诉讼请求所追求的法律效果的一方当事人，应当就该法条所规定的要件事实的实际存在，承担证明责任"。简言之，"各当事人应就对其有利的规范要件事实之存在，承担证明责任"。③ 根据该说，行政诉讼中，行政主体应就治愈行为合法性负证明责任。如果相对人认为治愈的瑕疵对行政行为的结果会产生实质性影响，由相对人就此负证明责任。如果治愈行为是由行政相对人实施的，则由行政相对人就治愈的合法性负证明责任。如台湾学者罗传贤认为，"至于瑕疵补正之举证责任，通常程序之违反经由行政机关补正者，行政机关应对补正的情形，要负举证责任，但是如果补正已经被证明了以后，如陈述意见对实体决定有无影响，是由不服之相对人负举证责任。"④

① 陈刚：《证明责任法研究》，中国人民大学出版社2000年版，第16页。
② 参见吴宏耀、魏晓娜《诉讼证明原理》，法律出版社2002年版，第351—369页。
③ 同上书，第360页。
④ 罗传贤：《行政程序法论》（二版），五南图书出版公司，第199页。

五　经治愈行政行为之法院审理

经治愈的行政行为，相对人不服时将以原行政行为为起诉对象提起行政诉讼，可以不服治愈行为之理由作为诉讼理由。当相对人明确提出对治愈行为不服，法院在审理时，可否仅审查治愈行为合法性，然后据此作出判决？如果回答是否定的，法院可否依相对人的诉讼理由径直审查治愈行为的合法性，然后再决定是否继续审查其他证据以判断行政行为的合法性？抑或，先审查原行政行为的合法性，然后再审查治愈行为的合法性？

行政诉讼主要是通过司法权力对行政主体作出的对相对人权利义务产生实际影响的具体行政行为进行审查，以达到监督权力、救济权利之目的。因此，行政诉讼客体是具体行政行为，法院审查范围是被诉具体行政行为的合法性。相对人对治愈行为不服时，由于治愈行为本身并不对相对人的权利义务产生实际影响，相对人只能对原行政行为提起诉讼。法院审理时也只能以原行政行为的合法性作为审查范围，不能仅审查治愈行为的合法性并据此作出判决。当然，法院在审查原行政行为合法性时，可能会涉及治愈行为的合法性问题，但后者仅是证明原行政行为是否合法的证据之一。

经治愈的行政行为，无论相对人以不服治愈为理由还是以其他理由提起诉讼，法院均应先审查原行政行为的合法性，然后再据此决定是否审查治愈行为的合法性。这种审查顺序是由治愈的特点和诉讼效率决定的。治愈是通过消除行政行为的瑕疵使行政行为由违法状态变为合法的一种制度。治愈应是使行政行为变为合法的最后手段，即在行政行为的瑕疵被治愈后，行政行为就不存在其他瑕疵了。换言之，被治愈的瑕疵是行政行为最后的瑕疵。如果行政主体实施了治愈行为后，行政行为仍存在其他瑕疵，而不能由违法变为合法，则治愈的必要性就值得怀疑了。或者说，当实施治愈手段后，行政行为仍不能由违法变为合法的情况下，就不存在实施治愈的必要条件。治愈的这个特点决定了法院审查经治愈的行政行为时应先审查原行政行为是否存在除治愈的瑕疵以外的其他违法情形，以此来判断行政行为是否合法。如果原行政行为合法，再继续审查治愈行为的合法性，治愈行为合法的，则行政行为合法，治愈行为不合法的，则行政行为违法。在审查治愈的瑕疵以外的情形时，如果发现原行政行为违法，则无须再审查治愈行为的合法性，即可认定被诉行政行为违法。这样的审查顺序也是由诉讼效率决定的。由于治愈针对的主要是行政行为存在的轻微程序瑕疵（尽管转换及补正有时也针对实体性瑕疵，但实体瑕疵容许治愈的范围毕竟很少），如果法院先审查治愈行为的合法性，在发现治愈合法时需要继续审查原行政行为的合法性，即使发现治愈行为不合法，治愈所欲消除的瑕疵存在，也不能根据这种轻微的程序瑕疵而作出行政行为撤销与否的最终处理结果。法院仍需继续审查原行政行为的合法性，才能作出最终决定。这样的审查顺序显然不利于诉讼效率的提高。

六　可治愈行政行为之法院裁判探讨

（一）治愈与情况判决适用之关系

违法行政行为体现法律追求的公共利益，且该公益比其违法侵害的法益更值得保护，这时违法行政行为无须撤销，其法律效力应予维持。如前所述，维持违法行政行为法律效力的方式有多种：相对人放弃救济、情况判决、治愈。姑且不论相对人放弃救济的情况，当违法行政行为符合治愈条件而没有得到治愈，法院是否可以适用情况判决达到维持行政行为法律效力之目的？

所谓情况判决是指在撤销之诉中，被诉行政行为违法本应撤销，但基于公共利益的考量，不予撤销，而是在明示被诉行政行为违法的同时，责令行政机关采取补救措施的判决。情况判决制度创始于日本，我国台湾地区行政诉讼法对此也作了规定。① 情况判决与治愈制度在维持违法行政行为效力方面可谓殊途同归，即二者都使原本违法行政行为效力得以维续。那么，如果行政行为存在可以治愈的瑕疵，却未能在行政诉讼程序终结前予以治愈的，法院可否适用情况判决制度呢？要想解决该问题，首先应清楚治愈制度与情况判决二者之异同。

治愈与情况判决之相同点：二者均针对违法行政行为；二者均使违法行政行为的法律效力得以维续。

治愈与情况判决之区别：

第一，二者适用领域不同。正如行政处罚的方式、步骤、顺序等是程序法内容而行政处罚是实体法内容一样，治愈的方式——追认、补正、转换是行政程序法内容，但治愈本质上是行政实体法内容，因此，治愈主要

---

① 规定情况判决制度的国家或地区，明示被诉行政行为违法的方式各不相同：日本采取的是在判决主文中驳回原告诉讼请求，在判决正文部分明示被诉行政行为违法；我国台湾地区采取的是在判决主文中既判决驳回原告诉讼请求，又确认被诉行政行为违法；我国《行政诉讼法》（2014 年）第七十四条第一款采取的是确认被诉行政行为违法判决，并非驳回原告请求。

适用于行政实体法领域。情况判决则是行政诉讼法制度，主要适用于行政诉讼法领域。

第二，二者法律效果不同。治愈使行政行为的瑕疵消除，由违法状态变为合法状态，行政行为的法律效力得以维续。而情况判决仅使行政行为的法律效力得以维续，但行政行为的瑕疵仍然存在，行政行为仍被确认为违法。

第三，二者适用范围不同。适用治愈的违法行政行为的瑕疵，主要是不影响行政行为结果的程序瑕疵和非实质性实体瑕疵。而适用情况判决的违法行政行为的瑕疵，既包括不影响行政行为结果的瑕疵（可以治愈的瑕疵），如以颁证行为有瑕疵而起诉民政局要求撤销结婚登记案，也包括影响行政行为结果的瑕疵（不可治愈的瑕疵），如陆惠芳等诉奉贤县规划管理局颁发建设工程规划许可证案。① 该案原告在"浦江花园"购买了两套商品房，但入住不久即发现开发商又在自己房屋旁边建起了一座两层商务楼，根据《上海市城市规划管理技术规定》，该两层商务楼与原告所购房屋之间的间距太小，不符合规定。于是，原告以奉贤县规划局违法发放规划许可证为由提起行政诉讼，要求撤销规划许可证。一审驳回原告诉请，二审上海市第一中级人民法院适用情况判决，在确认奉贤县规划局颁发规划许可证行为违法的同时，责令采取补救措施。该案中，奉贤县规划局颁发的规划许可证违法，该违法许可行为不能治愈，却可以适用情况判决。因此，适用情况判决的违法行政行为并非均可治愈。

另外，适用情况判决的案例还包括无法判断被诉行政行为是否合法并可否适用治愈的案例。如张铎诉歙县人民政府土地行政合同案。该案案情为，2001年8月9日，歙县人民政府与浙江兰溪市贤成房地产公司即后来的黄山徽兰房地产开发有限公司签订了《小北街改造项目协议书》，约定了小北街改造项目开发的四至范围。同时还约定了拆迁补偿费（含土地出让金）数额以及该笔费用支付方式和期限。该协议书约定的改造项目开发范围包括原告持有的歙国用（2000）字第813号国有土地使用证的小北街15号地块。2002年8月18日，第三人黄山徽兰房地产开发有限公司以（歙）房预售证第005号预售许可证向社会公开预售上述协议书项目开发范围内新建房屋。2003年3月31日，小北街15号地块房屋被拆

---

① 上海市第一中级人民法院（2001）沪一中行终字第148号行政判决书。

除。原告认为，歙县人民政府与第三人签订的《小北街改造项目协议书》侵害了其合法权益，遂提起行政诉讼。诉讼中，被告没有按照法律的规定和法庭的要求提供作出被诉具体行政行为的全部证据和所依据的规范性文件，法院根据《行政诉讼证据规定》第 1 条，将被诉行为视为没有证据、依据，依法应予撤销。但考虑到小北街 15 号地块事实上已被纳入小北街地段整体改造，且整体改造已全部完成，如判决撤销可能造成公共利益重大损失，因此适用情况判决，确认被诉行为违法，责令采取补救措施。[①]该案由于被告没有提供作出被诉行为的证据和依据，无法判断该行为的合法性，因此，也无法判断可否适用治愈。

第四，二者适用条件不同。适用治愈条件，是违法行政行为体现法律所追求的公共利益，并且该种公益比违法侵害的法益更值得保护。而适用情况判决的条件是如撤销违法行政行为将会给国家利益或公共利益造成重大损失。

表面上，治愈适用条件是从正面理解和限制的，而情况判决的适用条件是从反面理解和规定的。对于符合治愈条件的违法行为，如果在行政诉讼程序终结前未被治愈的，并非均能适用情况判决，只有若撤销将会给公共利益造成重大损失的违法行为才可适用治愈。如工商局对抽逃注册资本的相对人，在未说明理由的情况下即处以 1000 元罚款（依法无须听证），如果该行政处罚在行政诉讼程序终结前未被治愈，则法院可以判决撤销该行政处罚。因为根据一般理解和常识判断，通常情况下撤销该处罚对公共利益不会造成重大损失。因此，可以治愈的违法行政行为，在行政诉讼程序终结前未被治愈的，并非均可适用情况判决。

实质上，治愈条件中追求的公共利益与情况判决中追求的"国家利益或公共利益"[②]并非完全一致。治愈适用条件中追求的公共利益是行政行为违反的法律规范所直接追求的公共利益，而情况判决追求的"国家利益或公共利益"既可能是被诉行为违反的行政法规范直接保护的公共利益，也可能并非该公益，而是撤销该违法行为可能侵害的其他公益。前者如以颁证行为有瑕疵而起诉民政局而要求撤销结婚登记案中，如果有权登记机关不予追认，则可以适用情况判决，这时登记行为体现的公益是国

---

① 安徽省高级人民法院（2004）皖行终字第 51 号行政判决书。

② 从与私益相对角度看，国家利益也是一种公共利益。

家对于婚姻关系、公序良俗的保护，而撤销该登记行为侵害的也是该公益。后者如前述陆惠芳等诉奉贤县规划管理局颁发建设工程规划许可证案。该案中规划许可法律规范保护的公益是"协调城乡空间布局，改善人居环境，促进城乡经济社会全面协调可持续发展"（《中华人民共和国城乡规划法》第一条），而撤销该规划损害的公益，即适用情况判决追求的公益，是整栋商务楼的建设成本。如果撤销规划许可，则已经建好的商务楼就要整栋拆除，这种建造成本的巨大损失对于社会来说无疑也是一种公共利益损失，需要法律加以衡量和保护。该案适用情况判决追求的公益是建造成本，而被诉规划许可违反的许可法律追求的公益是适宜的人居环境。

综上，当被诉行政行为存在可以治愈的瑕疵时，若行政诉讼程序终结前未被治愈的，并非均可适用情况判决。只有若撤销被诉行为将会对公共利益造成重大损失时，才可适用情况判决。

（二）是否应该设立补正判决

治愈针对的行政行为瑕疵是不影响行政行为结果的瑕疵，在违法行政行为体现法律所追求的公共利益，并且该种公益比违法侵害的法益更值得保护情况下，方可适用治愈手段。如果违法行政行为属于可以治愈的范围，但有权治愈主体不实施治愈行为的，法院可否以保护公共利益理由而自行治愈，抑或，以判决形式判令有权行政主体治愈？

法院是行使审判权的机关，客观、中立地作出判断是其根本任务。尽管法院与行政主体行使的均是公权力，但法院行使的是司法权，与行政主体行使的行政权有着本质的区别。司法权作为一种判断权，中立性是其根本属性和存在基础。而行政权是一种执行权，具有主动性。这种性质上的差异决定了司法权无法像行政权一样为保护某种利益采取积极、主动的行为，否则，司法权将失去中立判断的基础。司法权的中立性决定了司法权的核心价值追求是公正，而行政权的执行性决定了行政权的核心价值追求是效率。

在行政诉讼中，法院需要在代表公共利益的行政主体与代表私益的相对人之间就被诉行政行为引发的争议作出判断。如果法院为维护公益而自己采取治愈手段以达到使违法行政行为变为合法行为的目的，则法院将失去中立性，其所作裁判的公正性无疑会受到质疑。同样地，如果法院以判决的形式判令有权行政主体作出治愈行为，法院亦将沦为被告的"同伙"

或"同盟"，诉讼程序的构造将发生实质性变异，相对人的诉讼平等地位将化为乌有。法院的中立地位和作出的治愈判决的公正性均将难以保证，诉讼程序的正义性基础将被动摇。因此，域外有观点认为，法院也可以成为违法行政行为的转换主体，① 这是值得商榷和反思的。同样，笔者也不赞成增设补正判决、转换判决的建议。②

我国 2014 年新修订的《行政诉讼法》没有采纳补正判决建议，而是将可以治愈而行政主体没有实施治愈的行政行为确认为违法。该法第七十四条第一款规定：

"行政行为有下列情形之一的，人民法院判决确认违法，但不撤销行政行为：（二）行政行为程序轻微违法，但对原告权利不产生实际影响的。"（三）可治愈行政行为的审理和裁判在法院依法为当事人提供治愈的机会后，如果当事人拒不实施治愈行为，或者其实施的行为不足以使行政行为的瑕疵消除的，法院可以撤销被诉行政行为，或者确认被诉行政行为违法。后者为现行《行政诉讼法》（第七十四条第一款第二项）所采纳。若撤销被诉行为将会对公共利益造成重大损失时，可以确认被诉行政行为违法，同时责令被诉行政主体采取相应的补救措施，造成损害的，依法判决承担赔偿责任。即在上述情况下，法院应适用撤销判决或情况判决。

如果被诉行政主体接受法院提示并实施了治愈行为，使被诉行政行为由违法变为合法，相对人可以申请撤回诉讼，但诉讼费用应由被诉行政主体承担。如果行政相对人不撤回诉讼，法院应判决驳回其诉讼请求。因为既然依照法律规定被诉行政行为可以在行政诉讼程序终结前治愈，并且已经被治愈时，法院审理的被诉行政行为就因瑕疵消除而由违法变为合法了，并且因为治愈的溯及效力，被诉行政行为应视为自始合法，因此，法院对合法的被诉行为当然应驳回原告的诉讼请求，而不宜再认定其为违法。有学者主张，"单纯的治愈，对行政机关的震慑效果欠佳，必须结合确认违法判决。两相呼应，才是最佳的选择。"并且建议在制度法上补充

---

① 德国学者毛雷尔认为，转换不仅可以由作出机关和复议机关进行，也可以由行政法院进行。参见［德］哈特穆特·毛雷尔《行政法学总论》，高家伟译，法律出版社 2000 年版，第 260 页。类似观点见吴庚《行政法之理论与实用》，中国人民大学出版社 2005 年版，第 261 页。

② 章志远教授与邓刚宏博士均主张"行政诉讼应当设立补正判决"，参见章志远《行政诉讼应当设立补正判决》，《人民法院报》2003 年 8 月 2 日第 3 版。邓刚宏：《我国行政诉讼设立补正判决之基本构想》，《学海》2012 年第 1 期。亦有学者主张应设立转换判决，参见王秀慧《行政行为转换制度研究》，硕士学位论文，山东大学，2007 年。

规定：“经过治愈之后，如果原告没有异议，法院可以作出确认行政机关程序违法的判决。”① 笔者认为该观点值得商榷。因为如果行政主体实施了治愈行为，并且被诉行政行为已被治愈后，法院仍然确认行政行为违法，那么，在无论如何都要承担不利判决结果的情况下，行政主体就会怠于实施治愈行为，使治愈制度的本来目的无法实现。

对于消极补正或自然补正情形，法院无须再为当事人提示治愈机会而可以直接认定瑕疵得到了治愈。如前述奇怪的重婚案，法院可以直接认定民政局的颁证行为存在瑕疵得到了补正。陈某诉中山大学撤销学位案，法院也可以直接认定中山大学当初录取行为的瑕疵得到了补正。

第四节　违法行政行为治愈之立法建构

一　治愈的立法定位

治愈是通过一定方式消除行政行为的违法性，使其变为合法行为，从而维持其法律效力的一种制度。它是违法行政行为法律后果的一种处理措施。在我国，违法行政行为的法律后果主要规定于行政复议与行政诉讼立法中。尽管这些立法没有规定违法行为可以治愈，但不可否认的是，治愈与撤销、无效等均是违法行政行为的法律后果。那么，违法行政行为的法律后果是实体法制度、程序法制度抑或争讼法制度呢？

实体是“人与人之间利益分配的规则”。② 实体法是直接规定主体之间利益分配法律规范的总称。“程序是交涉过程的制度化。”③ 程序法则是为保证实体利益的实现而规范主体之间交涉过程的法律规范的总称。违法行政行为法律后果针对的是行政主体对利益进行调整的行为——行政行为是否因违法而没有法律效果之问题，或者说法律后果指向的是调整利益分配的行为效力问题，这是一个实体法问题。同样，作为违法行政行为法律后果之一的治愈，也是针对调整主体利益的行政行为之效力的，它也是一个行政实体法问题。但是，作为治愈方式之追认、补正与转换，则主要是

① 余凌云：《行政自由裁量论》，中国人民公安大学出版社 2005 年版，第 216 页。
② 肖凤城：《行政程序与行政程序法》，载应松年《当代中国行政法》，中国方正出版社 2005 年版，第 1238 页。
③ 季卫东：《法律程序的意义》，中国法制出版社 2004 年版，第 33 页。

程序法问题，如对管辖权的追认、对欠缺程序的行为的补正、法律适用错误行为的转换等。这正如对违法的相对人进行行政处罚是实体法问题，但实现该行政处罚的方式、步骤、顺序是程序法问题一样。

违法行政行为法律后果本质上不是争讼法——行政复议法与行政诉讼法问题。违法行为的法律后果直接影响行政主体与相对人两方主体之间的法律关系。同样，无论是治愈还是作为治愈方式的追认、补正、转换，都是调整行政主体与行政相对人之间关系的。而行政复议与行政诉讼，作为解决行政争议的两种程序，都是有三方主体参与的，是调整三方主体关系的法律制度。仅从涉及的主体范围，即可判断违法行政行为的法律后果不是争讼法的问题。另外，违法行政行为的各种具体法律后果，行政主体可以依法主动地予以实施，如行政主体可以主动撤销某违法行为，可以宣布某行为无效，也可以主动治愈违法行政行为，由此也可以判断违法行政行为的法律后果本质上不属于争讼法的问题。

综上所述，作为违法行政行为法律后果之一的治愈，不是行政复议法或行政诉讼法问题，它本质上是行政实体法内容，治愈的方式——追认、补正、转换则是行政程序法内容。

二 治愈规定于行政程序法的便宜性

违法行政行为的法律后果，包括治愈，属于行政实体法内容本该规定于统一的、完整的行政法典之中，但由于行政法调整范围太广，行政事务的复杂多变，很难用一部统一的行政法典将全部行政事务规范起来，并且行政法起步较晚，对该法律部门的一般性原则的总结和归纳还不够成熟，因此行政法没有一部如民法、刑法一样的统一法典。多数行政事务通过单行法律法规等规范性文件予以调整，如我国《行政处罚法》、《行政许可法》、《治安管理处罚法》、《道路交通管理法》等。随着研究的深入和实践的归纳总结，行政法的一些基本原则和规则逐渐被认识和认同，于是，这些具有共性的原则和规则就有了统一立法的可能。这些具有共性的原则和规则多数属于规制行政权行使的程序性规范，于是，人们就开始酝酿统一的行政程序法典。由于目前不具备制定统一行政法典的条件，而行政程序法就成了行政法领域适用最广泛，也是最重要的行政法规范。基于行政程序法的这种地位和作用，域外国家和地区在制定行政程序法时亦将一些行政实体法原则和规则纳入其中，顺便规定之。于是，就出现了行政程序法典中既有程序法规范，也有实体法内容的立法例。实体法内容，如行政法的一些基本原则：比例原则、平等原则、明确性原则、信赖利益保护原则等；行政行为的效力，包括行政行为违法的法律后果等均可在行政程序法中找到。因此，从域外行政程序立法看，尽管行政行为违法的法律后果属于行政实体法内容，但基于便宜性考虑，这些内容多规定于行政程序法中。

作为违法行政行为法律后果之一种，治愈规定于行政程序法是基于便宜性考虑。但作为治愈方式的追认、补正、转换因主要属于行政程序内容，所以这三种治愈方式规定于行政程序法属于名正言顺、适得其所。

三 治愈制度的具体构建

（一）治愈在违法行政行为法律后果中的立法地位

所谓治愈在违法行政行为法律后果中的立法地位，是指作为违法行政行为的法律后果，无效、撤销与治愈等立法顺序问题，或者说当一个行政行为构成违法时，是首先考虑治愈，其次考虑治愈，还是最后考虑治愈的问题。治愈的立法顺序或地位问题直接反映一国的行政法理念和行政程序立法模式，即如果以控制行政权、保障私权为主要目的，行政行为违法时首先应考虑否定其法律效力：无效或撤销，其后再考虑是否具备治愈的条件，这体现了公正为主兼顾效率的模式；如果以保护公共利益为主要目的，则行政行为违法时首先应考虑是否具备治愈的条件，以维持其法律效力，如果不具备治愈的条件，再考虑否定其法律效力的手段，当然，这种理念也认为当行政行为违法重大明显时，首先考虑无效，在不构成无效时再考虑是否可以治愈，这体现了对效率目标的重视。不同的理念决定不同的立法例。第一种模式下的立法顺序为：无效—撤销—治愈；第二种模式下的立法顺序为：无效—治愈—撤销。下面以此为据，检讨我国目前的行政程序立法倾向及域外行政程序法相关规定。

与域外国家或地区一样，我国也应将违法行政行为的治愈制度规定于未来行政程序法中。目前，我国的行政程序立法正在酝酿之中。从主要的两个版本的试拟稿来看，其中都有关于治愈的规定。由于这两个版本可能会对未来我国行政程序立法产生重要影响，因此，有必要对这两个版本中关于治愈制度的规定进行探讨。

应松年教授主持起草的试拟稿对该部分的规定是，在行政决定的效力一节下按顺序规定：生效、效力、无效、撤销、不得撤销的情形、变更、补正、废止。① 姜明安教授执笔的试拟稿对该部分的规定是，在行政处理一节下按顺序规定：生效、效力、无效、撤销、补正、废止。可见，两个版本对违法行政行为法律后果的规定顺序几乎一样，都是采取的"无效—撤销—治愈"方式。另外，《湖南省行政程序规定》也采取了该种立法顺序。这表明我国未来的行政程序立法倾向仍是以控制行政权、保障私权为主要目的，采取公正为主兼顾效率的立法模式。

德国和我国台湾地区的行政程序法则采取了另一种立法例，即在行政行为的效力节下按顺序规定：生效、无效、治愈（补正、转换）、撤销、废止。我们尽管不能由此得出该种立法例是以效率为主兼顾公正的模式，但至少可以反映出该种立法例对行政效率的重视。

两种立法例并无哪个更优越之别，其差别也并非十分显著。一国立法到底采取哪种立法例，"取决于一定的因素，包括行政权的运行状况和行政改革现状及其发展趋势、公民权利意识、政体结构等，亦即法律渊源、历史背景与政治体制不同，再加上立法时空环境的影响，便会产生不同的立法模式。"② 尽管如此，笔者认为，就治愈制度而言，由于它是建立在不影响相对人实体权利基础之上，而优先考虑行政效率的结果，其主要目的之一便是避免轻微违法的行政行为被撤销而导致不必要的行政浪费，以提高行政效率。因此，治愈应当优先于撤销被考虑，否则将无法体现治愈制度的设计初衷。这恐怕也是德国联邦行政程序法关于违法行为法律后果之立法顺序的规定依据。因此，为体现治愈制度的设计初衷，我国进行行政程序立法时，也以采用"无效—治愈—撤销"立法顺序为宜。

基于上述分析，我国在制定《行政程序法》时对行政行为的效力部分的立法顺序，建议如下：

（1）行政行为的效力。

（2）无效行政行为。

（3）违法行政行为的治愈。

（4）违法行政行为的撤销。

（5）行政行为的废止。上述规定，首先对行政行为效力作总括规定：行政行为的生效规则，效力存续规则及无效行政行为自始不发生效力规

---

① 由于应松年教授主持起草的这个版本在不断地变化中，所以具体内容可能会有些微变化，但从笔者收集到的各稿看，该部分规定的顺序大致相同。

② 朱瓯：《两岸行政程序法制之比较研究》，中国人民大学出版社 2008 年版，第 57 页。

则。其次，对最严重的违法——无效行政行为的判断标准、确认主体作出规定。接着对可以治愈的违法行政行为分别作出规定，然后对不可治愈又不构成无效的违法行政行为的撤销作出规定。这样规定的立法意图在于：最严重的违法行政行为一般确认为无效（少数符合治愈条件的亦可治愈），其他违法行政行为首先考虑能否治愈，不能治愈时再考虑是否可撤销。其理念是为维护公益和法的安定、提高行政效率，撤销行政行为只在最后不得已时为之。

（二）治愈的具体立法

违法行政行为治愈方式有三种：追认、补正、转换。这三种方式分别针对不同瑕疵情形。综观域外行政程序立法，关于治愈方式的规定主要有以下三种形式：第一种，只规定补正和转换，并且详细规定了各自的适用情形，但未规定追认。如德国和我国台湾地区。这种立法例下，对于可以追认的管辖权瑕疵的违法情形，法律往往有限制撤销的规定，以此替代追认的功能。第二种，规定了三种治愈方式，并简要说明其适用情形。但由于追认适用的管辖权瑕疵也属于广义的程序瑕疵范畴，故该种立法例将追认与补正合并规定在一个条文之中。如《西班牙行政程序法》。第三种，明确规定了治愈的三种方式，但未规定具体适用情形。如葡萄牙和我国澳门地区的行政程序法。

由于治愈的三种方式分别针对不同瑕疵情形，我国制定行政程序法时，应当明确规定追认、补正、转换这三种治愈方式。并且，由于我国是成文法国家，行政实践和司法实务人员的成文法律依赖性较强，如果不对治愈的具体适用情形作明确详细规定，则治愈将可能被束之高阁。故对治愈三种方式的具体适用情形，宜作尽可能详细的规定。

1. 关于追认的立法

应松年教授和姜明安教授负责的行政程序法试拟稿，均没有规定追认。于2008年10月1日生效的《湖南省行政程序规定》也没有规定追认。《湖南省行政程序规定》对不宜撤销的违法行政行为作了规定。通过限制撤销的规定可以部分达到与追认相同的目的，即部分具备追认条件的违法违法行为，可以通过限制撤销的规定达到不予撤销，使其法律效力存续的目的。限制撤销的规定与追认都能达到不撤销违法行为，使其效力得以存续的目的。那么，哪一种方式更妥当呢？笔者认为，对于符合追认条件的违法行政行为，宜通过追认消除其违法性，使其法律效力存续。因为，一是该种瑕疵属于相对轻微的瑕疵，二是如果在放任其违法性情况下维持其法律效力，不利于相关利益的保护，也有损法律尊严和权威。如前述以颁证行为有瑕疵而起诉民政局要求撤销结婚登记案。该案的管辖权瑕疵，如果通过限制撤销的规定，使颁证行为在保持违法性前提下维持效力，则该案婚姻当事人的婚姻尽管可以维续，但当事人将处于一种尴尬境地：被判决维持的婚姻登记是违法的。这既不利维护相对人利益，也有损公序良俗这一公共利益。因此，对于符合追认条件的违法行政行为宜通过追认消除其违法性，从而维持其法律效力。当然，对于不符合追认和其他治愈条件而符合撤销条件的违法行政行为，在一定条件下，可以适用限制撤销的规定：如果撤销该行为对公共利益有重大危害，或者相对人信赖利益比撤销所欲达到的公益更值得保护，则该违法行政行为不能撤销。

我国未来行政程序法对追认的立法方式宜采概括加示范性列举式。这种立法方式优点是：概括规定可以解决对规范事项的抽象把握问题，使其具有更强的包容性和适应力；示范性列举则可以为实践提供明确具体的指导和帮助。概括与列举、抽象与具体相结合，优势互补。具体言之，我国的行政程序立法可以对追认分两款（行政追认与立法追认）规定如下：

××条：

第一款：对于不构成无效的下列无权限行为[①]，有权作出该行为的行政主体（或以通常的立法用语：行政机关）可以通过追认，使瑕疵消除：

（一）无权限主体以有权行政主体的名义作出行为，客观上使相对人相信其有权限，且有权主体存在相应过错者；

（二）逾越地域管辖权的行政行为，受益人有人身权益需要特殊保护者；

（三）同一地方政府的不同派出机关或派出机构之间、实行垂直管辖的行政主体内部各主体之间逾越地域管辖权的行为；

（四）下级行政主体行使了非专属于上级行政主体的职权者；

（五）其他可以追认的情形。

第二款：行政主体作出作为时无管辖权，但事后法律法规等规范性文件授予其管辖权，且规定溯及既往时，该行政行为的瑕疵消除。

---

① 该规定的前提是，在首先规定的无效行政行为中，将因管辖权瑕疵导致行政行为无效的情形列出。如台湾地区"行政程序法"第111条第6项规定，未经授权而违背法规有关专属管辖之规定或缺乏事务权限者，无效。我国大陆在制定行政程序法时可以作出相同规定。

2. 关于补正的立法

《湖南省行政程序规定》是将补正与更正适用的情形同条规定，未作区分。作为地方性立法，如此规定无可厚非，但如果是全国性立法，则不适宜。因为补正与更正本属不同性质的行为，其适用范围、适用时间和法律后果等均有不同。

应松年教授主持起草的行政程序法试拟稿和姜明安教授执笔的试拟稿，均详细规定了补正适用情形。尽管二者立法方式不同，但效果基本相同，即都对补正的适用情形作了开放式列举。一个采取示范列举加概括，一个采取不完全列举方式。

姜明安教授的试拟稿规定如下：

行政处理有下列情形之一的，作出处理的行政机关或其他行政主体可主动或应相对人申请予以补正：

（一）处理决定文字表述或计算错误；

（二）处理决定已载明处理主体但未盖章，或已盖章但未载明处理主体；

（三）处理决定未载明日期；

（四）作出处理决定遗漏了某些程序，予以补正对相对人权益没有不利影响的；

（五）具有可撤销情形的行政处理作补正处理对相对人更为有利，且不损害社会公共利益的。

行政机关或其他行政主体对有瑕疵的行政处理作出补正后，应将补正后的新的行政处理及时送达行政相对人。

应松年教授主持起草的试拟稿采取了不完全列举的立法方法：

行政决定违反法定程序的，除根据本法规定无效外，存在下列情形之一的，由作出决定的行政机关予以补正：

（一）对依申请的行政决定，当事人在事后才提出申请的，由行政机关事后加以确认；

（二）未说明理由但对当事人的合法权益没有实质性影响的，行政机关可在事后说明理由；

（三）需要进行补正的其他情形。

补正应当在当事人提起行政复议或行政诉讼的期限届满前作出，并及时通知当事人。

　　笔者赞同试拟稿对补正适用范围的立法方式，认为不宜采用德国或台湾地区的完全列举方式。但是采用列举加概括方式还是单纯采取不完全列举方式，两种方式都为补正的适用范围留出余地。但单纯的不完全列举方式，在列举的最后一项使用的是"需要进行补正其他情形"，这种规定要么无法对补正适用范围进行有效限制，要么可能因无抽象、概括之特征使人无法把握其他适用情形，导致该项规定形同虚设，不被使用，从而使不完全列举的立法意图失去意义，因此，不宜采用该种方式。比较而言，列举加概括方式既可以对常见的补正情形进行示范列举，又可以通过概括规定对适用范围进行限制，避免补正适用的泛化，因此，我国行政程序立法宜采列举加概括或概括加列举方式。

　　对补正适用范围的概括性规定是一个值得研究的问题。概括性规定必须将适用补正的各种情形予以高度概括，抽象出适用补正的各种情形的共同特征。只有这样，概括性规定才能发挥补充列举规定之不足和限制补正滥用之双重功能。姜明安教授执笔的试拟稿在适用补正情形的最后一项使用的概括规定是：具有可撤销情形的行政处理作补正处理对相对人更为有利，且不损害社会公共利益的。这种规定本质上不是对适用补正情形的概括，不是对适用补正的情形之共同特征的抽象，而只是从适用的结果上对补正加以限制的规定。即便如此，这种限制规定的妥当性仍值得商榷。首先，"作补正处理对相对人更为有利"的行政行为主要是授益行政行为，通过补正可以避免行为被撤销，从而维持相对人的利益。如果是负担行政行为，不予补正而撤销，对相对人更为有利，补正反而对相对人不利。基于此种理解，试拟稿的"概括规定"仅适用于授益行政行为，而不适用于负担行政行为。这无疑不恰当地缩小了补正适用的范围。其次，即便是授益行政行为，是否都可以适用补正呢？试拟稿给出的限制条件是"不损害社会公共利益"，但不损害社会公共利益这一条件很难把握，不具有可操作性。最后，不损害社会公共利益但损害第三人利益的授益行政行为是否也可以补正呢？对此，试拟稿的"概括规定"没有作出回答。综上，试拟稿的"概括规定"值得商榷。

　　如前文所述（第四章第一节之四），补正的适用条件是行政行为违反或欠缺的合法要件应是对行政行为结果不产生实质性影响的要件。换言之，只有违反或欠缺对行政行为结果不产生实质性影响的合法要件的行政行为，才可以补正。这是对补正适用情形之共同特征的抽象和概括。因此，在立法时，对补正适用情形的概括性规定可以采纳该标准。

对补正适用情形的列举可以采用示范性列举方式，将实践中常见的补正情形列举出来。由于我国缺少补正立法，实践中适用补正情况很少。因此，借鉴德国或台湾地区立法是必要的。

综上所述，我国行政程序立法对补正可作如下规定：

第××条：

（第一款）违反行政行为所需的非实质性要件的行为，在下列情形下补正：

（一）依申请行政行为，相对人事后提交所需的申请；

（二）事后提出所需的说明理由；

（三）事后给予所需的陈述意见的机会；

（四）其他行政机关补作其应作的共同参与；

（五）其他可以补正的情形。

（第二款）行政主体补正时，应在复议程序终结前，或直接提起诉讼的，在诉讼程序终结前作出。行政主体补正后应及时将补正通知相对人。

3. 关于转换的立法

在违法行政行为治愈中，转换是较少使用的治愈方式。尽管联邦德国行政程序法对转换作了详细规定，但实践中适用转换的案例却很少。可能是因为这个缘故，我国学者提出的行政程序法试拟稿均没有规定转换方式。我国目前已经出台的地方性行政程序立法，如《湖南省行政程序规定》也未规定转换。那么，我国未来的行政程序法是否有必要规定转换呢？笔者认为，作为一项制度，特别是作为一项例外制度，即依法行政原则的例外制度，其适用范围小是必然的。无论是追认、补正还是转换，其适用的范围和频率都远小于行政法上的一般性或原则性制度。而在治愈的三种方式中，相对于追认、补正来说，转换又是适用范围最小的治愈方式，因此，转换制度在行政法上的适用范围很小，适用情形很少。但无论适用范围大小，作为一项制度，都有其存在的价值和必要性。不能因为一项制度的适用范围小就抛弃该制度，除非有更好的替代性制度。因此，在目前没有更好的制度替代转换制度的情况下，转换制度的存在是必需的。未来我国行政程序法应当就转换制度作出相应规定。

转换制度立法方式的选择问题。由于转换适用范围较小，实践中适用转换的案例较少，所以域外国家或地区行政程序法对于转换的适用情形没有进行列举规定的立法例。多数国家和地区采用的是概括规定的立法方式。我国对转换制度的认识较晚，理论研究也不深入，实践积累较少，因此，我国未来的行政程序立法也不宜对转换适用情形进行列举式规定，以采取概括规定方式为宜。在概括规定立法方式中，德国和台湾地区的立法方式值得借鉴。具体言之，我国的行政程序立法可对转换作如下规定：

第××条：

第一款：违法行政行为包含了另一行政行为的合法要件，且二者具有相同目的时，作出违法行为的行政主体可以将该违法行为转换为另一合法行为；

第二款：转换不符合原行政行为的目的、转换后的法律效果对相对人更为不利或者不允许撤销的行政行为均不适用前款规定；

第三款：羁束行政行为不得转换为裁量行政行为；

第四款：转换前应给予相对人陈述意见的机会，但本法另有规定的除外。

四　现行立法之反思与修改

（一）现行立法反思

我国关于违法行政行为法律后果，主要规定于《行政复议法》和《行政诉讼法》中。从法律规定看，只要欠缺行政行为的合法要件，就构成违法行政行为，而违法行政行为的法律后果，要么是撤销、部分撤销，要么是确认违法或无效。这几种后果都否定违法性可以治愈。

我国立法如此规定原因主要有三种：首先，学界对违法性治愈理论的研究薄弱。其次，立法者对治愈理论的忽视。最后，行政程序法缺位，而行政救济法越俎代庖地规定了本该由程序法规定的违法行政行为的法律后果，这种权宜规定难以详细与周全。①

鉴于法律规定的缺陷，针对相关案件，我国审判实践也并非循规蹈矩一概撤销行政行为，而有时会审时度势作出维持判决，当然这有超越法

---

① 违法行政行为法律后果是实体法制度。除中国外，笔者尚未发现将这种实体法制度规定于行政救济法之立法例。究其原因，对行政行为有统率作用的《行政程序法》缺位，致复议机关和法院在判断和处理违法行政行为时缺乏依据，但为救济权利、监督权力，先行通过的《行政诉讼法》和《行政复议法》不得已规定了应予撤销或确认无效的行政行为瑕疵情形。这种规定一定程度弥补了行政程序法的缺位，但其缺陷明显：囿于性质，违法行为的治愈制度作为实体法制度很难详细规定于救济法之中；行政主体在行政活动中以行政救济法为依据判断和处理行政行为，颠倒了逻辑关系，违反了行政法的内在规律，有倒果为因之嫌。

律、暗度陈仓之嫌，亦难定分止争。

（二）立法修改建议

构建我国行政法治愈制度，必须着眼未来，立足现在。在规定治愈制度的《行政程序法》出台前，不能消极等待，必须积极地对现实需要做出回应，以弥补法律缺漏；在《行政程序法》出台后，亦需对相关法律制度做出修改与调适。

1.《行政程序法》出台前的权宜之计

在《行政程序法》出台前，可以考虑先由最高人民法院对《行政诉讼法》规定的违法后果作出司法解释：哪些违法情况应予撤销，哪些不宜撤销而可以治愈；由国务院对《行政复议法》第二十八条第一款第三项规定的违法后果作出行政解释，详细规定违法行政行为的法律后果，包括可以治愈的违法情形，而不是一概撤销。通过法律解释增加治愈制度，弥补立法疏漏，有利于司法裁判和行政复议工作的顺利开展。当然，这只是《行政程序法》缺位时的权宜之计。

2.《行政程序法》出台后相关法律的修改

《行政程序法》出台后，需要修改《行政复议法》和《行政诉讼法》，将违法行政行为法律后果的内容删除，因为相关内容已由《行政程序法》规定。这样修改契合行政法的内在规律。违法行政行为的法律后果应由《行政程序法》规定，而不是由行政救济法规定。这也是国外行政法的惯例。《行政程序法》可以详细规定违法行政行为的法律后果，包括追认、补正、转换等可治愈的情形，以及轻微瑕疵的不予考虑、不影响实体决定的瑕疵不予考虑、可撤销、无效等情形。

为保障《行政程序法》规定的治愈得以实现，尚须对《行政复议法》和《行政诉讼法》的其他相关规定进行修改或补充。下面以《行政诉讼法》及其相关司法解释为例加以探讨，行政复议法及相关法律解释的类似规定亦作相同修改。

（1）有关治愈之证据能力。《行政诉讼证据规定》第一条规定：

被告对作出的具体行政行为负有举证责任，应当在收到起诉状副本之日起十日内，提供据以作出被诉具体行政行为的全部证据和所依据的规范性文件。被告不提供或者无正当理由逾期提供证据的，视为被诉具体行政行为没有相应的证据。

该条规定了行政主体的举证期限为收到起诉状副本之日起十日内。超过举证期限的证据，发生证据失权的效果，即该证据不具有证据能力，不能在诉讼程序中被作为证据使用。依此规定，如果治愈行为发生在行政诉讼开始后，则行政主体可能无法在法定的举证期限内提供证据。行政主体治愈行为证据将不具有证据能力。果真如此，治愈制度将失去存在的价值和意义，除非相对人不对治愈行为进行争讼。因此，如果治愈行为发生在行政诉讼程序开始后，应允许行政主体在诉讼程序中就治愈行为的合法与否提供相关证据，即该类证据具有证据能力。但行政主体超过举证期限提供的证据仅限于证明治愈行为合法与否的证据，不包括证明其他内容的证据。这样就突破了法律规定的行政主体的举证期限，需要对行政主体举证期限的法律规定作出修改。

具体修改建议是，在《行政诉讼证据规定》第一条中增加一款作为第二款，原第二款改为第三款：

行政行为经过治愈，并且治愈行为发生在行政诉讼程序开始后的，被告可以在诉讼程序终结前提供实施治愈行为的全部证据和所依据的规范性文件。被告不提供或者无正当理由逾期提供证据的，视为治愈行为没有相应的证据。

行政主体在作出行政行为时，应当遵循先调查取证后作出决定的程序。并且，行政主体调查取证过程和取得的证据材料应当记录在案。当行政行为受质疑而引起诉讼时，行政主体应当将记录该行政行为作出过程的案卷提交法庭，接受审查。法院审查具体行政行为是否合法的主要依据就是记录行政行为作出过程的该案卷材料中所记载的证据。该案卷之外的证据不具有证据能力，不被采纳。《行政诉讼法》第三十三条规定：

在诉讼过程中，被告不得自行向原告和证人收集证据。

《行政诉讼法司法解释》第三十条规定：

被告及其诉讼代理人在作出具体行政行为后自行收集的证据不能作为认定被诉具体行政行为合法的根据。

《行政诉讼证据规定》第六十条也作了类似规定。这些规定体现的均是案卷外证据排除规则。该规则表明，行政主体在行政行为作出后收集的证据以及案卷中没有记载的其他证据材料不能作为证明行政行为合法的根据。

显然，治愈制度与案卷外证据排除规则不符。因为治愈行为总是发生在行政行为作出后。治愈行为相关证据材料均形成于行政行为作出后。按照案卷外证据排除规则，行政主体实施治愈行为的相关证据均不能作为证明行政行为合法的依据。果真如此，治愈制度的目的和作用将无法发挥，治愈也没有存在的必要。因此，要想建立完善的治愈制度，必须修改行政诉讼证据相关规定。对行政主体实施治愈行为的各种证据材料赋予其证据能力，以证明治愈行为是否合法。当然，行政主体提出的形成于行政行为作出后的证据，仅限于证明治愈行为合法与否的证据，不包括证明其他内容的证据。具体修改建议是将《行政诉讼证据规定》第六十条第一项修改为：

被告及其诉讼代理人在作出具体行政行为后或者在诉讼程序中自行收集的证据不能作为认定被诉具体行政行为合法的依据。但为证明发生于诉讼程序开始后的治愈行为合法的证据除外。

（2）法院对可治愈行政行为态度。相对人对可被治愈的行政行为不服提起诉讼的，法院既不应为公益目的而自行治愈，也不宜为公益目的而判决行政主体治愈。但法院是否可以提示行政主体有治愈的机会，以便其实施治愈呢？在德国，法律对此作了规定。《联邦德国行政法院法》第八十七条第一款规定：

主审法官或编制报告法官须在言辞审理前作出必要的命令，以便尽可能使争议在一个言辞审理程序中审结。他尤其可以采取下列措施：……（7）要求行政机关在不超过3个月的期间内，补正其程序上或形式上的瑕疵，只要法官根据其自由心证，该补正不会影响诉讼按期终结。

这种规定是"从诉讼的角度对联邦行政程序法第45条作了补充"。①这是法院在预备程序中为行政主体提供的治愈机会。案件进入审理阶段后，法院也可以根据当事人申请，中止诉讼，以便为当事人提供补正的机会。《联邦德国行政法院法》第94条规定：

对诉讼争执的判决一部或全部取决于另一法律关系的是否存在，而该法律关系为另一具有诉讼系属的案件的标的，或须由一个行政机关作出确认的，法院可将诉讼中止，直至另一诉讼的审结或行政机关作出所有决定。符合诉讼集中原则时，法院也可根据申请，将审理中止，以便对程序及形式瑕疵作出补正。

---

① ［德］哈特穆特·毛雷尔：《行政法学总论》，高家伟译，法律出版社2000年版，第255页。

可见，为保证可能的治愈得以实现，在行政诉讼的预备阶段和审理阶段，德国法院均有权为行政主体提供治愈机会。

维护公共利益是社会得以存续和发展的基础。法院作为中立的裁判机关，不应为维护一方利益而失去中立判断基础，但由于公共利益不仅是行政活动的价值追求，也是个人活动不能忽视的因素，司法活动中当然也不应弃之不问，而德国《行政法院法》关于给予行政主体补正机会的规定，恰恰体现了法院对于公共利益的适度关照。这种关照既没有使法院丧失中立裁判的基础，也没有让法院背上漠视公共利益之名。因此，德国的做法值得我们借鉴。我国《行政诉讼法》再修改时，可以在审前准备程序和审理阶段增加该类规定，明确赋予法院这类权限。具体的立法建议是，在《行政诉讼法》审前准备程序部分增加一条或一款：

人民法院可以要求行政机关在合理的期间内，依法弥补被诉行政行为的轻微瑕疵。

在中止诉讼的情形中增加一种情形：

当事人申请对被诉行政行为的轻微瑕疵进行弥补的。①

（3）溯及既往原则的立法修改。在《行政程序法》规定立法追认后，我国《立法法》第八十四条的规定亦须作相应修改。该条规定：法律、行政法规、地方性法规、自治条例和单行条例、规章不溯及既往，但为了更好地保护公民、法人和其他组织的权利和利益而作的特别规定除外。从该条的立法意旨看，仅在保护私益时才允许立法溯及既往。这样就将为公共利益所需的溯及既往完全排除了，这不利于特定情况下的公益保护。而立法追认是通过立法等规范性文件溯及既往，使违法行政行为变为合法的制度。它是以有值得保护之公益为存在前提的。因此，《行政程序法》对于立法追认的规定尚须以修改《立法法》第八十四条规定为前提，即允许特定情况下为公益需要而溯及既往。

---

① 余凌云教授也建议在制度法上补充规定："对于可以治愈、被告也愿意纠正的程序瑕疵，法院可以中止诉讼，允许被告自己纠正。治愈时间最长不得超过三个月。"参见余凌云《行政自由裁量论》，中国人民公安大学出版社 2005 年版，第 216 页。

参考文献

一 中文著作类

1. 王名扬：《法国行政法》，中国政法大学出版社 1988 年版。

2. 王名扬：《美国行政法》（上、下），中国法制出版社 1995 年版。

3. 王名扬：《英国行政法》，中国政法大学出版社 1987 年版。

4. 叶必丰：《行政法的人文精神》，湖北人民出版社 1999 年版。

5. 杨建顺：《日本行政法通论》，中国法制出版社 1998 年版。

6. 张正：《行政法体系重点整理》，（台北）保成文化出版公司 1996 年版。

7. 吴庚：《行政法之理论与实用》，中国人民大学出版社 2005 年版。

8. 李惠宗：《行政法要义》增订二版，（台北）五南图书出版公司 2005 年版。

9. 翁岳生：《行政法》，中国法制出版社 2002 年版。

10. 陈新民：《行政法学总论》，（香港）三民书局 1995 年版。

11. 陈新民：《中国行政法学原理》，中国政法大学出版社 2002 年版。

12. 陈敏：《行政法总论》，1998 年 4 月。

13. 李震山：《行政法导论》，（香港）三民书局 1998 年修订版。

14. 应松年主编：《比较行政程序法》，中国法制出版社 1999 年版。

15. 应松年主编：《外国行政程序法汇编》，中国法制出版社 2004 年版。

16. 马怀德主编：《行政程序立法研究：〈行政程序法〉草案建议稿及理由说明书》，法律出版社 2005 年版。

17. 杨海坤、黄学贤：《中国行政程序法典化》，法律出版社 1999 年版。

18. 应松年、杨小君：《法定行政程序实证研究——从司法审查角度的分析》，国家行政学院出版社 2005 年版。

19. 姜明安主编：《外国行政法教程》，法律出版社 1993 年版。

20. 皮纯协主编：《行政程序法比较研究》，中国人民公安大学出版社

2000 年版。

21. 王万华：《行政程序法研究》，中国法制出版社 2000 年版。

22. 王万华：《中国行政程序法立法研究》，中国法制出版社 2005 年版。

23. 应松年主编：《行政程序法立法研究》，中国法制出版社 2001 年版。

24. 杨寅：《中国行政程序法治化》，中国政法大学出版社 2001 年版。

25. 王学辉：《行政程序法精要》，群众出版社 2001 年版。

26. 章剑生：《行政程序法基本理论》，法律出版社 2003 年版。

27. 章剑生主编：《行政程序法学》，中国政法大学出版社 2004 年版。

28. 金国坤：《行政程序法论》，中国检察出版社 2002 年版。

29. 沈开举主编：《行政实体法与行政程序法学》，郑州大学出版社 2004 年版。

30. 徐亚文：《程序正义论》，山东人民出版社 2004 年版。

31. 张树义主编：《行政程序法教程》，中国政法大学出版社 2005 年版。

32. 柳砚涛等：《行政行为新理念》，山东人民出版社 2008 年版。

33. 朱瓯：《两岸行政程序法制之比较研究》，中国人民大学出版社 2008 年版。

34. 姜明安主编：《行政程序研究》，北京大学出版社 2006 年版。

35. 章剑生：《行政程序法学原理》，中国政法大学出版社 1994 年版。

36. 崔卓兰编著：《行政程序法要论》，吉林人民出版社 1996 年版。

37. 宋冰主编：《程序正义与现代化》，中国政法大学出版社 1998 年版。

38. 季卫东：《法律程序的意义》，中国法制出版社 2004 年版。

39. 黄学贤：《中国行政程序法的理论与实践：专题研究述评》，中国政法大学出版社 2007 年版。

40. 王锡锌：《行政程序法理念与制度研究》，中国民主法制出版社 2007 年版。

41. 宋雅芳：《行政程序法专题研究》，法律出版社 2006 年版。

42. 王亚琴：《行政程序法律责任制度研究》，群众出版社 2006 年版。

43. "台湾法务部"：《行政程序法裁判要旨汇编》，2004 年。

44. 罗传贤：《行政程序法论》增订四版，（台北）五南图书出版公司 2004 年版。

45. 罗传贤：《美国行政程序法论》，（台北）五南图书出版公司 1985 年版。

46. 叶俊荣：《面对行政程序法——转型台湾的程序建制》，（台北）元照出版有限公司 2002 年版。

47. 蔡茂寅：《行政程序法实用》，（台北）学林文化事业有限公司 2001 年版。

48. 汤德宗：《行政程序法论》，（台北）元照出版有限公司 2000 年版。

49. 王伟华等：《行政程序法典注释》，澳门法律公共行政翻译学会 1995 年版。

50. 周佑勇：《行政裁量治理研究——一种功能主义的立场》，法律出版社 2008 年版。

51. 周佑勇：《行政法基本原则研究》，武汉大学出版社 2005 年版。

52. 周佑勇：《行政不作为判解》，武汉大学出版社 2000 年版。

53. 周佑勇：《行政裁量治理研究——一种功能主义的立场》，2008 年。

54. 周佑勇：《行政法原论》第二版，中国方正出版社 2005 年版。

55. 张尚鷟主编：《走出低谷的中国行政法学》，中国政法大学出版社 1991 年版。

56. 许崇德、皮纯协主编：《新中国行政法学研究综述》，法律出版社 1991 年版。

57. 方世荣：《论具体行政行为》，武汉大学出版社 1996 年版。

58. 罗豪才主编：《行政法学》（新编本），北京大学出版社 1996 年版。

59. 蔡志方：《行政法三十六讲》（普及版），1997 年。

60. "台湾行政法学会"：《行政法争议问题研究》（上、下），（台北）五南图书出版公司 2001 年版。

61. 张正钊、韩大元主编：《比较行政法》，中国人民大学出版社 1998 年版。

62. 胡建淼：《比较行政法：20 国行政法评述》，法律出版社 1998 年版。

63. 刘兆兴编著：《中德行政法现状》，社会科学文献出版社 1998 年版。

64. 胡建淼编著：《行政法学》，法律出版社 1998 年版。

65. 关保英：《行政法的价值定位》，中国政法大学出版社 1997 年版。

66. 应松年：《当代中国行政法》，中国方正出版社 2005 年版。

67. 于安：《德国行政法》，清华大学出版社 1999 年版。

68. 张越：《英国行政法》，中国政法大学出版社 2004 年版。

69. 胡建淼主编：《行政违法问题探究》，法律出版社 2000 年版。

70. 叶必丰：《行政行为的效力研究》，中国人民大学出版社 2002 年版。

71. 杨解君：《行政法学》，中国方正出版社 2002 年版。

72. 杨解君：《行政违法论纲》，东南大学出版社 1999 年版。

73. 叶必丰：《行政法学》，武汉大学出版社 2003 年版。

74. 石佑启：《论公共行政与行政法学范式转换》，北京大学出版社 2003 年版。

75. 章志远：《行政行为效力论》，中国人事出版社 2003 年版。

76. 朱芒：《功能视角中的行政法》，北京大学出版社 2004 年版。

77. 余凌云：《行政自由裁量论》，中国人民公安大学出版社 2005 年版。

78. 姜明安主编:《行政法与行政诉讼法》第二版，法律出版社 2006 年版。

79. 方世荣主编：《行政法与行政诉讼法》，中国政法大学出版社 2007 年版。

80. 陈新民：《公法学札记》，中国政法大学出版社 2001 年版。

81. 肖金明：《法治行政的逻辑》，中国政法大学出版社 2004 年版。

82. 林莉红、孔繁华：《社会救助法研究》，法律出版社 2008 年版。

83. 马俊驹、余延满：《民法原论》，法律出版社 2005 年版。

84. 陈新民：《德国公法学基础理论》（上、下），山东人民出版社 2001 年版。

85. 季卫东：《法治秩序的建构》，中国政法大学出版社 1999 年版。

86. 付子堂：《法律功能论》，中国政法大学出版社 1999 年版。

87. 卓泽渊：《法律价值论》，法律出版社 1999 年版。

88. 刘广登：《宪法责任论》，山东人民出版社 2007 年版。

89. 李龙主编：《良法论》，武汉大学出版社 2005 年版。

90. 周叶中主编：《宪法》，高等教育出版社、北京大学出版社 2001 年版。

91. 黄茂荣：《法学方法与现代民法》，中国政法大学出版社 2001 年版。

92. 张明新：《宪政与法治的中国语境》，中国法制出版社 2007 年版。

93. 菅从进：《权利制约权力论》，山东人民出版社 2008 年版。

94. 吴庚：《行政争讼法论》，1999 年初版。

95. 蔡志方：《行政救济法新论》，（台北）元照出版公司 1995 年版。

96. 蔡志方：《行政救济与行政法学（一）》，三民书局 1993 年版。

97. 蔡志方：《行政救济与行政法学（二）》，三民书局 1993 年版。

98. 蔡志方：《行政救济与行政法学（三）》，学林文化事业有限公司 1998

年版。

99. 翁岳生主编:《行政诉讼法逐条释义》,(台北)五南图书出版公司 2002 年版。

100. 城仲模:《行政法裁判百选》,月旦出版公司 1996 年版。

101. 罗豪才主编:《中国司法审查制度》,北京大学出版社 1993 年版。

102. 朱新力:《司法审查的基准——探索行政诉讼的裁判技术》,法律出版社 2005 年版。

103. 胡肖华主编:《权利与权利的博弈:行政诉讼法修改纵横谈》,中国法制出版社 2005 年版。

104. 江伟主编:《民事诉讼法专论》,中国人民大学出版社 2005 年版。

105. 顾培东:《社会冲突与诉讼机制》,法律出版社 2004 年版。

106. 刘荣军:《程序保障的理论视角》,法律出版社 1999 年版。

107. 邵明:《民事诉讼法理研究》,中国人民大学出版社 2004 年版。

108. 张卫平:《诉讼架构与程式——民事诉讼的法理分析》,清华大学出版社 2000 年版。

109. 樊崇义主编:《诉讼原理》,法律出版社 2003 年版。

110. 甘文:《行政诉讼证据司法解释之评论》,中国法制出版社 2003 年版。

111. 杨伟东:《行政行为司法审查强度研究》,中国人民大学出版社 2003 年版。

112. 甘文:《行政诉讼法司法解释之评论——理由、观点与问题》,中国法制出版社 2000 年版。

113. 王名扬:《外国行政诉讼制度》,人民法院出版社 1991 年版。

114. 胡建淼主编:《中外行政法规分解与比较》(下),法律出版社 2004 年版。

115. 谭剑:《行政行为的撤销研究》,武汉大学出版社 2012 年版。

116. 江必新主编:《中国行政诉讼制度的完善》,法律出版社 2005 年版。

117. 林莉红:《行政诉讼法学》,武汉大学出版社 2001 年版。

118. 林莉红:《中国行政救济理论与实务》,武汉大学出版社 2000 年版。

119. 蔡志方:《行政救济法论》,(台北)月旦出版社股份有限公司 1995 年版。

120. 胡肖华:《行政诉讼基本理论问题研究》,湖南人民出版社 1999

年版。

121. 马怀德主编:《行政诉讼原理》,法律出版社 2003 年版。

122. 马怀德:《行政法制度建构与判例研究》,中国政法大学出版社 2000 年版。

123. 马怀德主编:《司法改革与行政诉讼制度的完善——〈行政诉讼法〉修改建议稿及理由说明书》,中国政法大学出版社 2004 年版。

124. 杨小君:《重大行政案件选编》,中国政法大学出版社 2006 年版。

125. 杨小君:《行政诉讼问题研究与制度改革》,中国人民公安大学出版社 2007 年版。

126. [德] 哈特穆特·毛雷尔:《行政法学总论》,高家伟译,法律出版社 2000 年版

127. [德] 汉斯·J. 沃尔夫等:《行政法》第二卷,高家伟译,商务印书馆 2002 年版。

128. [日] 盐野宏:《行政法》,杨建顺译,法律出版社 1999 年版。

129. [日] 室井力主编:《日本现代行政法》,吴微译,中国政法大学出版社 1995 年版。

130. [日] 南博方:《日本行政法》,杨建顺、周作彩译,中国人民大学出版社 1988 年版。

131. [日] 和田英夫:《现代行政法》,倪健民、潘世圣译,中国广播电视出版社 1993 年版。

132. [美] 伯纳德·施瓦茨:《行政法》,徐炳译,群众出版社 1986 年版。

133. [英] 威廉·韦德:《行政法》,徐炳等译,中国大百科全书出版社 1997 年版。

134. [英] 卡罗尔·哈洛、理查德·罗林斯:《法律与行政》（上、下）,杨伟东、李凌波、石红心、晏坤译,商务印书馆 2004 年版。

135. [美] E. 博登海默:《法理学:法律哲学与法律方法》,邓正来译,中国政法大学出版社 1999 年版。

136. [美] 查理德·B. 斯图尔特:《美国行政法的重构》,沈岿译,商务印书局 2002 年版。

137. [美] 欧内斯特·盖尔霍恩、罗纳德·M. 利文:《行政法和行政程序概要》,黄列译,中国社会科学出版社 1996 年版。

138. ［美］米尔伊安·R. 达玛什卡：《司法和国家权力的多种面孔——比较视野中的法律程序》，郑戈译，中国政法大学出版社 2004 年版。

139. ［德］卡尔·拉伦茨：《法学方法论》，陈爱娥译，商务印书馆 2004 年版。

140. ［德］奥托·迈耶：《德国行政法》，刘飞译，何意志校，商务印书馆 2002 年版。

141. ［德］弗里德赫尔穆·胡芬：《行政诉讼法》，莫光华译，刘飞校，法律出版社 2003 年版。

142. ［印］M. P. 塞夫：《德国行政法——普通法的分析》，周伟译，（台北）五南图书出版公司 1991 年版。

143. ［德］卡尔·拉伦茨：《德国民法通论》，王晓晔等译，法律出版社 2003 年版。

144. ［德］G. 平特纳：《德国普通行政法》，朱林译，中国政法大学出版社 1999 年版。

145. ［日］棚濑孝雄：《纠纷的解决与审判制度》，王亚新译，中国政法大学出版社 2004 年版。

146. ［日］谷口安平：《程序的正义与诉讼》增补本，林剑峰译，王亚新审校，中国政法大学出版社 2002 年版。

147. ［日］中村英郎：《新民事诉讼法讲义》，陈刚、林剑锋、郭美松译，常怡审校，法律出版社 2001 年版。

148. ［日］高桥宏志：《民事诉讼法——制度与理论的深层分析》，林剑峰译，法律出版社 2004 年版。

149. ［法］托克维尔：《论美国的民主》（上、下），董果良译，商务印书馆 2004 年版。

150. ［英］弗里德利希·冯·哈耶克：《法律、立法与自由》第二、三卷，邓正来、张守东、李静冰译，中国大百科全书出版社 2000 年版。

二 中文论文类

1. 孙尚坤：《瑕疵行政行为问题研究》，硕士学位论文，长春理工大学，2012 年。

2. 王静：《论瑕疵行政行为》，硕士学位论文，中央民族大学，2011 年。

3. 赵倩：《瑕疵行政行为研究》，硕士学位论文，西南政法大学，

2009 年。

4. 刘雪芹:《行政行为补正制度研究》,硕士学位论文,山东大学,2006 年。

5. 王秀慧:《行政行为转换制度研究》,硕士学位论文,山东大学,2007 年。

6. 吴帅:《论行政行为瑕疵补正》,硕士学位论文,吉林大学,2007 年。

7. 戴曙:《行政行为补正制度研究》,硕士学位论文,西南政法大学,2006 年。

8. 卢雪华:《无效法律行为转换之研究》,硕士学位论文,华东政法大学,2005 年。

9. 李彬:《行政程序违法的法律后果》,硕士学位论文,中国政法大学,2005 年。

10. 付明喜:《论行政程序违法》,硕士学位论文,中国政法大学,2005 年。

11. 蒯化平:《论无效合同及其补正》,硕士学位论文,中国政法大学,2004 年。

12. 尹国惠:《论无效合同及其效力补救》,硕士学位论文,内蒙古大学,2008 年。

13. 杨登峰:《程序违法行政行为的补正》,《法学研究》2009 年第 6 期。

14. 徐以祥:《违法行政行为效力矫治制度的困境和应对策略》,《河北法学》2009 年第 11 期。

15. 杨登峰:《行政越权代理行为的追认——以民法规范在行政法中的应用为路径》,《甘肃政法学院学报》2012 年第 4 期。

16. 林莉红孔繁华:《论违法行政行为》,《河南省政法管理干部学院学报》2000 年第 5 期。

17. 柳砚涛、孙子涵:《论行政行为的追认》,《行政法学研究》2008 年第 3 期。

18. 柳砚涛、刘雪芹:《论行政行为补正制度》,《山东大学学报》2007 年第 5 期。

19. 叶必丰、张辅伦:《论行政行为的补正》,《法制与社会发展》1998 年第 1 期。

20. 李元起、郭庆珠:《论行政程序违法的补正》,《杭州商学院学报》

2003 年第 2 期。

21. 张宝羊：《论行政程序瑕疵的补正》，《延安大学学报》（社会科学版）2004 年第 5 期。

22. 董世坤、赵晓青：《论瑕疵行政行为的补正》，《湖北社会科学》2006 年第 10 期。

23. 陈历幸：《论无效法律行为的补正和转换》，《政治与法律》2006 年第 6 期。

24. 彭慧：《论违法行政行为的治理》，《长春师范学院学报》（人文社会科学版）2006 年第 2 期。

25. 林莉红、黄启辉：《论表见代理在行政法领域之导入与适用》，《行政法学研究》2006 年第 3 期。

26. 林莉红：《限制被告取证还是明确证据能力——论〈行政诉讼法〉中限制被告取证的修改》，《政治与法律》2008 年第 5 期。

27. 王天华：《程序违法与实体审查——行政诉讼中行政程序违法的法律效果问题的一个侧面》，载罗豪才主编《行政法论丛》第 9 卷。

28. 钟瑞友：《对"违反法定行政程序"若干问题的思考》，载罗豪才主编《行政法论丛》第 9 卷。

29. 魏建良：《论违反行政程序的法律后果》，《浙江大学学报》（人文社会科学版）2001 年第 2 期。

30. 亓荣霞：《行政瑕疵刍议》，《政法论坛》1999 年第 6 期。

31. 张轶昆：《对行政程序违法的审查与处理》，《山东审判》1999 年第 6 期。

32. 叶必丰：《现代行政行为的理念》，《法律科学》1999 年第 6 期。

33. 胡肖华：《论预防性行政诉讼》，《法学评论》1999 年第 6 期。

34. 杨海坤、黄学贤：《违反行政程序法行为法律责任比较研究》，《法学评论》1999 年第 5 期。

35. 沈林荣、刘小兵：《试论具体行政行为撤销的限制》，《行政法学研究》2000 年第 1 期。

36. 石佑启：《行政程序违法的法律责任》，《法学》2002 年第 9 期。

37. 段红柳：《关于完善行政程序司法审查的思考》，《当代法学》2002 年第 2 期。

38. 刘巍、周莉：《行政复议对程序瑕疵行政行为的补救》，《当代法学》

2002 年第 5 期。

39. 杨建顺：《论行政裁量与司法审查》，《法商研究》2003 年第 1 期。

40. 葛启斌：《违反行政程序的表现形态及其法律后果》，《江苏警官学院学报》2003 年第 1 期。

41. 汪栋：《行政程序法律责任制度的建构与完善》，《云南大学学报》（法学版）2003 年第 4 期。

42. 李煜兴：《行政程序瑕疵的法律规制》，《广东行政学院学报》2003 年第 4 期。

43. 段逸超：《"违反法定程序"刍议》，《行政法学研究》2003 年第 4 期。

44. 赵蓁祥：《行政行为违反程序规范之法律效果》，《行政法学研究》2003 年第 4 期。

45. 金伟峰：《从"法定程序"走向"正当程序"——以行政程序为例》，《河南省政法管理干部学院学报》2003 年第 5 期。

46. 章志远：《认真对待行政诉讼中的行政撤销权》，《河南省政法管理干部学院学报》2003 年第 5 期。

47. 杨建生：《行政程序法价值冲突及行政程序违法责任》，《山东省经济管理干部学院学报》2004 年第 3 期。

48. 杨庆：《行政程序瑕疵行为无效的再探讨》，《江苏大学学报》（社会科学版）2004 年第 3 期。

49. 余凌云：《违反行政程序的可撤销理论》，《国家行政学院学报》2004 年第 4 期。

50. 王麟：《对一种行政判决的思考和分析——关于"违反法定程序"的判决》，《行政法学研究》2005 年第 4 期。

51. 杨伟东：《行政程序违法的法律后果及其责任》，《政法论坛》2005 年第 4 期。

52. 王亚琴：《行政程序法律责任的归责原则》，《法律适用》2005 年第 4 期。

53. 路刚、田婷婷：《论行政程序违法责任实现形式的完善》，《广西政法管理干部学院学报》2006 年第 3 期。

54. 杨欣、王静：《论违反行政程序的法律责任》，《国家行政学院学报》2005 年第 3 期。

55. 杨小君：《程序违法撤销与重作行政行为的限制》，《天津行政学院学报》2005 年第 3 期。

56. 叶平：《不可撤销具体行政行为研究——确认违法判决适用情形之局限及补正》，《行政法学研究》2005 年第 3 期。

57. 马怀德：《澳大利亚行政法中的程序公平原则——兼论对中国行政程序立法的启示》，《比较法研究》1998 年第 2 期。

58. 田平安：《程序正义初论》，《现代法学》1998 年第 2 期。

59. 蔡小雪：《论审查行政程序合法性问题》，《人民司法》1998 年第 2 期。

60. 孙笑侠：《法律程序设计的若干法理——怎样给行政行为设计正当的程序》，《政治与法律》1998 年第 4 期。

61. 高树德、宋炉安：《行政程序价值论——兼论程序法与实体法的关系》，《行政法学研究》1998 年第 4 期。

62. 杨建顺、刘连泰：《试论程序法与实体法的辩证关系》，《行政法学研究》1998 年第 1 期。

63. 朱维究、胡卫列：《行政行为过程性论纲》，《中国法学》1998 年第 4 期。

64. 陈瑞华：《通过法律实现程序正义——萨默斯"程序价值"理论评析》，《北大法律评论》第 1 卷第 1 辑，法律出版社 1998 年版。

65. 杨海坤、刘洋林：《制定一部适合我国国情的行政程序法典——当前行政程序和行政程序法研究述评》，《求是学刊》2000 年第 5 期。

66. 汤维建：《关于程序正义的若干思考》，《法学家》2000 年第 6 期

67. 左卫民：《法院制度功能之比较研究》，《现代法学》2001 年第 1 期。

68. 杨亮庆：《试论一类程序违法行政案件的判决——兼析〈行政诉讼法〉新司法解释第 57、58、59 条》，《政法论坛》2001 年第 1 期。

69. 朱峰：《论行政程序的司法审查》，《行政法学研究》2001 年第 1 期。

70. 常健、饶常林：《行政程序违法的司法审查》，《河北法学》2001 年第 2 期。

71. 肖凤城：《再论"法即程序"》，《行政法学研究》2001 年第 3 期。

72. 王锡锌：《行政过程中相对人程序性权利研究》，《中国法学》2001 年第 4 期。

73. 石佑启：《判决被告重作具体行政行为探析》，《上海市政法管理干部学院学报》2001 年第 5 期。

74. 费美萍、孙凯：《论行政程序司法审查的统合问题》，《政法论丛》2001 年第 5 期。

75. 朱新力：《论行政法的不成文法源》，《行政法学研究》2002 年第 1 期。

76. 周佑勇、李煜兴：《行政程序价值的反思与定位》，《河南省政法管理干部学院学报》2002 年第 2 期。

77. 王锡锌：《正当法律程序与"最低限度的公正"——基于行政程序角度之考察》，《法学评论》2002 年第 2 期。

78. 余凌云：《行政法上合法预期之保护》，《中国社会科学》2003 年第 3 期。

79. 潘荣伟、林翔荣：《违反法定程序行为的司法审查》，《人民司法》2003 年第 3 期。

80. 李腾华：《药品监督具体行政行为程序违法应否行政赔偿》，《中国药事》2003 年第 7 期。

81. 王学栋、冯洪革：《论行政行为司法审查的标准》，《石油大学学报》（社会科学版）2004 年第 2 期。

82. 黄学贤：《行政法中的法律保留原则研究》，《中国法学》2004 年第 5 期。

83. 林莉红：《行政诉讼法修改定位——精细化与完善化》，《河南省政法管理干部学院学报》2004 年第 6 期。

84. 余军：《行政法律行为理论的梳理与界别——从"法效意思"到"客观意思"》，《求索》2004 年第 9 期。

85. 秦强、王文娟：《形式法治与实质法治——兼论法治主义与宪政主义的区别》，《甘肃理论学刊》2005 年第 1 期。

86. 汪栋、王本利：《行政案件司法审查适时性问题研究》，《烟台大学学报》（哲学社会科学版）2005 年第 1 期。

87. 陈驰：《正当行政程序之价值基础》，《现代法学》2005 年第 2 期。

88. 余凌云：《行政行为无效与可撤销二元结构质疑》，《法治论丛》2005 年第 4 期。

89. 章剑生：《论行政程序正当性的宪法规范基础——以规范实证分析为视角》，《法学论坛》2005 年第 4 期。

90. 赵颖：《英国的司法审查之诉》，《河北法学》2005 年第 7 期。

91. 张显伟：《行政程序违法及其司法审查》，《前沿》2005 年第 10 期。

92. 戴桂洪：《论正当的行政法律程序》，《江苏社会科学》2006 年第 2 期。

93. Giampaolo Rossi、许玉镇：《意大利行政程序法评述》，《当代法学》2006 年第 4 期。

94. 章剑生：《中国行政程序法典化的三个基本问题》，《甘肃社会科学》2006 年第 5 期。

95. 黄学贤：《意大利〈行政程序法〉之内容与特征探析》，《江苏行政学院学报》2006 年第 5 期。

96. 章剑生：《从自然正义到正当法律程序——兼论我国行政程序立法中的"法律思想移植"论坛》，《法学论坛》2006 年第 5 期。

97. 谢秋芬：《行政程序违法之我见》，《大学时代》（B 版）2006 年第 11 期。

98. 欧世龙：《相对人应因违反法定程序的行政处罚被撤销而免责》，《江西社会科学》2006 年第 6 期。

99. 朱芒：《日本〈行政程序法〉中的裁量基准制度——作为程序正当性保障装置的内在构成》，《华东政法学院学报》2006 年第 1 期。

100. 柳正权：《中国传统行政程序概念的文化解析》，《法学评论》2007 年第 1 期。

101. 张峰振：《论违法行政行为的治愈》，《政治与法律》2007 年第 6 期。

102. 张峰振：《建立我国行政法治愈制度的必要性及初步构想》，《河南省政法管理干部学院学报》2009 年第 2 期。

103. 张峰振：《报考硕士资格造假案的行政法思考》，《南京工业大学学报》（社会科学版）2007 年第 2 期。

104. 张坤世、罗树志：《行政程序违法及其法律后果——一个比较的分析》，《中南工业大学学报》（社会科学版）2002 年第 2 期。

105. 张宏、高辰年：《反思行政诉讼之重作判决》，《行政法学研究》2003 年第 3 期。

106. 余凌云：《对行政程序轻微瑕疵的司法反应》，《贵州警官职业学院学报》2005 年第 4 期。

107. 董保城：《行政程序中程序行为法律性质及其效果之探讨》，《政大法学评论》1994 年第 51 期。

108. 章剑生：《论行政程序违法及其司法审查》，《行政法学研究》1996 年第 1 期。

109. 王水云、梅伟：《效力未定合同比较研究》，《西南政法大学学报》，2000 年第 5 期。

110. 徐海燕：《英美法系追认代理的法律问题》，《外国法译评》1999 年第 2 期。

111. 张恒山：《论正义和法律正义》，《法制与社会发展》2002 年第 1 期。

112. 陈瑞华：《程序价值理论的四个模式》，《中外法学》1996 年第 2 期

113. 张庆福、冯军：《现代行政程序在法治行政中的作用》，《法学研究》1996 年第 4 期。

114. 余军：《对违反法定程序若干问题的思考》，《浙江省政法管理干部学院学报》1999 年第 4 期。

三　英文著作与论文类

1. Timothy Endicott, *Administrative Law*, Oxford: Oxford University Press, 2011.

2. William F. Funk, Richard H. Seamon, *Examples & Explanations: Administrative Law*, Fourth Edition, Aspen Publishers, 2011.

3. Peter Leyland, Terry Woods and Janetta Harden, *Textbook on Administrative Law*, London: Blackstone Press Limited, 1994.

4. Michael J. Allen, LLB, LLM, Barrister, Brian Thompson, LLB, MLitt, Cases and Materials on Constitutional and Administrative Law (Sixth Edition), London: Blackstone Press Limited, 1990.

5. David Stott and Alexandra Felox, *Principles of Administrative Law*, London: Cavendish Publishing Limited, 1997.

6. Seede Smith, Woolf and Jowell, Jeffreyjowess, *Principles of Judicial Review*, London: Sweet & Maxwell, 1999.

7. Emery, Carl, *Administrative Law: Legal Challenges to Official Action*, London: Sweet & Maxwell, 1999.

8. Hanns Peter Nehl, *Principles of Administrative Procedure in EC Law*, Oxford: Hart Pub, 1999.

9. Kenneth Culp Davis and Richard J. Pierce, *Administrative Law Treatise*, 3rd edn., Vol. I, Little, Brown & Company, 1994.

10. J. M. Evans, "The Duty to Act Fairly", *Modern Law Review*, 1973.

11. D. Mullan, "Fairness: The New Natural Justice?", *University of Toronto Law Journal*, 1975.

12. M. Loughlin, "Procedural Fairness: A Study in Crisis in Administrative Law Theory", *University of Torento Law Journal* , 1978.

后　记

　　本书是在我的博士论文基础上修改而成，在即将付梓之际，需要感谢在本书的写作和出版过程中给予我关心、支持和帮助的诸多师友和亲朋。

　　衷心感谢我的博士生导师林莉红教授。在攻读博士期间（2006—2009），导师的谆谆教诲、悉心指导和督促鼓励，使愚钝的我受益匪浅。我的博士论文从选题确定、观点凝练、结构安排到论文初稿、定稿，无不凝聚着导师的心血。导师不仅在学业上给予我精心的指导，在生活上也给予我无微不至的关怀。导师的治学、为人、处世是我终生学习的榜样。导师创办并持续至今的定期学术讨论活动是珞珈行政诉讼法的一大特色。该活动为珞珈行政诉讼法方向博、硕士研究生构筑了一个明是非、辨曲直、碰撞思想、启迪智慧之平台，为我们提供了学习、锻炼、提高自己专业知识和综合能力的机会，也使我们师生之间、同学之间增加了了解、加深了情感。而该活动之所以能长年累月、坚持如一、不曾间断，乃在于导师每次均能于百忙中亲自参加。无数次，讨论活动结束时已是夜深人静，我们几个博士生都会陪同林老师经过那段幽静而弯曲的珞珈小道，护送导师回家。小道上继续着讨论活动未尽的话题。夜之静寂和山之灵气给了我们无数灵感和思想火花，许多学术观点得益于此。攻读博士期间导师给予的教诲、关怀和帮助难以用文字表达其万一，这些将是我终生的宝贵财富。

　　感谢武汉大学宪法学与行政法学学科点的导师和答辩组导师！周叶中教授学识渊博、儒雅谦逊、大家风范。秦前红教授严谨又不失幽默，博学而谦和。周佑勇教授才思机敏、治学勤奋、乐于助人。他们的中肯批评和宝贵建议，使我的博士论文无限增色。论文答辩时的答辩组成员江国华教授、曹海晶教授均提出了宝贵的修改建议。在此一并致谢。

　　感谢给予我帮助的诸多师友。李傲老师、吴淞豫博士和黄启辉博士给予了我一贯的支持和帮助。尹权博士、邓刚宏博士经常在我宿舍彻夜长谈，很多观点就是在这种长谈中被证实或证伪。另外，刘军博士、熊勇先博士、沈小平博士、汪燕博士、马立群博士、田勇军博士以及行政诉讼法方向的其他博士和硕士研究生，也都在我学习和生活上提供了很多帮助，为本书贡献了智慧。在此，我要感谢这个大家庭的所有成员。

感谢我供职的江苏师范大学将本书列入学校哲学社会科学优秀学术著作出版基金资助计划，并提供资助。感谢教育部人文社科项目资助。

特别感谢台湾学者洪家殷教授。在博士论文选题确定后，我十分欣喜地发现洪家殷教授的硕士学位论文是《瑕疵行政处分之补正与转换》。于是，想尽一切办法查找，均未果。后来从网上获得洪教授电邮，冒昧发去求助。但迟迟未见回复，只能着手开始自己的写作。数月后，在雅虎邮箱（现已在中国大陆停止服务）收件箱中翻看过往邮件时，竟然发现邮箱收件箱中时间最为久远的第一封邮件就是洪教授于数月前回复的邮件。估计是因两岸使用不同的时间标注方式或纪年方式，导致洪教授的回信被邮箱自动排在了最后面。实际上，洪教授收到我发去的电邮后，很快就将《瑕疵行政处分之补正与转换》的电子稿惠寄给我。令我十分感动。唯一的遗憾是，发现洪教授的邮件太晚，以致回复太迟，表达谢意太迟。因此，在本书出版之际，要特别感谢洪教授无私帮助、慷慨赐文；同时，洪教授的文章也给本书写作以极大启发，在此表达由衷的感谢。

书稿中的部分内容相继发表在《河南省政法管理干部学院学报》、《政治与法律》、《法学评论》、《河北法学》、《法学》等刊物，感谢这些刊物刊登我的文章。

感谢我的父母对我始终如一的支持。感谢我的岳父岳母一直以来帮我照看孩子、处理家务。

最后要特别感谢我的妻子，在自己忙碌的工作之余，还承担了照顾孩子、操持家务的重担。正是她的全力支持，我才没有后顾之忧，毅然辞去公职攻读硕士，并时隔不久，继续攻读博士；正是她的全力支持，我才能从容地徜徉在精神的乐园，执着地求索于法学的殿堂。

张峰振
2015 年 6 月